Harry
GESPRÄCHE MIT
EINEM PRINZEN

ANGELA LEVIN

EDEL

Inhalt

Für meine Familie

Einleitung

Das Erste, was Prinz Harry zu mir sagte, war: „Ich weiß, Sie verfolgen meinen Weg schon seit einiger Zeit, Angela, und ich dachte mir, Sie wollen mir vielleicht gern ein paar Fragen stellen. Übrigens", fuhr er fort, während er mir die Hand gab, „schauen Sie *The Crown*? [Die Netflix-Serie schildert das Leben von Queen Elisabeth II. von 1940 bis heute.] Ich schon, aber ich wünschte, die Serie hätte nach der ersten Staffel geendet. Sie sollte auf gar keinen Fall von der jüngeren Generation handeln." Ein fester Händedruck, gefolgt von einer kurzen, witzigen Bemerkung – das war, wie ich bereits wusste, Harrys bewährte Methode, um das Eis zu brechen.

Es war im Frühjahr 2017, als wir uns im Besuchersalon des Kensington Palace unterhielten. Harry bot mir an, auf dem khakifarbenen Sofa Platz zu nehmen, während er selbst einen pfirsichfarbenen Cordsessel wählte. Wenn man mit einem Angehörigen der britischen Königsfamilie spricht, der die Presse nicht mag, ist es schwierig, einen Einstieg zu finden. Ich war nicht sicher, wie viel Zeit ich bekommen würde, und wollte deswegen auf Smalltalk verzichten. Ich erhoffte mir neue Erkenntnisse von unserem Gespräch und beschloss, mit einer großen Frage zu beginnen. Mir war bewusst, dass man mich eventuell hinauskomplimentieren würde, sollte ihm die Frage zu aufdringlich erscheinen. Aber falls die Frage ihn erreichte, wäre das ein guter Start für uns.

Ich hob an: „Wenn Sie auf Ihre königlichen Besuche gehen, versuchen Sie auch, Ihre eigenen Themen und Probleme mit den Menschen zu bearbeiten, die Sie treffen? Ich meine, ist das eine Art Therapie?"

Er schwieg länger als ein paar Sekunden. „Wow!", sagte er dann. „Das ist eine Monsterfrage, die Sie mir da stellen." Es folgte eine lange Pause, dann lächelte er. „Sie haben natürlich recht." Wir waren auf einem guten Weg.

Der Prinz hielt Augenkontakt, während er redete, und steckte viel Energie in das Gespräch. Er sprach schnell und ein wenig ungeduldig, als könnten die Worte nicht rasch genug hervorsprudeln. Er war freundlich und zugewandt, aber sehr bestimmt, wenn er ein Thema nicht weiter erörtern wollte. Äußerte ich etwas, dem er zustimmte, sagte er gelegentlich: „Genau." Dann ging er zum nächsten Thema über, statt das vorherige zu vertiefen. Er hat es eilig, sein Profil zu schärfen, und scheint das Leben auch als Wettrennen zu betrachten: „Ich will etwas aus meinem Leben machen. Ich habe das Gefühl, es gibt nur ein kleines Zeitfenster, in dem sich die Leute für mich interessieren, bevor [Prinz] George und [Prinzessin] Charlotte [die Kinder seines Bruders William] übernehmen, und ich muss das Beste daraus machen."

Unser Gespräch war breit gefächert und kam, wenig überraschend, bald auf seine verstorbene Mutter, Diana, Prinzessin von Wales. Das Wichtigste, das sie für ihn getan habe, so erklärte er mir, war, ihm „Sicherheit zu geben". Es war einer der vielen ergreifenden Momente unseres Gesprächs. So etwas trifft mitten ins Herz eines jeden Kindes, ob reich oder arm. Kinder brauchen Eltern, die ihnen ein Gefühl der Sicherheit geben und für die richtige Umgebung sorgen, in der sie wachsen und gedeihen können. Sie brauchen auch das Gefühl, so akzeptiert und geliebt zu werden, wie sie sind.

Nach dem Verlust seiner Mutter, die starb, als er zwölf Jahre alt war, durchlebte Harry eine harte Zeit. Ihr Tod veränderte ihn. Aus dem bezaubernden, verschmitzten Jungen, der gerade zu verstehen begann, was es bedeutete, an dritter Stelle der Thronfolge und für immer im Schatten seines großen Bruders zu stehen, wurde ein eigensinniger, impulsiver Präpubertärer, der sich in den darauffolgenden Jahren schlecht benahm, seine Hausaufgaben selten rechtzeitig erledigte, zu viel trank und rauchte und zu viele

Verbindungen mit unpassenden Mädchen einging. Zeitweilig schien er auf einer Mission in Sachen Selbstzerstörung zu sein und auf eine Katastrophe zuzusteuern, die Schande über seine gesamte Familie zu bringen drohte und sich sogar auf die Zukunft der britischen Monarchie hätte auswirken können.

Ich bin der Überzeugung, dass eine immerwährende Sehnsucht, seiner Mutter zu gefallen und in ihren Augen ein guter Junge zu bleiben, der Hauptgrund für Harrys Rückkehr aus seiner persönlichen Hölle ist. Sie wird ihm für immer als junge Frau von 36 Jahren im Gedächtnis bleiben – dasselbe Alter übrigens, in dem Meghan Markle bei ihrer Verlobung mit Harry war. Es tröstet ihn zu glauben, dass Diana immer noch irgendwie in Kontakt mit ihm ist und mitbekommt, was er tut, besonders wenn es um Angelegenheiten geht, die ihr wichtig waren. „Ich weiß instinktiv, welches Verhalten sich meine Mutter von mir wünschen würde", sagte er. So hat er verlautbaren lassen, sie sei „auf und ab gehüpft" bei der Nachricht von seiner Verlobung und dass sie sich „darauf freut, erneut Großmutter zu werden".

Harry weiß um den Schmerz des Verlusts und Verlassenwerdens auf beruflicher und persönlicher Ebene. Und er nutzt dieses Wissen, um andere zu ermutigen, ihren Blick nach vorn zu richten. Er ist scharfsinnig und dringt schnell zum Kern der Dinge vor, kann Wichtiges von Unwichtigem unterscheiden. Aber er kann auch gereizt und ungeduldig werden, wenn andere nicht mit seinem Tempo mithalten können.

Ich hatte das Glück, Prinz Harry in den Jahren 2016 und 2017 für *Newsweek* häufiger bei der Ausübung seiner diversen königlichen Pflichten begleiten zu dürfen. Ich beobachtete sein Verhalten in einer Vielzahl von Situationen und erhielt schließlich mehrmals die Gelegenheit, mich persönlich mit ihm im Kensington Palace zu unterhalten.

Harry galt anfangs zwar eher als Partylöwe, aber als engagierte Beobachterin des britischen Königshauses hatte ich bemerkt, dass seine ernsthaftere Seite allmählich zum Vorschein kam. Ich erzählte Mitgliedern seines Teams, die mir übrigens genauestens auf den Zahn fühlten, bevor sie dem Projekt zustimmten, von meinen Eindrücken. Ich vermutete, dass Harry eine Wandlung durchmachte; dass er dabei war, seine Rolle innerhalb der königlichen Familie zu finden, und zumindest von der Öffentlichkeit ernster genommen werden wollte. Glücklicherweise fanden sie, dass ich damit „goldrichtig" lag, und versprachen, meine Anfrage an Harry weiterzuleiten. Es sei wichtig, betonten sie, den Zeitpunkt mit Bedacht zu wählen, denn er war nicht immer in der richtigen Stimmung.

Nach Monaten des Wartens, in denen ich gelegentlich höfliche E-Mails verschickte, um daran zu erinnern, dass es mich noch gab, wurde mir ein Ausflug nach Nottingham vorgeschlagen, um den Prinzen in Aktion zu erleben. Ich traf eine ganze Weile vor Harrys Ankunft ein. Er sagte nichts, schaute mich aber ein paar Sekunden lang direkt an und nickte mir mit einer minimalen Kopfbewegung zu. So weit, so gut, dachte ich.

Schließlich erhielt ich einen Termin für ein Gespräch mit ihm. Einer der wichtigsten Aspekte, die er vermitteln wollte, war seine große Sehnsucht, „jemand anderes zu sein als Prinz Harry" – und das mag der Grund dafür sein, dass er sich manchmal nicht wohlzufühlen scheint in seiner Haut. Er möchte außerdem „normal sein". In der Praxis kann diese „Normalität" nur eine Pose sein, hat er doch Zugang zu diversen Palästen, wird in Limousinen mit Motorradeskorte herumkutschiert und nutzt seine unglaublichen Kontakte, um zu bekommen, was er will. Er kennt die einflussreichsten Menschen in allen Bereichen, und viele würden ihr letztes Hemd dafür geben, seine Wünsche wahr werden zu lassen. Sogar seine Großmutter, die Queen, tut so gut wie alles, um ihn glücklich zu machen.

Das Volk will auch gar nicht, dass er normal ist. Fast alle Menschen, die er in meinem Beisein traf, ganz besonders die unter

30-Jährigen, waren begeistert, einem „echten Prinz" zu begegnen. Genau deswegen hörten sie ihm so aufmerksam zu. Auch seine Fähigkeit, mit anderen in Kontakt zu treten, ist alles andere als normal. Nur sehr wenige Menschen können jemandem, den sie gerade erst kennengelernt haben, intime Fragen nach ihrem seelischen Befinden stellen, ohne übergriffig zu wirken, aber Harry kann es, und er tut es.

Ich fragte ihn, ob er sich jemals Sorgen mache, dass zu viel „Normalität" dem Königshaus etwas von seinem Geheimnis nehmen könnte. „Es ist ein Balanceakt", antwortete er zustimmend. „Wir wollen den Zauber nicht schwächen."

Sein Weg vom rebellischen Außenseiter zu einem der weltweit beliebtesten Royals hat ihm einiges an Selbstreflexion abverlangt. Die toxische Atmosphäre in seinem Elternhaus und der plötzliche Tod seiner Mutter haben Narben hinterlassen. Prinz William hat sich bemüht, seine persönlichen Probleme aufzuarbeiten, und hat über seine Frau Kate und ihre bürgerliche Herkunft den Wert eines von Zuneigung geprägten Familienlebens erkannt. Harry hat versucht, dasselbe über die wohltätigen Stiftungen zu erreichen, die er unterstützt, was viel schwieriger ist. Er ist auch emotionaler als sein Bruder.

Harry hat noch einiges vor sich, doch nun hat er Meghan Markle an seiner Seite. Die geschiedene US-amerikanische Schauspielerin und glamouröse Feministin entspricht nicht dem Klischeebild einer royalen Gemahlin, aber sie weiß, was sie will und was Harry braucht, und dazu zählt unter anderem, ein wenig bemuttert zu werden. Wie bei den besten Paaren kann auch er sich über sie definieren und verteidigt ihre Bedürfnisse entschieden. Der Historiker und Verfassungsexperte Dr. David Starkey, einer meiner Gesprächspartner während der Arbeit an diesem Buch, hält die beiden für ein gutes Paar: „Das Wesen der Philanthropie ist in beiden tief verwurzelt und wird ihnen die wunderbare Möglichkeit geben, Gefühl und Nähe auszustrahlen, wie es seine Mutter tat."

Das Zweitwichtigste, das seine Mutter Harry zufolge für ihn getan hat, war es, ihn „vor den Medien zu beschützen und ihnen zu entkommen". Wegen der Art, wie die Prinzessin von Wales nach ihrer Trennung von Prinz Charles behandelt wurde, und aufgrund ihrer Todesumstände haben weder Harry noch William ein entspanntes Verhältnis zu Journalisten. Aber sie wissen, dass die Medien das öffentliche Interesse auch auf die guten Zwecke lenken können, für die das Königshaus sich einsetzt. Camilla, die Duchess of Cornwall, deren Weg ich zuvor einige Monate lang verfolgt habe, unterhält sich auf ihren Reisen regelmäßig mit Journalisten und Fotografen und kennt viele beim Namen. Im Gegensatz dazu konzentriert sich Harry voll und ganz auf seinen jeweiligen Auftrag, während die mitreisende Presseschar ihm weitgehend vom Leib gehalten wird. Die leichte Frostigkeit wurde in jüngerer Zeit ein wenig temperiert. „William und Harry sehen ein, dass man nicht alle Presseleute über einen Kamm scheren kann", verriet mir eine palastnahe Quelle.

Eine Zeit lang, so sagte mir der Prinz, ließ ihn das übergriffige Verhalten der Presse mit dem Gedanken spielen, sich von der königlichen Familie vollkommen loszusagen und sich anderswo eine Aufgabe zu suchen. Besonders für Afrika schlägt sein Herz. Die Idee „kam auf, als ich Mitte 20 war", sagte er. „Ich musste mich meinen Fehlern stellen. Ich dachte, ich könnte mir irgendwo anders ein eigenes Leben aufbauen." Aber nach einer intensiven Gewissensprüfung beschloss er, stattdessen zu versuchen, sowohl „etwas zu bewirken" als auch „eine gewisse Privatsphäre" innerhalb der Königsfamilie zu etablieren.

Ungefähr zu diesem Zeitpunkt unseres Gesprächs hielt Harry plötzlich inne, blickte mich ernst an und sagte mir, wie erschüttert er im Nachhinein sei, dass er und William hinter dem Sarg seiner Mutter hergehen mussten. So etwas „sollte man von keinem Kind verlangen", sagte er, „unter keinen Umständen". Es war eine ergreifende Äußerung, die um die ganze Welt ging und deutlich macht, wie etwas, das für zwei leidgeprüfte Kinder vor 20 Jahren bei dem Begräbnis der Prinzessin angemessen schien, heute geradezu herzlos wirkt.

Vielleicht ist das ein Grund dafür, dass es bis vor einigen Jahren so aussah, als würde Harry das negativste Vorbild unter den jungen Royals werden. Er umgab sich mit den Reichen und feierte mit zu leicht bekleideten jungen Frauen. Zwar ist schlechtes Benehmen teils typisch für Teenager, doch wer sich mit Ende 20 noch immer pubertär verhält, bietet Anlass zur Sorge. Mir gegenüber gestand Harry: „Ich wollte zu viele Jahre lang einfach nicht erwachsen werden."

Seitdem hat er sich seinen inneren Dämonen gestellt und hart daran gearbeitet, sie zu besiegen. Mittlerweile versprüht er eine außergewöhnliche Mischung aus royalem Sternenstaub, Zugänglichkeit, Selbstvertrauen und Verschmitztheit, eine Mischung, die ihn befähigt, mit Menschen aller Art in Kontakt zu treten, und die einen oftmals an die besten Seiten seiner Mutter erinnert. Manchmal sind ihm seine außergewöhnlichen natürlichen Gaben nicht genug: „Es ist sehr wichtig für mich, dass das, was ich tue, authentisch ist."

Er sehnte sich auch danach, seine Partnerin fürs Leben zu finden, jemanden, der ihn so liebt, wie er ist. Und auch das scheint geklärt, denn er und Meghan wussten von Anfang an, dass ihre Beziehung etwas Besonderes ist. David Starkey bestätigt: „Er hat eine Frau gefunden, die der Belastung standhalten kann, im Licht der Öffentlichkeit zu stehen, und ihr Selbstvertrauen beschützt ihn. Sie bemuttert ihn ein wenig, aber er braucht das, und manche Frauen tun das liebend gern. Sie ist noch kinderlos, während er noch der Junge im Mann ist."

Zum Zeitpunkt der Entstehung dieses Buchs hatte Harry drei Hauptziele: Erstens, das Erbe seiner Mutter zu würdigen und weiterzugeben – auch deswegen hat er sich entschieden, seinen Fokus auf HIV zu legen. Zweitens, die Queen zu unterstützen, die inzwischen über neunzig Jahre alt ist und ihren Enkeln mehr und mehr Pflichten überträgt. Drittens, psychischen Erkrankungen ihr Stigma zu nehmen, wovon frühere Generationen von Royals nur hätten träumen können. Zukünftig entwickeln er und Meghan möglicherweise eine ganz neue Agenda, wie er in dem Fernsehinterview anlässlich ihrer Verlobung im November 2017 andeutete. Er sagte, es gebe „eine ungeheure Menge Arbeit zu tun", und angesichts der „vielen jungen Menschen, die im Commonwealth leben, werden wir damit hoffentlich die meiste Zeit verbringen".

Harry sprach mit mir vor allem über die Queen – „sie ist eine außergewöhnliche Frau" – und seine verstorbene Mutter – „sie hatte einen wunderbaren Sinn für Humor und wollte immer, dass wir Spaß haben, und uns gleichzeitig beschützen". William und Kate erwähnte er seltener, und er sagte fast nichts über seinen Vater oder seine Stiefmutter Camilla, was auch immer das bedeuten mag.

Er deutete außerdem an, dass das Leben als Royal nicht immer ein Traum ist. „Gibt es irgendjemanden in der königlichen Familie, der unbedingt König oder Königin werden will?", fragte er. „Ich denke nicht, aber dennoch kommen wir unseren Pflichten nach." Es ist ihm sehr wichtig, seinen Bruder auf seinem Weg, der künftige König zu werden, zu unterstützen. Sie sind beide „an der Modernisierung der britischen Monarchie beteiligt", sagte er, was auch ein Anreiz dafür sein mag, die Verbindung zur Königsfamilie nicht zu lockern.

Er sprach über die Verantwortung, die damit einhergeht, Mitglied der königlichen Familie zu sein. „Ich denke, wenn man so wie wir in etwas hineingeboren wurde, ist es normal, das Gefühl zu haben, man würde das nicht wirklich wollen." Seiner Meinung nach ist es etwas anderes, wenn man aufgrund eines besonderen Talents berühmt wird. Er betonte: „Wir wollen nicht einfach nur ein Haufen Promis sein, sondern vielmehr unsere Rolle für etwas Gutes einsetzen."

David Starkey sieht das eher kritisch: „Harry möchte vielleicht nicht prominent sein, aber er ist es, und er kann nichts dagegen tun.

Meghan hingegen ist eine TV-Königin. Es gab schon immer eine Affinität zwischen dem Königshaus und Schauspielern, das reicht zurück bis zu Shakespeare und Thomas Morus. In der Tudorzeit war es üblich, dass die Royals den Schauspielern ihre königlichen Roben für die Bühne ausliehen. Und in den 1920er-Jahren hieß es, die Royals seien unsere größten Filmstars. Das gilt auch heute noch. In dieser Hinsicht ist Harry ein wenig wie seine Mutter. Er will alle Vorteile, die man als Prominenter genießt, aber ohne die prüfenden Blicke."

Harry weiß, dass ich seit einiger Zeit an seiner Biografie schreibe. Ich empfinde das als großes Privileg. Was mich am meisten überrascht: Harry sagt, dass er nicht das Gefühl habe, wirklich eine Aufgabe gefunden zu haben, und sich immer noch frage, wie er „etwas bewirken" könne – dabei hat er in Wahrheit bereits so viel erreicht. Er hätte sich für ein Leben als reicher Müßiggänger entscheiden können. Stattdessen hat er eine renommierte Stiftung gegründet, die unzähligen Kindern in Afrika das Leben gerettet hat. Er hat außerdem zahllosen verwundeten Veteraninnen und Veteranen, die im Kampf für ihr Land alles gegeben haben, neuen Lebensmut und Hoffnung geschenkt. Und gewissermaßen zur Krönung hat er Meghan getroffen. Sie werden zweifellos ein wunderbares Gespann abgeben, mit ihr kann er über Gott und die Welt reden, und sie haben beide nicht die geringste Angst, in der Öffentlichkeit Gefühle zu zeigen. Nicht schlecht für einen 33-Jährigen.

Harrys Geschichte ist auch die eines sensiblen, verschmitzten kleinen Jungen, der in dem Glauben aufgewachsen ist, er habe keine echte Aufgabe im Leben. Eine Geschichte voller Tragik, Rebellion und Enttäuschung, deren Held sich letztlich selbst retten konnte.

Kapitel 1

Willkommen, Meghan

Nur vier Tage nach der Bekanntgabe ihrer Verlobung absolvierten Meghan Markle und Harry ihren ersten offiziellen Auftritt als Paar. Harry wählte Nottingham, einen Ort, mit dem er viel verbindet, um der Nation seine künftige Ehefrau zu präsentieren. Da ich Harry ein Jahr lang bei der Ausführung seiner royalen Pflichten begleiten wollte, war auch ich bereits im Oktober 2016 in diese Stadt eingeladen worden.

Sein Besuch im Dezember 2017 mit Meghan fand am Welt-Aids-Tag statt – ein Anlass, der auch seiner Mutter am Herzen gelegen hätte. Diana veränderte in den späten 1980er-Jahren die allgemeine Wahrnehmung von Aids, indem sie einem Patienten die Hand gab, der an der Krankheit litt. Harry nutzte den Besuch außerdem, um mit dem Programm Full Effect in Verbindung zu bleiben, das Kinder und Jugendliche durch frühzeitiges Eingreifen, Mentoren- und Ausbildungsmaßnahmen davor bewahrt, in Gewalt und Kriminalität abzurutschen. Das Programm ist ein Ableger der Royal Foundation of The Duke and Duchess of Cambridge and Prince Harry, die sich wohltätigen Zwecken widmet und für die auch Meghan nach der Hochzeit tätig werden wird.

Das Paar reiste mit dem Zug an und wurde dann von einer königlichen Limousine zum National Justice Museum im historischen Teil der Stadt gebracht. Eine riesige Menschenmenge hatte sich hinter den Straßensperren versammelt, Tausende mehr als bei seinem Besuch im Jahr zuvor. Meghan trug einen marineblauen Mantel des kanadischen Labels Mackage für 585 Pfund und kniehohe Stiefel von Kurt Geiger für 229 Pfund. Harry trug ebenfalls einen marineblauen, langen Mantel, dazu einen cremefarbenen Schal.

Es war ein königlicher Auftritt, wie man ihn noch nie erlebt hatte. Bei keiner royalen Verlobung hatten sich die Beteiligten je so ostentativ wie Turteltauben verhalten. Es erinnerte eher an eine Szene aus einer Hollywood-Romanze als an einen protokollarischen Stadtrundgang. Das Paar hielt Händchen, die Finger ineinander verschränkt, ohne Handschuhe, vielleicht damit alle ihren diamantenen Verlobungsring sehen konnten. Sie legten ihre Arme umeinander. Meghan hakte sich auch bei Harry ein und strich ihm über den Rücken. Brauchte sie den Körperkontakt, um ihre Nerven zu beruhigen und Harry zu versichern, dass sie mit der Situation zurechtkam, oder war sie einfach so mütterlich wie schon während des BBC-Fernsehinterviews an dem Tag, als ihre Verlobung offiziell bekanntgegeben wurde?

David Starkey hält Körperkontakt in der Öffentlichkeit tendenziell für gut. „Der gefühls- und körperbetonte Ansatz ist die Zukunft, und ich glaube, Meghan wird diejenige sein, die hier die Regeln für königliches Verhalten festlegt", sagt er. „Meghan ist eine Art Madame Macron [die sehr viel ältere Ehefrau des französischen Präsidenten Emmanuel Macron], sie sieht nur besser aus."

Das Publikum war ebenfalls begeistert. „Harry, Harry!"- und „Meghan, Meghan!"-Rufe erfüllten die Stadt. Mit ausgestreckten Händen, Blumen, Grußkarten, Großbritannien- und USA-Flaggen jubelte die Menge den beiden zu. Mit dicken Mänteln, Fleecejacken und Wollmützen vor der bitteren Kälte geschützt, hatten die Zuschauer stundenlang gewartet, um dem Prinzen zu seiner Verlobung zu gratulieren. Harrys Charisma und ungezwungener Charme sorgen dafür, dass er von Menschen aller Art auf der ganzen Welt geliebt, ja sogar verehrt wird. Sie spüren, dass er einer von ihnen ist, verstehen, dass er eine schwere Zeit hatte, und wollen, dass er glücklich ist.

Das Paar strahlte angesichts des Jubels und warf sich unzählige liebevolle Blicke zu. Falls sie durch ihre körperliche Nähe das Protokoll verletzten, schien es ihnen nichts auszumachen. Sie wollten der ganzen Welt zeigen, dass sie einander liebten. Meghans Verhalten unterschied sich sehr von dem ihrer künftigen Schwägerin Kate, der Duchess of Cambridge, die zurückhaltender agiert und sich noch nie einen Fehltritt geleistet hat. Bei ihren gemeinsamen Auftritten mit Prinz William lächelte sie viel, aber in der Öffentlichkeit lässt sie höchstens einmal ihre Hand für einige Sekunden auf Williams Oberschenkel ruhen oder der Prinz berührt flüchtig ihren Rücken. Zweimal sind sie am Weihnachtsmorgen Hand in Hand zur Kirche gegangen. Meghan, die in Los Angeles geboren wurde, ist emotional offener, und in dieser frühen Phase ihrer königlichen Laufbahn kann man von ihr nicht erwarten, dass sie bereits bis ins Detail erfasst hat, was sich ziemt und was nicht.

Das verliebte Paar begann seinen Rundgang gemeinsam und bewegte sich langsam entlang der aufgeregten Zuschauermenge in Richtung der Kunstgalerie Nottingham Contemporary. Als Fernsehstar ist es Meghan gewöhnt, im Rampenlicht zu stehen, aber die royalen Anforderungen sind sehr viel komplexer. Rundgänge sind zeitlich genau abgepasst, und man muss immer damit rechnen, dass etwas Unerwartetes geschieht. Meghan wirkte, als hätte sie nie etwas anderes getan. Sie löste sich sogar von Harry, und das Klappern ihrer Absätze übertönte beinahe das Jubeln der Menge, als sie losging, um Gratulanten auf der anderen Straßenseite zu begrüßen – ein großer Schritt für eine Novizin. Sie und Harry bewegten sich für den Rest des Weges dann synchron, fanden zusammen und trennten sich wieder. Anders als der Prinz von Wales, der Eifersucht verspürte, wenn die Menge nach Diana rief und nicht nach ihm, sah Harry unglaublich stolz aus. Harry ist ein Profi in Sachen Rundgang: Er scannt die Menge und sucht jemanden heraus, der beispielsweise im Rollstuhl sitzt, betagt ist oder ein Charity-Maskottchen in der Hand hält, über das er reden kann.

Meghan genoss die Situation voll und ganz. Sie schüttelte Männern, Frauen und Kindern die Hand und stellte sich mit den Worten vor: „Hi, ich bin Meghan!" Sie sagte, wie begeistert sie sei, hier zu sein, und wie glücklich. Sie redete über das Wetter, dankte den Zuschauern dafür, dass sie der „Kälte trotzten", und zauberte sogar einen Handwärmer aus ihrer Tasche hervor, um ihn einer jungen Frau mit eiskalten Händen zu schenken. Sie bewunderte jede Menge Babys und lächelte sogar, als die Leute ihr immer wieder versicherten: „Diana hätte Sie geliebt!" Selfies lehnte sie jedoch höflich ab: „Das ist uns nicht erlaubt", lächelte sie.

Meghan trug eine burgunderfarbene Tote Bag des schottischen Labels Strathberry für 495 Pfund (die elf Minuten, nachdem sie in der Öffentlichkeit erschien, bereits ausverkauft war). Kate nimmt auf Rundgänge selten eine große Handtasche mit, und Meghan sollte schnell erfahren, weshalb. Mit ihrer Tasche in der einen und mehreren Blumensträußen in der anderen Hand konnte sie sehr bald keine Hände mehr schütteln. Sie schaute sich besorgt um, entdeckte einen Helfer und reichte ihm Tasche und Blumen, sodass sie die Hände wieder frei hatte. Immer wieder strich sie sich ihr langes, glänzendes Haar aus dem Gesicht. Wie eine Zuschauerin meinte, kann dies auch ein Zeichen der Nervosität gewesen sein. „Sie wirkte natürlich und herzlich. Ich wette, sie war furchtbar nervös, aber das hat sie sich nicht anmerken lassen", sagte sie.

Irene Hardman, 81 Jahre alt und leidenschaftliche Verehrerin des Königshauses, wurde sowohl von Harry als auch von Meghan begrüßt. Über die vergangenen Jahre hinweg hat sie Prinz Harry, Prinz William und Prinz Charles bei jedem ihrer königlichen Besuche in Nottingham eine Tüte Haribos geschenkt. „Meghan wurde mitgeteilt, ich hätte ein Tüte mit Süßigkeiten für sie", berichtete sie. „Sie kam mit Harry zu mir, und ich gab ihr die Tüte. Sie hat mich umarmt und geküsst. Unglaublich!"

Kommentare wie „Sie sind so authentisch!" waren wiederholt zu hören. Meghan erwies sich als geschickt, in Gesprächen auch wieder den Absprung zu finden. Sie hob außerdem einen heruntergefallenen Handschuh auf und reichte ihn über die Sicherheitsabsperrung zurück, durchaus keine gewöhnliche royale Geste. Ein Journalist nannte sie „Markle Sparkle", während ein anderer sie als „zierlich und elegant" beschrieb. Der halbstündige Rundgang endete am Ausstellungshaus Nottingham Contemporary, in dem eine Wohltätigkeitsveranstaltung des Terrence Higgins Trust anlässlich des Welt-Aids-Tages stattfand. Dort wurden die Mäntel abgelegt. Harry trug ein weißes Hemd und einen blauen Blazer. Meghan war zwanglos, aber einwandfrei gekleidet, zum schwarzen Rollkragenpullover trug sie einen kamelhaarfarbenen, wadenlangen Rock von Joseph für 595 Pfund. Sie lernten Ale Araphate kennen, den 21-jährigen Kapitän eines Footballteams von Champions For Change, einem Projekt, das über den Sport Kontakt aufbaut zu afrikanischen Communitys in Mittelengland und über HIV und Aids informiert. „Sie ist wunderschön", sagte er über Meghan. „Nur ein Prinz kann mit so einer Lady zusammen sein!" Chris O'Hanlon von Positively UK, einer Organisation zur Unterstützung von Menschen, die erst kürzlich von ihrer HIV-Erkrankung erfahren haben, sprach mit den beiden über seine eigene Diagnose und die Bedeutung von Fitness im Umgang damit. „Ich habe mich mit Meghan über meine Leidenschaft für Yoga unterhalten", berichtete er. „Sie sagte: ‚Absolut, ich binde das auch gern in meinen Alltag ein, das habe ich schon immer getan.'"

Obwohl Meghan ihre sozialen Fähigkeiten schnell unter Beweis stellte, konnte jeder aufmerksame Beobachter bemerken, dass sie das königliche Protokoll nicht durchgängig einhielt. Beim Besuch der Nottingham Academy, wo sie Schulleiter trafen, die am

Full-Effect-Programm teilnehmen, trat sie vor Harry durch die Eingangstür und ging voraus, um mit verschiedenen Honoratioren zu sprechen. Das Protokoll schreibt vor, dass der ranghöchste Royal stets vorangeht. Es war zu früh, um zu sagen, ob Meghans Verhalten mit ihrem allseits bekannten Einsatz für die Gleichstellung der Frau zu tun hat, ob sie sich vom Moment mitreißen ließ oder ob niemand ihr die Regeln erklärt hatte. Harry, seit jeher ein rebellischer, unkonventioneller und nonkonformistischer Prinz, schien es nicht das Geringste auszumachen, hinter ihr herzugehen. David Starkey erläutert dazu: „Meghan ging vor Harry hinein, weil das heute bei normalen Paaren eben so ist, wenn der Mann der Frau den Vortritt lässt."

Ein paar Mal verbarg er seine Hand hinter dem Rücken, wenn sie versuchte, nach seiner Hand oder seinem Arm zu greifen. Dies war wohl seine dezente Art, ihr zu sagen: Es ist in Ordnung, sich draußen vor den Menschen körper- und gefühlsbetont zu geben, aber jetzt, da wir über Aids sprechen wollen, ist es nicht ganz angemessen. Meghan verstand die Botschaft. Obwohl sie einen größeren Eindruck hinterlassen hat als andere Verlobte in der Königsfamilie, darunter die Prinzessin von Wales, die Duchess of Cambridge, die Duchess of York und die Countess of Wessex, muss Meghan noch viel über die Feinheiten der royalen Do's und Dont's lernen – sowohl im Vereinigten Königreich als auch auf den Besuchen im Ausland.

Ein Höhepunkt des Tages war ein kurzes Theaterstück, aufgeführt von einigen Rappern, die am Full-Effect-Programm teilnehmen. Prinz Harry verbindet eine langjährige und enge Beziehung mit Trevor Rose, der seit Jahrzehnten mit schwierigen Jugendlichen arbeitet. Auch ich wurde 2016 während Prinz Harrys Besuch in Nottingham zu einem Treffen mit Trevor eingeladen. Er ist ein außergewöhnlicher Mensch, der für das Hilfsprogramm im Community Recording Studio in St Ann's tätig ist, einer heruntergekommenen Gegend von Nottingham mit hoher Kriminalitätsrate.

Er war überwältigt von Prinz Harrys Absicht, ihm seine Verlobte bei ihrem ersten gemeinsamen Besuch vorzustellen. „Was für eine riesige Ehre", sagte er. „Als ich vor ein paar Tagen hörte, dass sie kommen wollen, konnte ich es nicht glauben. Ich bin normalerweise nicht auf den Mund gefallen, aber da war ich wirklich sprachlos." Er strahlte. „Das hieß auch, dass ich nur ein paar Tage hatte, um eine Aufführung vorzubereiten."

Das halb improvisierte Stück handelte von einem jungen Paar, das sich entscheidet, seine geheime Beziehung öffentlich zu machen – dezente Anspielung auf Harry und Meghan –, und am Schluss erhält eine Figur mit Zylinder eine Einladung zur königlichen Hochzeit. „Harry zu begegnen und ihn kennenzulernen hat uns in St Ann's allen das Gefühl gegeben, einen großen Bruder zu haben", erzählte Trevor lachend. „Und jetzt haben wir auch eine Schwägerin. Dass Harry heute zu uns kommt, ist das beste Beispiel dafür, wie er sich für junge Leute engagiert und sie unterstützt. Die Kids hier spüren, dass er wirklich wissen will, was sie beschäftigt, sein Interesse für sie ist echt."

Prinz Harry und seine Verlobte lachten während der Vorstellung, und danach lobte Meghan die schauspielerischen Fähigkeiten der jungen Ensemblemitglieder. „Die Kids haben sich so gefreut, dass Meghan auf die Bühne gekommen ist und sich mit ihnen über die Schauspielerei und Improvisation unterhalten hat", sagte Trevor. „Sie wirkte so natürlich, und Harry sah unglaublich glücklich aus. Das Schönste war definitiv, dass Harry den Blick nicht von ihr abwenden konnte. Meghan hat sich hier echt amüsiert. Ich hoffe, es dauert nicht lange, bis er Vater wird. Er ist so ein guter Kerl, ich wünsche ihm alles Glück der Welt und dass er uns bald seinen ersten Sprössling vorstellt."

Vor wenigen Jahrzehnten wäre es noch undenkbar gewesen, dass eine geschiedene US-amerikanische Schauspielerin multiethnischer Abstammung einen Royal heiratet. In Nottingham herrschte an diesem Tag das Gefühl vor, dass Meghan eine ungekünstelte und erfrischende Ergänzung der königlichen Familie ist, im Hinblick auf die Modernisierung der Monarchie vorangeht und eine exzellente Botschafterin für jeden Zweck ist, dem sie sich mit Herz und Verstand zuwendet.

Harry wird sie dabei zweifellos unterstützen. Gemeinsam könnten sie das royale Regelwerk zerlegen, die Zwänge des Protokolls hinter sich lassen und damit in die Fußstapfen der Prinzessin von Wales treten, der größten Querdenkerin unter den Rebellen des Königshauses. Auch sie mochte viele Traditionen des königlichen Familienlebens nicht, beispielsweise dass sie sich bei Familienfeierlichkeiten nicht vor der Queen in ihre Privaträume zurückziehen durfte. Aber erst nach Harrys Geburt fand Diana den Mut und die Entschlossenheit zu zeigen, dass sie sich den Verhältnissen bei Hofe nicht unterordnen wollte.

Kapitel 2

Dianas
zweiter Sohn

Samstag, der 15. September 1984 lag noch im warmen, nebligen Morgendämmer, als Diana vom Schmerz der ersten Wehen geweckt wurde. Kurz darauf verließen sie, Prinz Charles und ein stets präsenter Leibwächter Windsor Castle in Richtung London. Das Paar kam um 7.30 Uhr in der Privatstation Lindo Wing des St Mary's Hospital in Paddington an und wurde in demselben spartanischen Zimmer für 140 Pfund pro Nacht einquartiert, in dem Diana zwei Jahre zuvor Prinz William, ihren ersten Sohn und den Thronfolger, zur Welt gebracht hatte. Das Fenster bot einen trostlosen Ausblick auf den Bahnhof Paddington.

Die Prinzessin von Wales hatte sich dem verweigert, was Generationen von Königsmüttern hingenommen hatten: eine Geburt im Palast. Jahrhundertelang war es Brauch, dass der Innenminister als Mitglied des Kabinetts bei den Geburten zugegen war, um sicherzustellen, dass das Neugeborene auch tatsächlich ein Nachkomme des Königs war und nicht etwa ein Kuckuckskind.

Nachdem Prinz Charles 1948 im Buckingham Palace zur Welt gekommen war, wurde diese Praxis nicht weiter fortgesetzt. Diana befolgte den Rat von Mr. George Pinker, damals der Gynäkologe der Queen und Chefarzt am St Mary's. Er war der Auffassung, dass man bei der Geburt keinerlei Risiko eingehen solle und das Krankenhaus der beste Ort für Mutter und Kind sei.

Charles wurde zunächst gebeten, einen Krankenhauskittel überzuziehen. Er blieb während der neunstündigen Geburt bei seiner Frau und fütterte sie gelegentlich mit Eiswürfeln. Seine Entscheidung, bei Williams Geburt dabei zu sein, war ebenfalls ein bedeutender Bruch mit dem königlichen Protokoll gewesen und machte den neugeborenen Prinzen zum ersten Nachkommen eines Thronfolgers, der bei der Geburt zugegen war. Dies stand in deutlichem Gegensatz zu Charles' eigener Geburt. Sein Vater, Prinz Philip, spielte mit einem Freund eine Runde Squash, während die Queen den Geburtsprozess durchlief, und verließ den Court erst, als ihm mitgeteilt wurde, dass sein Sohn auf der Welt war. Ein Palastbediensteter sagte damals: „Es ist an sich Tradition, dass royale Väter mit ihren Freunden Portwein trinken, während sie auf gute Nachricht warten."

Prinz Charles hatte da andere Vorstellungen. Er sagte zu einem Freund: „Ich bin schließlich der Vater, und nachdem ich das Ganze ins Rollen gebracht habe, will ich auch dabei sein, wenn alles passiert."

Diana war vor Williams Geburt sehr krank gewesen, was nur teilweise mit der Schwangerschaft zu tun hatte. Sie litt an Bulimie, einer Essstörung, bei der Betroffene übermäßig viel essen und sich anschließend absichtlich erbrechen. Obwohl sie immer noch bulimisch war, war ihre morgendliche Übelkeit bei der zweiten Schwangerschaft weniger intensiv ausgeprägt.

Harry wurde um 16.20 Uhr geboren und wog 3120 Gramm, etwas weniger als William, der 3220 Gramm gewogen hatte. Man vermutete, dass er eine Woche zu früh zur Welt gekommen war, was der Buckingham Palace weder bestätigte noch dementierte. Man kann jedoch davon ausgehen, dass Charles und Diana sich zum erwarteten Geburtstermin eher im Kensington Palace als in Windsor Castle aufgehalten hätten.

Seine Mutter entschied über den Namen. „Ich wählte die Namen William und Henry, weil die Alternativen Arthur und

Albert gelautet hätten", erklärte sie. „Nein, danke. Es wurde nicht darüber gestritten. Es war ein Fait accompli."

Unmittelbar nach der Ankunft des königlichen Babys benachrichtigte Prinz Charles über ein eigens auf ihrem Zimmer installiertes Telefon die Queen. Ihre Majestät hielt sich mit der Königinmutter in Balmoral auf, dem schottischen Landsitz der Königsfamilie, auf dem sie traditionellerweise ihren Sommerurlaub verbringt. Danach rief Charles Dianas Vater an, Lord Spencer, der auf Althorp Estate weilte, seinem Domizil in Northamptonshire. Er war hocherfreut und ordnete sogleich an, dass der Union Jack auf dem Dach durch die Spencer-Flagge in Rot, Gelb und Schwarz ersetzt wurde.

Anschließend trat er aufgeregt aus der Tür und erzählte jedem Besucher: „Wir haben einen Jungen bekommen. Diana hat ihren zweiten Sohn geboren. Sie ist wohlauf und das Baby auch. Ich freue mich so, besonders für Prinz William. Er wird begeistert sein. Es wird schön für ihn sein, einen Gefährten zu haben, zum Spielen und zum Streiten. Es ist wunderbar, zwei Jungs zu haben. Ich hoffe, er wird eines Tages Cricket für Gloucestershire spielen. Er ist ein glücklicher kleiner Junge, denn er hat wundervolle Eltern. Er wird einen sehr guten Start ins Leben haben." Dann seufzte er. „Ich bin so erleichtert, dass alles gut gegangen ist, ohne Komplikationen." Diana hingegen war besorgt, denn sie wusste, dass Charles lieber eine Tochter gehabt hätte. Sie erzählte dem Autor Andrew Morton während seiner Recherche zu dem 1992 erschienenen internationalen Bestseller *Diana: Ihre wahre Geschichte*, sie habe in der Schwangerschaft auf einem Ultraschallbild gesehen, dass sie einen Jungen erwartete, dies ihrem Mann aber verschwiegen aus Angst, er könnte enttäuscht von ihr sein. Der Stress, den es bedeutet haben muss, eine solche Information monatelang geheim zu halten, sagt viel über ihre bröckelnde, dysfunktionale Beziehung aus. Die „Diana Tapes", Aufnahmen, die über einige ihrer intimsten Gefühle während jener Zeit Auskunft geben, wurden im Juni

2017 anlässlich des 25. Jahrestages des Erscheinens von Mortons Buch veröffentlicht. „Charles wollte immer ein Mädchen", sagt sie in einem der Mitschnitte. Als er das Baby das erste Mal sah, habe er gerufen: „Oh Gott, es ist ein Junge … und er hat auch noch rote Haare!"

Diese Darstellung der Dinge darf angezweifelt werden. Zwei Monate nach Harrys Geburt gab Prinz Charles eines seiner seltenen Interviews im amerikanischen Fernsehen und beschrieb Harry als „absolut bezaubernd". Er fügte hinzu: „Es ist interessant mit dem zweiten Kind. Sehr oft – und viele Menschen haben mir das gesagt – ist man als Eltern mit dem Zweiten viel entspannter und deswegen in der Lage, dem Kind eine Atmosphäre größerer Gelassenheit zu vermitteln." Als Beweis seiner Theorie führte er an, Harry sei „außerordentlich brav, schläft hervorragend und isst sehr gut". Dennoch verletzte seine angebliche Reaktion die junge Mutter zutiefst. „Innerlich riegelte ich mich ab", sagte Diana zu Morton. „Damals wusste ich, dass Charles zu seiner Lady [Camilla Parker Bowles] zurückgekehrt war, aber irgendwie war es uns gelungen, Harry zu bekommen."

Diana beschrieb die Zeit zwischen den Geburten ihrer beiden Söhne als „totale Dunkelheit. Ich kann mich nicht an viel erinnern. Ich habe es ausgelöscht. Es war eine schmerzhafte Zeit. Harry erschien wie durch ein Wunder. Charles und ich waren einander in den sechs Wochen vor seiner Geburt sehr nah, näher, als wir einander jemals waren und jemals wieder sein werden. Dann, als Harry geboren wurde, ging plötzlich etwas kaputt in unserer Ehe. Das Ganze ging den Bach runter." Sie sagte, Charles habe ihr das Gefühl gegeben, „in jeder Hinsicht" ungenügend zu sein. Sie war froh um Harry, denn durch ihn bekam sie zum zweiten Mal die Chance, bedingungslos geliebt zu werden.

Vor dem Krankenhaus hatten sich mit der Weltpresse rund 300 geduldige und treue Fans des Königshauses versammelt, die jubelten, als ihnen die gute Nachricht überbracht wurde.

Anlässlich der Geburt wurden 41 Salutschüsse vom Hyde Park und vom Tower of London abgefeuert. Am nächsten Tag erklang ein feierliches dreistündiges Glockengeläut von der Pfarrkirche St Mary's in Tetbury, Gloucestershire, nahe Highgrove House, dem Landsitz von Charles und Diana, den Prinz Charles 1980 erworben hatte. Auch in der Kirche des königlichen Anwesens in Sandringham, Norfolk, dem Geburtsort von Prinzessin Diana, läuteten die Glocken. Premierministerin Margaret Thatcher, die das Wochenende in Chequers verbrachte, sandte dem Paar ihre Glückwünsche.

Baby Harry stand an dritter Stelle der Thronfolge und war das vierte Enkelkind der Queen, aber das war für sie kein Grund, ihre Pläne zu ändern. Sie wurde erst am Freitag der folgenden Woche in London zurückerwartet, kurz vor ihrer offiziellen Reise nach Kanada.

Am Tag nach Harrys Geburt besuchten sie, Prinz Philip, die Königinmutter und Prinz Edward jedoch einen Gottesdienst in der Crathie Kirk nahe Balmoral, wo ein Gebet für das Neugeborene abgehalten wurde. Wegen anderweitiger Verpflichtungen in Japan und der Schweiz sah Prinz Philip seinen Enkel erst im Alter von fast vier Wochen zum ersten Mal, als er Highgrove House einen kurzen Besuch abstattete. Damals munkelte man, sein mangelndes Interesse am jüngsten Spross der Königsfamilie habe bereits eine Kluft zwischen ihm und Prinz Charles verursacht.

Die offizielle Bekanntgabe der Geburt von Prinz Henry Charles Albert David wurde um 17.55 Uhr am Tor des Buckingham Palace ausgehängt und erntete großen Applaus. Auch am Tor von Balmoral wurde eine offizielle Mitteilung platziert. Ein Sprecher des Königshauses gab bekannt, das Baby solle zwar auf den Namen „Henry" getauft, aber „Harry" genannt werden. Prinz Charles sagte später, Harry sei als Kind nur dann mit Henry angesprochen worden, wenn er „sehr, sehr unartig" war.

Zwei Stunden nach der Geburt trat Charles mit einem breiten Lächeln durch die Krankenhaustür. Er schüttelte die Hände der Gratulanten, die tapfer hinter der Absperrung ausgeharrt hatten, und verkündete: „Meiner Frau geht es sehr gut. Die Geburt hätte nicht besser verlaufen können. Es ging dieses Mal viel schneller." Er fügte hinzu, die Geburt sei eine „wunderbare Erfahrung" gewesen. Dann fur er nach Hause in den Kensington Palace.

Um 9 Uhr am nächsten Morgen kehrte er mit Prinz William und dessen Nanny Barbara Barnes zurück. William trug rote Shorts, ein weißes, mit roten Stickereien verziertes Hemd und kurze weiße Socken. An der Hand seines Vaters erklomm er voller Begeisterung die Stufen zum Krankenhaus. Die etwa 1000 jubelnden Zuschauer blieben mit der Frage zurück, ob er sich wohl mehr darauf freute, seine Mutter zu sehen oder seinen kleinen Bruder. Diana wusste, dass William auf dem Weg zu ihr war, steckte den Kopf aus der Tür und rief seinen Namen. William warf sich ihr in die Arme. Diana erlaubte ihm dann, die Hand seines kleinen Bruders zu halten. Die Familie verbrachte ein wenig ungestörte Zeit miteinander, bevor die Nanny den Raum betrat, der bereits voller Blumensträuße von der Familie und Freunden war. Sie schaute sich ihren neuen Schützling genau an, und um 10 Uhr verließ sie mit William das Krankenhaus. Sie hielt ihn an der Hand, während er die schwierige Aufgabe meisterte, der Menge zuzuwinken und gleichzeitig die Krankenhausstufen hinunterzugehen, bevor er in den bereitstehenden Daimler kletterte, um zum Kensington Palace zurückzukehren.

Diana und Charles hatten sich über die Erziehung ihrer Kinder auseinandergesetzt. Charles wollte seine ehemalige Nanny Mabel Anderson engagieren, an der er sehr gehangen hatte. Diana hielt Mabel für zu alt und zu traditionell. Stattdessen hatte sie Barbara Barnes ausgewählt, die Tochter eines Försters, obwohl sie beinahe doppelt so alt war wie Diana. Sie pflegte einen liebevollen, entspannten Umgang mit ihren Schützlingen und umarmte sie häufig. Barbara hatte keine formelle Ausbildung als Kindermädchen und weigerte sich, eine Uniform zu tragen, aber sie hatte jahrelange Erfahrung und die besten Referenzen. Es dauerte nicht lange, bis der moderne Ansatz, den Diana anfangs noch für ideal gehalten hatte, für Unmut bei ihr sorgte.

Charles verließ das Krankenhaus um 12.35 Uhr zum Mittagessen und kehrte um 14.27 Uhr zurück. Vier Minuten darauf erschienen er und Diana, die ihren neugeborenen Sohn in den Armen hielt, auf den Stufen zum Krankenhaus. Die Zuschauer wedelten begeistert die Nationalflagge und jubelten. Sie wurden jedoch nicht mit dem Anblick von Harrys Köpfchen belohnt, denn er war zum Schutz vor der kühlen Herbstluft in eine Spitzendecke gehüllt. Mehrere lächelnde Krankenschwestern schauten aus den Fenstern der oberen Stockwerke und versuchten, einen Blick auf das royale Dreiergespann zu erhaschen. Diana trug einen scharlachroten, wadenlangen Mantel mit breiten Schulterpolstern und Schuhe in der gleichen Farbe mit niedrigem Absatz. Mit ihrem bauschig gebürsteten Haar sah sie so frisch und glamourös aus wie ein Star aus der US-amerikanischen Fernsehserie *Der Denver-Clan*, die damals sehr erfolgreich im britischen Fernsehen lief.

Auf den Stufen stehend wandte sie sich ihrem Mann zu, der Ausdruck auf ihrem Gesicht zeigte eine Mischung aus Liebe, Verletzlichkeit und Verlangen. Charles jedoch stand mit den Händen hinter dem Rücken da, eine Haltung, die man bereits von Prinz Philip kannte, und erwiderte den Blick seiner Frau nicht. Selbst an diesem Freudentag schien das Paar seine Differenzen nicht verbergen zu können. Diana nahm auf der Rückbank des blauen Daimler Platz und wurde mit Harry im Arm zum Kensington Palace gefahren. Die Zeiten haben sich geändert. Als die Duchess of Cambridge St Mary's 2013 mit ihrem Baby Prinz George verließ, stand für ihn eine sicherheitsgeprüfte Babyschale bereit.

Anne Wallace, eine Krankenschwester, die Diana schon nach Williams Geburt zur Seite gestanden hatte, wartete im Kensington

Palace. Sie war für die ersten fünf Wochen in Harrys Leben engagiert worden, um Diana zu helfen und die tägliche Entwicklung des Babys zu überwachen. Prinz Charles blieb nicht lange. Er wurde zum Smith's Lawn in Windsor gefahren, um für das Team von Windsor Park Polo zu spielen. Dort vertraute er dem Platzwart an: „William war mit dem Baby gleich ganz in seinem Element. Es ist ein unbezahlbarer Anblick, wie viel Freude ihm das Baby macht. Ständig klettert er zu ihm ins Bettchen." Eine Zuschauerin äußerte sich kritisch über seine Anwesenheit. „Er sollte bei seiner Frau sein", sagte sie. „Warum muss er jetzt Polo spielen?" Die Antwort ihres Gatten lautete: „Er hat seinen Teil getan." Ein Teenager stellte Prinz Charles eine Frage, die vielen Zuschauern durch den Kopf ging: „Was hält Prinzessin Diana davon, dass Sie heute Polo spielen?" Charles lachte und sagte: „Oh, das macht ihr nichts aus." Nach dem Spiel wurde spontan mit Champagner auf Harrys Geburt angestoßen, äußerst unköniglich kamen hierfür Plastikbecher aus dem Kofferraum eines Land Rover zum Einsatz.

Zu den ersten Besuchern des neugeborenen Prinzen zählten Prinz Andrew, Lady Sarah Armstrong-Jones sowie Dianas Vater mit seiner zweiten Frau Raine, geborene McCorquodale, der quirligen, extravaganten Tochter der Romanautorin Barbara Cartland. Sie tauchten nach einer Stunde wieder auf und verkündeten mit einem breiten Lächeln: „Das Baby ist ganz entzückend!" Als Harry zehn Tage alt war, brach die Familie nach Highgrove auf, wo sie Hunderte Glückwunschkarten, Blumensträuße und Geschenke erwarteten. Einige Wochen später unternahmen sie auch einen Wochenendausflug zu den Großeltern in Althorp.

Diana war völlig in Harry vernarrt und stillte ihn elf Wochen lang, acht Wochen länger als William. Sie war als Mutter keine Anfängerin mehr, ging sicherer mit dem Baby um und verstand es, ihm ihre Liebe zu zeigen. Von Anfang an war ihr äußerst bewusst, dass die Wege ihrer zwei Söhne sich sehr voneinander unterscheiden würden. William würde einmal König werden, und sein Leben war stark darauf ausgerichtet. Harry konnte experimentieren und seinen eigenen Weg finden. Sie liebte beide Kinder gleichermaßen und war sich mit Prinz Charles darüber einig, dass Harry nie das Gefühl haben sollte, an zweiter Stelle zu stehen.

Der Altersabstand zwischen den beiden betrug 27 Monate, und William, ein freimütiges, ungestümes Kind, war wie viele Erstgeborene mächtig verärgert, dass ein Neuankömmling in sein Hoheitsgebiet eindrang. Er zeigte sein Missfallen anfangs, indem er brüllte, mit den Füßen stampfte und mit dem Essen um sich warf, um Aufmerksamkeit zu bekommen. Er ließ seinen Ärger jedoch nicht an Harry aus. Stattdessen zeigte er sich instinktiv beschützerisch und wachsam seinem kleinen Bruder gegenüber, der anfangs ein leises, sanftmütiges Baby war – Eigenschaften, die sich bald verlieren sollten.

Diana war stolz darauf, wie liebevoll William mit seinem Bruder umging. Am 20. September 1984, nur fünf Tage nach Harrys Geburt, schrieb sie an Cyril Dickman, einen Butler, der über 50 Jahre lang im Buckingham Palace gearbeitet hatte. Der Brief gelangte im Dezember 2016 an die Öffentlichkeit und zeigt, wie vernarrt William in Harry war. Sie schrieb: „William betet seinen kleinen Bruder an und verbringt die gesamte Zeit damit, Harry mit einem endlosen Vorrat an Umarmungen und Küssen zu versorgen, er lässt die Eltern kaum an ihn heran!" Sie fügte hinzu, sie und Prinz Charles seien „völlig überwältigt von der Reaktion auf Harrys Geburt", und dass sie „unter der Masse an Blumen" schier erstickten. Diana lobte sogar Charles' Haltung gegenüber Harry. „Charles liebt das Babyalter", schrieb sie, „und konnte es kaum erwarten, wieder das Fläschchen zu wärmen und all das."

Tatsache war, dass Diana nun ihre Pflicht getan hatte. Sie hatte die Zukunft der Monarchie zügig und erfolgreich gesichert, indem sie sowohl einen Thronerben als auch einen Reservisten bereitgestellt hatte. Aber verständlicherweise hasste sie es, wenn Harry als „Ersatz" bezeichnet wurde. Ihr ausgeprägter Mutterinstinkt und angeborener Sinn für Gerechtigkeit führten zu der Entscheidung, dass die Prinzen gleich behandelt werden und beide Platz im Rampenlicht haben sollten. „Auf die königlichen Erstgeborenen fällt vielleicht mehr Ruhm ab", sagte sie. „Aber die Zweitgeborenen genießen größere Freiheit. Harry wird später schon noch begreifen, wie froh er sein kann, nicht der Ältere zu sein." Sie sorgte dafür, dass ihre Söhne so oft wie möglich gemeinsam fotografiert wurden. Dies war ein weiterer der wenigen Punkte, in denen sie und Prinz Charles übereinstimmten.

Es ist für gewöhnlich so, dass ein zweites Kind um die Aufmerksamkeit seiner Eltern wetteifern muss, und der Druck auf Harry, besonders hervorzustechen, war groß und wurde größer, als ihm langsam bewusst wurde, dass William ein zukünftiger König war. Das war schwer zu überbieten. Michael Lewis, ehemaliger Vorsitzender der psychiatrischen Klinik Bowden House, schrieb kurz nach Harrys Geburt darüber, womit Harry seiner Meinung nach konfrontiert war: „Während der entscheidenden fünf Jahre seines Lebens wird Prinz William immer da sein, älter, größer und stärker. Er wird laufen, wenn der jüngere Prinz erst krabbeln kann. Er wird im Kreis um den Jüngeren herumrennen, während der seine ersten Schritte macht. Um seinen großen Bruder einzuholen und seiner überlegenen Haltung etwas entgegenzusetzen, wird Prinz Harry seinen Verstand schärfen, beträchtlichen Charme entwickeln und an seiner Persönlichkeit feilen. Oder sich dem Kampf verweigern und sanfter und zurückhaltender werden. Während der ältere Sohn zu einer Persönlichkeit des Establishments heranwächst und tut, was von ihm erwartet wird, wird sich der jüngere Sohn stets wünschen, ein Nonkonformist und eher ein Spaßvogel zu sein, in dem Wissen, dass es nichts zu gewinnen gibt, wenn er mit seinem Bruder konkurriert. Denn dies ist ein Kampf, den er nicht gewinnen kann. Brüder haben den allergrößten Einfluss aufeinander, mehr noch als die Eltern, denn sie verbringen während der entscheidenden Jahre der Kindheit mehr Zeit miteinander."

Harry war schon immer emotional verwundbarer und dünnhäutiger als William und gab 2017 an, dass er wegen psychischer Probleme Hilfe in Anspruch genommen hatte. Es wäre unfair, dies nur darauf zurückzuführen, dass er als Zweitgeborener in der britischen Königsfamilie aufgewachsen ist. Aber nimmt man sein dysfunktionales Elternhaus, den Ehekrieg zwischen seinen Eltern und den tragischen und traumatischen Verlust seiner Mutter hinzu, hat dieser Aspekt sein Leben wohl auch nicht gerade einfacher gemacht.

Harrys Taufe fand am 21. Dezember 1984 in der St George's Chapel in Windsor statt. Der drei Monate alte Prinz sah in seinem 143 Jahre alten königlichen Taufkleid bezaubernd aus und lag zufrieden in den Armen seiner Mutter. Diana war in ihrem marineblauen Kleid mit dem gleichfarbigen, breitkrempigen Hut der Inbegriff von Eleganz und Raffinesse. Sie und Prinz Charles wechselten kaum ein Wort, nur einmal sagte er barsch: „Er tropft", und sie wischte Prinz Harry schnell das Kinn ab.

Prinz William, ein schelmischer, energiegeladener Knirps, kam schlecht damit zurecht, nicht im Mittelpunkt der Aufmerksamkeit zu stehen. Er zappelte ununterbrochen und wirkte wütend, weil er das Baby nicht halten durfte. Lord Snowdon, dem früheren Ehemann von Prinzessin Margaret, der als offizieller Fotograf engagiert worden war, machte William es mit seinem Verhalten sehr schwer. Sein Assistent berichtete später: „Jedes Mal, wenn William frech war, brüllten alle vor Lachen. Niemand wies ihn zurecht, er war ein echter Plagegeist." Charles versuchte ihn abzulenken, indem er ihm die Geschichte des Taufkleides erzählte. Der Junge verdrehte die Augen, was eher eine instinktive als eine reflektierte Reaktion gewesen sein wird. Diana nahm sein Verhalten nicht ernst und gab ihm den scherzhaften Spitznamen „Ihre königliche Unartigkeit".

Harry hatte wie William sechs Paten. Es hatte Diana verärgert, Williams Paten nicht auswählen zu dürfen, denn Prinz Charles und die Queen hatten darauf bestanden, dass sie mit einer Ausnahme Verwandte der königlichen Familie oder Aristokraten sein mussten. Bei Harry hatte Diana größeren Spielraum, aber sie musste der Queen ihre Auswahl dennoch vorlegen. Zwei auf der Liste wurden abgelehnt, aber die Ersatzkandidaten genehmigte die Queen. Die Endauswahl umfasste: Lady Sarah Armstrong-Jones (später Chatto), Tochter von Prinzessin Margaret und Lord Snowdon; Prinz Andrew, Duke of York; Dianas frühere Mitbewohnerin Carolyn Bartholomew; Lady Celia Vestey, eine Freundin der Queen; Bryan Organ, ein Maler, und Gerald Ward, beides Freunde von Prinz Charles. Prinzessin Anne wurde weder als Patin gewählt noch kam sie zur Taufe.

Diana, die sich im privaten Umfeld oft deprimiert und einsam fühlte, was auch ihre Bulimie verschlimmerte, konnte ihre Stimmungen verbergen, wenn die royalen Pflichten es verlangten. Später offenbarte sie, dass selbst die Freude an Harrys Taufe ihr durch Charles' angebliche Taktlosigkeit verdorben wurde. Im Gespräch mit Andrew Morton sagte sie 1991: „Charles unterhielt sich bei Harrys Taufe mit meiner Mutter und sagte: ‚Wir waren so enttäuscht – wir dachten, es würde ein Mädchen.' Mummy wies ihn zurecht: ‚Du solltest froh sein, dass du ein ganz normales Kind hast.' Seitdem", fügte sie hinzu, „zeigt er ihr die kalte Schulter – so ist er eben, wenn jemand ihm Widerworte gibt."

Sie vertraute sich außerdem ihrem Stimmtrainer Peter Settelen an. Seine Aufgabe war es eigentlich, ihr bei Reden in der Öffentlichkeit zu mehr Selbstbewusstsein zu verhelfen, und es ist ein Zeichen ihrer damaligen Verzweiflung, dass sie ihm viel Persönliches erzählte und ihn die Gespräche aufzeichnen ließ. Die bereits erwähnten „Diana Tapes" wurden zwischen 1992 und 1993 im Kensington Palace aufgenommen und bildeten die Grundlage der Dokumentation *Diana in Her Own Words* von Channel 4, die 2017 anlässlich ihres 20. Todestages ausgestrahlt wurde. Sie beschrieb darin ihre Hochzeit als den „schlimmsten Tag meines

Lebens". Auch ihr Sexualleben mit dem Prinzen thematisierte sie. Ihr zufolge gab es „nie ein Bedürfnis danach von seiner Seite – einmal alle drei Wochen, und ich dachte immer, das folgt einem Muster." Diana gab auch an, dass sie einander 1987 das letzte Mal „als Mann und Frau nahe gewesen" seien. Seitdem schlief Prinz Charles in seinem Ankleidezimmer.

Ob das nun der Wahrheit entsprach oder nicht – feststeht, dass die Umstände von Charles' und Dianas Kindheit ihre Chancen bedeutend verringert hatten, eine gute und erfolgreiche Beziehung miteinander zu führen. Keiner von beiden erfuhr in den prägenden Jahren ausreichend Liebe, Stabilität oder Stärkung des Selbstvertrauens. Das waren ungünstigste Voraussetzungen für die Erziehung der eigenen Kinder. Charles hatte von klein auf um die Anerkennung seiner Eltern gekämpft, aber immer das Gefühl gehabt, sie zu enttäuschen, ganz besonders seinen Vater. Er wusste, dass er zu weich war, um der Sohn zu sein, den sein Vater sich wünschte. An materiellen Dingen mangelte es ihm nicht, aber seine emotionalen Bedürfnisse wurden nicht befriedigt. Die Queen ist nicht dafür bekannt, anderen ihre Gefühle auf dem Silbertablett zu servieren. Der Duke of Edinburgh, der als Kind verlassen worden war, wusste schlichtweg nicht, wie man sich emotional öffnet. Deshalb wurde dem ehemaligen Pressesprecher der Queen, Dickie Arbiter, zufolge „Charles dazu erzogen, seine Gefühle nicht zu zeigen".

Charles' Unfähigkeit, eine gute Beziehung mit Diana zu führen, minderte sein Selbstwertgefühl sogar noch, aber es war nicht einzig und allein seine Schuld. Die Prinzessin von Wales hatte auch eine problematische Kindheit gehabt. Ihre Eltern führten eine unglückliche Ehe. Ihre Mutter, Frances Roche, weinte angeblich ständig, und Diana sah mit an, wie ihr Vater Johnnie, der achte Earl Spencer, ihr ins Gesicht schlug. Ein Jahr bevor Diana zur Welt kam, hatte Frances einen Sohn bekommen, der wenige Stunden nach der Geburt verstorben war. Johnnie verzieh ihr das nie, obwohl sie letztlich noch einen Jungen zur Welt brachte, Charles, den derzeitigen Earl Spencer. Frances verließ die Familie, als Diana sechs Jahre alt war, und zog kurz darauf mit Peter Shand Kydd nach Schottland. Diana blieb mit ihren älteren Schwestern Jane und Sarah und ihrem jüngeren Bruder Charles beim Vater. Wie viele Aristokraten der damaligen Zeit widmete er sich nicht der Kindererziehung, sondern engagierte stattdessen ein Au-Pair-Mädchen nach dem anderen.

Diana war naiv und hatte wenig Selbstvertrauen. An der Schule hatte außer ihr niemand geschiedene Eltern, und mit 14 Jahren sagte sie, sie sei in nichts gut. Als Teenager verschlang sie die Romane von Barbara Cartland (die zufälligerweise, wie bereits erwähnt, die Mutter ihrer späteren Stiefmutter war), in denen attraktive Männer die Herzen von anständigen jungen Damen eroberten und am Ende alle glücklich waren. Sie heiratete Prinz Charles mit gerade einmal 20 Jahren, er war fast 13 Jahre älter, ein Abstand, der sich angesichts ihrer unterschiedlichen Persönlichkeiten als unüberbrückbar erwies. Diana war instinktgetrieben, spontan, unsicher und bedürftig, im Vergleich dazu wirkte Prinz Charles geradezu wie ein Herr im fortgeschrittenen Alter. Er folgte bewährten Routinen und stellte wie seine Mutter die royalen Pflichten über die Familie. Diana war bitter enttäuscht, dass Charles sich nicht wie einer ihrer Romanhelden verhielt. Sie musste bald feststellen, dass die Existenz von Camilla Parker Bowles, Charles' großer Liebe, über ihr schwebte wie ein gespenstischer Schatten. Außerdem passten ihre jeweiligen Freunde nicht zueinander, und sie hatten keine gemeinsamen Interessen. Sie hätten niemals heiraten sollen.

Williams und Harrys Kindheit war durchdrungen von dieser toxischen Atmosphäre, was ein Grund für Williams unzählige Wutanfälle und Harrys anfängliche Verschlossenheit sein könnte. Das Zusammenleben mit Eltern, die unglücklich miteinander waren und sich immer häufiger stritten, wirkte sich unvermeidlich auf sie aus. Üblicherweise geben Eltern ihr destruktives Verhalten an die nächste Generation weiter, und es stand zu befürchten, dass die Brüder in späteren Jahren ins Stolpern geraten, wenn nicht gar einen Absturz erleben würden. Sehr viel Arbeit und Selbstreflexion waren vonnöten, um die Klippen zu umschiffen, an denen sie hätten zerschellen können, und für Harry war dies besonders schwierig. Es ist ein großes Verdienst der beiden, dass sie sich selbst wohl vor einem vergleichbaren Lebensweg gerettet haben.

Die Queen nahm Harrys Geburt und Taufe als Ausgangspunkt ihrer Weihnachtsansprache 1984. Sie wusste um den traurigen Zustand der Ehe ihres Sohnes, und im Rückblick scheint es, als wollte sie ihm und Diana damals einen sanften Hinweis geben, ihre Beziehung um der Familie willen zu retten. In ihrer Ansprache sagte sie, die Geburt ihres vierten Enkels sei „Anlass für eine große Familienfeier" gewesen. Sie sprach über das „vorbehaltlose Vertrauen" der Kinder und ihre „Bereitschaft zur Vergebung". „Wir sollten von ihnen lernen, so wie sie von uns lernen", insbesondere was „ihr stabiles Selbstvertrauen und ihre unschlagbare Ehrlichkeit" angeht. Leider wurde ihr Ratschlag nicht befolgt.

Ein ungeschriebenes Gesetz lautete, dass die königliche Kindererziehung von Distanz und Sachlichkeit geprägt zu sein habe, aber Diana lehnte das gänzlich ab. Ihre eigene Kindheit und ihre Erfahrungen als Kindergärtnerin, bevor sie Charles kennenlernte, ließen sie mit großer Entschlossenheit einen anderen Ansatz wählen. Ihre Jungen sollten nie daran zweifeln, dass sie geliebt wurden. Im Gegenzug konnte sie sich dadurch ein wenig von der Liebe zurückholen, die ihr in ihrer Kindheit und in ihrer Ehe gefehlt hatte.

William war ein lebhaftes, lautes, wildes Kind. Als er sechs Monate alt war, wurde die damals 52-jährige Olga Powell angestellt, um Nanny Barnes zu unterstützen. Sie überdauerte drei weitere Vollzeit-Nannys und wurde schließlich die von den beiden Kleinen sehr geliebte Hauptnanny. Für Nanny Barnes hingegen lief es weniger gut. Es wurde immer offensichtlicher, dass William, der sie Baba nannte, sie anbetete. Er verbrachte auch mehr Zeit mit ihr als mit seiner Mutter und wandte sich, wie kleine Kinder es eben tun, stets an sie als erste Bezugsperson. Diana, die sich bereits von ihrem Ehemann vernachlässigt und allgemein isoliert fühlte, war erschüttert. Sie wollte im Leben ihres Kindes nicht durch eine Nanny ersetzt werden. Eifersucht überwältigte sie. Sie wollte diejenige sein, die ihre Söhne großzog, und so viel Zeit mit ihnen verbringen, wie ihre royalen Pflichten es erlaubten. Sie stimmte ihren Terminplan auf die Kinder ab, während Charles weder Verpflichtungen absagte noch seine Pläne für sie änderte. Inzwischen blieb er ihren Wohnsitzen in London und auf dem Land regelmäßig fern.

War ein Mitarbeiter, Freund oder Verwandter erst einmal bei Diana in Ungnade gefallen, was von einem Tag auf den anderen geschehen konnte, gab es selten ein Zurück. Nanny Barnes war ein ahnungsloses Opfer von Dianas Wankelmut. Die Prinzessin untergrub ihre Autorität, indem sie verlangte, dass die Nanny jedes Fehlverhalten der Kinder zunächst mit ihr besprach, bevor sie mit ihnen schimpfte. Das brachte sie in eine unmögliche Lage. Ken Wharfe hatte zunächst zwei Jahre lang als Williams und Harrys und anschließend als Dianas Leibwächter gearbeitet und Harrys Entwicklung im Alter von zwei bis neun Jahren miterlebt. In seinen Augen war offenkundig, dass Barbara Barnes William mehr Aufmerksamkeit schenkte als Harry. In seinem Buch *Diana: Closely Guarded Secret* berichtete er: „Barbara zog William Harry vor, was bei Diana nicht gut ankam. Ich erinnere mich an einige Fahrten nach Highgrove mit Barbara, als Harry sehr klein war. Er wurde weitgehend ignoriert, und zwar so weit, dass es gleichgültig war, was mit ihm geschah. Ihm wurde im Auto schnell übel, und wir mussten mehrmals anhalten, weil der arme Kerl sich übergeben musste. Ich sagte: ‚Vielleicht solltet ihr deswegen mal zum Arzt gehen.' Und sie sagte nur: ‚Oh, mit ihm ist alles in Ordnung. Es geht ihm gut.'"

Nanny Barnes war nicht die Einzige, die Dianas und Charles' Wunsch nicht nachkam, Harry und William gleich zu behandeln. Sogar die Königinmutter lud – vielleicht aus Taktlosigkeit – nur William zu einem Besuch bei ihr in Clarence House ein, Harry musste zu Hause bleiben. Nanny Barnes deutete die Zeichen richtig und kündigte am 15. Januar 1987. Es war Williams erster Tag an der Wetherby-Vorschule in London. Er war am Boden zerstört, Harry nicht. Diana versäumte es, den Prinzen alles zu erklären. Für die beiden war die Nanny einfach verschwunden. Kinder geben sich oft selbst die Schuld, wenn geliebte und vertraute Menschen sie verlassen. Es war das erste Mal, dass sie sich verlassen fühlten, doch es sollte nicht das letzte Mal sein.

Auf Nanny Barnes folgte Ruth Wallace. Sie hatte die Kinder von Prinz und Prinzessin Michael von Kent betreut, die sehr artig waren. Charles hatte Prinzessin Michael gefragt, wie sie zu solch wohlerzogenen Kindern kam, und sie hatte dies auf ihre „wunderbare" Nanny zurückgeführt. Also überredete Diana sie, bei ihnen anzufangen. Ihr fiel die schwierige Aufgabe zu, William zu bändigen, der ihrem Eindruck nach verwöhnt war. Sie blieb drei Jahre, kündigte dann aber, weil sie die vergiftete Atmosphäre zwischen dem königlichen Paar zu belastend fand. Zum Zeitpunkt ihres Weggangs hatten sich Williams Wutanfälle gelegt, und Harry war aus seinem Schneckenhaus hervorgekommen. Die Queen äußerte angesichts der hohen Fluktuation der Kindermädchen Bedenken, denn dies störte ihrer Meinung nach die für die Erziehung notwendige Beständigkeit.

Alle von Diana angestellten Nannys waren altmodisch in dem Sinne, dass sie großen Wert auf bestimmte Routinen, Ordnung und Höflichkeit legten. Die einzige konstante Bezugsperson für William und Harry war Hauptnanny Olga Powell. Sie hatte sofort erkannt, dass Diana eifersüchtig wurde, wenn sie das Gefühl bekam, William und Harry seien ihrer Nanny zu nahe. Ein ehemaliges Mitglied des Hofes sagte: „Diana vertraute ihnen einfach nicht genug, um sie ihre Arbeit anständig erledigen zu lassen. Das sorgte für große Unruhe bei den Kindern."

Einer der wenigen normalen Aspekte im Leben der Prinzen war ihre Ernährung. Als Kinder aßen sie am liebsten Rice Krispies zum Frühstück, Hackbraten oder Fischstäbchen zum Mittagessen und Baked Beans oder Spiegelei auf Toast zum Abendessen. Schokolade und zuckerhaltige Getränke gab es nur zu besonderen Anlässen. Die Wochenenden verbrachten sie normalerweise in Highgrove House, wo sie ein weiteres Kinderzimmer hatten. Es war mit Kiefernholz ausgekleidet statt wie der Rest des Hauses mit Mahagoni, und das Treppenhaus war mit grünem Netz umspannt für den Fall, dass William üben wollte, die Treppen herunterzuspringen.

Der königliche Sommerurlaub dauert von August bis Oktober, und traditionellerweise versammeln die Familienmitglieder sich jeweils unterschiedlich lange in Balmoral. 1985 begann der Urlaub einen Monat vor Harrys erstem Geburtstag mit einer Fahrt auf der königlichen Jacht „Britannia" von Southampton rund um die Äußeren Hebriden. Die Sicherheitslage war in Southampton besonders angespannt, denn die Polizei hatte kurz zuvor Pläne der IRA für einen Anschlag auf die Stadt aufgedeckt. Die Jacht legte an einem nassen und windigen Sommertag ab. Harry, ein sensibles Kind, störte sich an dem Wind, der ihm in seinen roten Haarschopf fuhr, und blieb dicht bei seiner Mutter. Auch die lauten Salutschüsse der königlichen Marine erschreckten ihn.

Nachdem die Familie im Oktober in den Kensington Palace zurückgekehrt war, erhielt Alastair Burnet als erster Journalist die Gelegenheit, ein Fernsehinterview mit dem Prinzen und der Prinzessin von Wales zu führen. Obwohl es fast keine Interaktion zwischen dem Paar gab, stach ihr gemeinsames Unglück nicht sogleich ins Auge, vor allem weil die beiden jungen Prinzen ihnen die Schau stahlen. William trug rote Shorts und ein langärmeliges, rot-weiß kariertes Hemd, weiße Socken und rote Sandalen. Harry, gerade einmal ein Jahr alt, verträumt und noch etwas wackelig auf den Beinen, trug einen weißen, mit Rüschen besetzten Strampelanzug. Besonders bezaubernd war der Versuch der Kinder, Klavier zu spielen. Offensichtlich machte es ihnen enormen Spaß, auf die Tasten einzuhämmern, und William, der das Piano „the pano" nannte, lachte lauthals, als es Harry gelang, lange genug aufrecht zu stehen, um einige Töne zu spielen. Als William gebeten wurde, Harry einen Kuss zu geben, küsste er ihn auf den Kopf und wischte sich danach mit seinem Ärmel den Mund ab. Währenddessen hielt Prinz Charles sich ein blütenweißes Taschentuch vor das Gesicht und spielte Guck-guck, um Harry vor der Kamera zum Lächeln zu bringen. Die Sendung brach alle Zuschauerrekorde, und der anschließende Buch- und Videoverkauf brachte eine Million Pfund für wohltätige Zwecke ein.

Als Kontrapunkt zu ihrem Leben in schwelgerischem Reichtum entschied Diana, die selbst aus einer wohlhabenden Aristokratenfamilie stammte, ihren Kindern einen möglichst breiten Einblick ins Leben zu ermöglichen. Sie sorgte dafür, dass sie verstanden, wie weniger Begünstigte lebten, und auf Menschen trafen, die geringere Chancen im Leben hatten. Dies stellte einen bedeutenden Wandel in der königlichen Erziehung dar. Diana wollte ihnen auch nicht vorenthalten, wie andere Kinder zum Märchenspiel oder ins Kino zu gehen. Sie wird nicht geahnt haben, welch starken und nachhaltigen Einfluss sie auf das Leben der beiden Prinzen hatte. Zweifellos wird Williams Herrschaft davon geprägt sein, wenn er König wird, und auch für Harry ist die Erziehung, die er genossen hat, ein enormer Motor.

Im Juli 1987, kurz bevor Beginn von Harrys Kindergartenzeit, besuchten er und William ein Zentrum für Kinder arbeitender Eltern im Londoner Stadtteil Holborn, das vom Bezirksrat

Camden betrieben wurde. Die Brüder wurden unangekündigt mit ihren Nannys und zwei Leibwächtern dort abgesetzt. Sie spielten etwa eine Stunde lang mit den anderen Kindern und wären vielleicht unerkannt geblieben, wenn der fünfjährige William nicht mitbekommen hätte, wie sein Leibwächter einem neugierigen Jungen sagte, Williams Name sei Roger. „Nein, das stimmt nicht", rief der Prinz. „Ich heiße William."

In der Weihnachtszeit nahm die Prinzessin die Kinder zweimal in die berühmten Londoner Kaufhäuser Harrods und Selfridges mit, um den Weihnachtsmann zu besuchen. Der Termin bei Harrods fand außerhalb der regulären Öffnungszeiten statt. Die Prinzessin von Wales wurde persönlich von Mohamed Al-Fayed begrüßt, dem das Haus damals gehörte. Zunächst machten sie bei den Weihnachtselfen halt. Harry erzählte ihnen bereitwillig, dass er sich Kuchen als Geschenk wünschte, während William sie würdevoll wissen ließ: „Ich sage euch nicht, was ich mir zu Weihnachten wünsche. Ich rede nur mit dem Weihnachtsmann."

Al-Fayed geleitete sie dann in die Spielwarenabteilung im vierten Stock, wo die Prinzessin zwei Kindermotorräder entdeckte. Harry fuhr Runde um Runde, rief aber, damals schon furchtlos, seiner Mutter zu: „Ich will mit was Schnellerem fahren!" Sie blieben eine Dreiviertelstunde und verließen das Warenhaus beide mit einem Teddy im Arm. Drei Tage später nahm Diana sie mit zu Selfridges, wo die Belegschaft nicht über den royalen Besuch informiert worden war. Also mussten die Prinzen wie alle anderen Schlange stehen, um den Weihnachtsmann zu sehen, obwohl sie bereits um 9 Uhr da waren. Harry verließ das Warenhaus wieder mit einem Teddy, der diesmal fast so groß war wie er selbst.

Beide Prinzen besaßen eine Menge Spielzeug. Als sie klein waren, mochten sie Teddys und Quietschtiere am liebsten. Sie hatten auch jeder ein Schaukelpferd, Williams war schwarz, Harrys war etwas kleiner und weiß. Später spielten sie mit Rennautos, Spielzeughubschraubern und -panzern. William mochte

Gesellschaftsspiele und Puzzles, Harry konnte sich ununterbrochen mit seinen Spielzeugsoldaten beschäftigen. Als Haustiere hatten sie ein Kaninchen und eine Rennmaus. Sie schauten gern zu, wenn der rote Wessex-Hubschrauber abhob, um einen oder beide Elternteile zu einem ihrer Termine zu bringen, und Harry war ganz besonders fasziniert von den regelmäßigen Militärparaden.

Auf dem sechs Hektar großen Anwesen Highgrove bevorzugten sie Aktivitäten im Freien. Harry durchstreifte den Garten gern an der Hand seines Vaters, der ihm die verschiedenen Pflanzen und Blumen zeigte. „Harry liebt Tiere und Pflanzen", berichtete Prinz Charles. „Ich erkläre ihm alles, auch dass sie Gefühle haben und man ihnen nicht wehtun darf."

Die Königsfamilie verbringt Weihnachten traditionell in Sandringham House in Norfolk. Ein besonderer Höhepunkt war ein Ausflug ins Theater. Einmal nahm Diana die Prinzen als Teil einer 14-köpfigen Gruppe mit, um sich die Matinee von *Cinderella* im Princess Theatre in dem kleinen Küstenort Hunstanton anzusehen, wo sie begeistert jubelnd in ihrer Privatloge gesehen wurden.

Für die Prinzessin von Wales waren dies ein paar Sternstunden in einer zunehmend düsteren Zeit. Sie weigerte sich, das Protokoll zu befolgen, nicht zuletzt, um die höherrangigen Royals für ihre Ignoranz und mangelnde Unterstützung zu strafen. Ihre Beziehung zu Charles hatte sich ebenfalls verschlechtert. Manchmal ertrugen Charles und sie es nicht einmal, sich im selben Raum aufzuhalten. In der Folge verletzte sie sich regelmäßig selbst, erlitt Essattacken und übergab sich.

Kapitel 3

In den Fußstapfen
des großen Bruders

Prinz Charles hatte ursprünglich den Wunsch, dass William und Harry zu Hause von einer Privatlehrerin unterrichtet würden, wie es bei ihm und Diana auch der Fall gewesen war. Diana sperrte sich gegen diese Idee. Sie wollte die Schulzeit so normal wie möglich gestalten, damit ihre Söhne die Chance erhielten, unter anderen Kindern zu sein. Obwohl beide nur das Beste für William und Harry wollten, fiel es ihnen zunehmend schwer, auch nur ruhig und vernünftig über das Thema zu reden. Diana fühlte sich dermaßen abgelehnt, dass sie immerzu weinte und ihrem Mann Beleidigungen an den Kopf warf. Prinz Charles wusste weder, wie er mit ihrer theatralischen Art umgehen, noch wie er sie zufriedenstellen sollte. Er war zutiefst verzweifelt und überließ letzten Endes ihr die Entscheidung. Das war auch sinnvoll, denn er war auf den Schulen, die seine Eltern für ihn ausgewählt hatten, nicht glücklich gewesen.

Diana recherchierte alle potenziell infrage kommenden Schulen im Radius von acht Kilometern rund um den Kensington Palace und gab Charles die Schulbroschüren zu lesen. Eine effektive Methode. Schließlich kamen sie überein, William in Jane Mynors' Kindergarten in Chepstow Villas in Notting Hill zu schicken, dessen Besuch 300 Pfund die Woche kostete. Seine natürliche Ausgelassenheit und sein Selbstvertrauen halfen ihm, sich schnell einzugewöhnen. Er bekam den Spitznamen „Basher" und drohte einmal einem Jungen, den er offensichtlich nicht sonderlich leiden konnte: „Ich werde meine Ritter aussenden, um dich zu töten, wenn ich König bin." Ungeachtet dessen sagte beiden Eltern die Art zu, wie die Einrichtung mit Williams Temperament umging. Sie betrachteten den Besuch des Kindergartens als eine gute Basis für ihn, und so fiel die Entscheidung leicht, Harry in seine Fußstapfen treten zu lassen. Der Kindergarten hatte bereits für William besondere Sicherheitsvorkehrungen getroffen, dazu zählten Spezialschlösser an den Türen. Für Harry musste also kaum etwas verändert werden.

Sein erster Tag dort war der 16. September 1987, einen Tag nach seinem dritten Geburtstag. Charles und Diana stellten ihre persönlichen Probleme für kurze Zeit hintan und beschlossen, das Ganze zu einem Familienausflug zu machen. Um 9.45 Uhr fuhr das Paar mit William und Harry vor dem Kindergarten vor, wo bereits eine Schar Fotografen hinter der Absperrung wartete.

William stieg als Erster aus und lächelte in die Kameras. Harry folgte ihm, er sah nervös und angespannt aus und hielt seine Tasche mit dem Aufdruck von Thomas, der kleinen Lokomotive, fest umklammert. Er blieb dicht bei seiner Mutter, und sie führte ihn über den Gehsteig zu Mrs. Mynors, die ihn begrüßte und ihm die Hand gab. Diana forderte Harry auf, den Fotografen zuzuwinken, was er mit einem Lächeln tat. William, der sich an diesem Ort ja bereits bestens auskannte, fasste seinen Bruder an der Schulter und drehte ihn zu den Stufen um, die ins Untergeschoss führten, wo sich der Raum von Harrys Gruppe befand. Er machte sich von William los und war den Tränen nahe, als seine Mutter die beiden einholte, ihn fest umarmte und ihn dann sanft zu den elf anderen Kindern der Schwanenküken-Gruppe führte, in die die Kleinsten gingen.

Er bekam einen Garderobenhaken für seine Jacke, der mit „Harry" gekennzeichnet war, und einen blauen Malerkittel mit der Aufschrift „Prinz Harry". Zwei Stunden später tauchte er wieder vor dem Kindergarten auf und präsentierte das Ergebnis seines ersten Vormittags – ein Fernglas aus zwei Klopapierrollen. Es löste einen öffentlichen Aufschrei aus, als er sich die Klopapierrollen vor die Augen hielt – wie unhygienisch! Mrs. Mynors verweigerte jeglichen Kommentar.

Kaum gingen beide Jungen in den Kindergarten, ließ Diana alle Ferien, Sporttage und Krippenspiele genauestens in ihren Terminkalender eintragen. So konnte ihr Team ihre royalen mit den mütterlichen Pflichten abstimmen. Wenn möglich, brachte sie ihre Söhne in den Kindergarten und holte sie wieder ab. Das half Harry sehr, denn er empfand seine ersten Wochen im Kindergarten als relativ traumatisch. Anders als William brauchte er viel Zuspruch und Aufmerksamkeit. Sogar heute umgibt ihn manchmal noch eine Aura von Verletzlichkeit und Trauer. Dies ist mit ein Grund dafür, dass er bei Menschen aller Art auf der ganzen Welt so beliebt ist, und vielleicht auch dafür, dass Meghan Markle manchmal das Gefühl hat, sich ihm gegenüber mütterlich verhalten zu müssen.

Im Unterschied zu William brauchte Prinz Harry auch ein paar Jahre, bis er auf dem Spielplatz ganz in seinem Element war. In den Pausen weigerte er sich anfangs mitzuspielen, und wenn ein anderes Kind auf ihn zukam, rannte er weg, versteckte sich in einer ruhigen Ecke oder saß allein auf einer Bank, oft den Tränen nahe. Eine Mutter bemerkte, er sei „still wie eine Maus, das arme kleine Ding". Gelegentlich stand er die gesamte zehnminütige Pause allein da, und wenn ein anderes Kind zu ihm kam und an seinen Kleidern zerrte, oft um ihn zum Mitspielen zu animieren, begann er zu weinen. Für Harrys Leibwächter, der immer in seiner Nähe war, muss es schwierig gewesen sein, ihn nicht zu trösten, aber wegen der Anweisung, „sich nicht einzumischen", kam er ihm nicht zu Hilfe.

Es fiel Harry schwer, mit anderen Kindern oder sogar mit seinen Lehrern zu sprechen. Im Unterricht meldete er sich selten, selbst dann nicht, wenn er auf die Toilette musste. Stattdessen mussten die Lehrer darauf achten, ob er sich mit leidender Mine auf seinem Stuhl wand, um ihn dann zum Badezimmer zu begleiten. Seine Verletzlichkeit machte ihn zum leichten Mobbingopfer, zumal er sich nicht wehrte. Positiv war zu vermerken, dass er sich sehr gut konzentrieren konnte, wenn Geschichten vorgelesen wurden, und er malte und bastelte gern. Aufmerksame Erzieher bemerkten auch, dass Harry, wenn man ihn beispielsweise dafür lobte, besonders gut im Töpfern zu sein, seine Töpferarbeit auf den Boden warf. Vielleicht war dies ein frühes Anzeichen dafür, dass er die Dinge auf seine Art machen wollte. Er schien dann am glücklichsten zu sein, wenn er in seiner eigenen kleinen Welt war, wenn man ihn allein ließ und er das machen konnte, was und wie er es machen wollte, ohne dass sich jemand einmischte.

Ein führender Psychologe erklärte damals, es sei ein großer Fehler gewesen, Harry in denselben Kindergarten zu schicken wie seinen extrovertierten Bruder. Verletzliche Kinder wie er würden in solchen Konkurrenzsituationen versagen, und demzufolge drohe seine Kindheit, „ein Albtraum" zu werden. Die Zeit hat gezeigt, dass Harry ebenso gut alleine zurechtkommt wie mit seinem Bruder, und mit seinem angeborenen Charme und leisem Schalk drängte er William mit Anfang 30 regelmäßig aus dem Scheinwerferlicht.

Harry gewöhnte sich allmählich an die Abläufe im Kindergarten und an die anderen Kinder und kam immer mehr aus sich heraus. Noch im ersten Jahr war er so mutig, einem anderen Kind zu erzählen: „Mummy geht nicht zu Sainsbury's – wir haben unsere eigene Farm." In einer Theateraufführung spielte er einen stummen Kobold. Während der Vorstellung fiel er jedoch aus der Rolle und winkte seiner Mutter zu, die lächelnd in der ersten Reihe saß.

Harry steckte sich mit diversen Kinderkrankheiten an, darunter Windpocken und verschiedene Virusinfektionen. Mit vier Jahren hatte er eine Hernien-Operation. Bei der Gelegenheit wurde auch eine angeborene Fehlbildung in der Leistengegend korrigiert, Hodenhochstand genannt. Im Krankenhaus blieb Diana die ganze Nacht über bei ihm und schlief auf einer Matratze auf dem

Boden seines Zimmers. Charles setzte seinen Malurlaub in Italien fort, rief aber stündlich zu Hause an. Inzwischen war ihre Ehe nur noch eine kalte, leere Hülle. Die Operation verlief nach Plan und Harry kehrte neun Tage später in den Kindergarten zurück. Diesmal sauste er begeistert hinein. Zwei Stunden später kam er stolz mit zwei Bildern in der Hand wieder heraus, eins zeigte einen prächtigen Sonnenuntergang in Orange und landete zweifelsohne direkt an der Wand seines Kinderzimmers.

Kurz nach Harrys Operation schied sein Leibwächter David Sharp aus dem Dienst. Wochenlang brach Harry deswegen immer wieder in Tränen aus, und noch Jahre später fragte er Diana regelmäßig, wann Sharp wiederkomme. Es war ein frühes Beispiel dafür, wie schwer es für Harry ist, verlassen zu werden, wenn er jemanden wirklich mag.

Sharp war nicht der einzige Mensch in seinem Umfeld, zu dem er eine enge Bindung aufbaute. Auch James Hewitt zählte dazu, der rothaarige Gardeoffizier, der erst Dianas Reitlehrer und dann ihr Liebhaber wurde. Im inzwischen berühmt gewordenen BBC-Interview aus dem Jahr 1995 sagte sie, sie habe ihn „vergöttert". Noch Jahrzehnte später beschäftigt viele Menschen die Frage, ob Hewitt der leibliche Vater von Prinz Harry sei. Obwohl Hewitt und Harry sich außerordentlich ähnlich sehen – besonders auffällig war das, als Harry in seinen Zwanzigern und glatt rasiert war – behaupten viele, darunter auch Hewitt selbst, er sei nicht Harrys Vater und habe Diana erst nach Harrys Geburt kennengelernt. Hewitt sagte 2002: „Zugegeben, wir haben dieselbe Haarfarbe, und man sagt, wir sähen uns ähnlich. Ich habe diesen Vergleichen nie Vorschub geleistet, und obwohl ich lange Zeit mit Diana zusammen war, will ich ein für allemal klarstellen, dass ich nicht Harrys Vater bin. Als ich Diana kennenlernte, war er bereits ein Kleinkind."

Ein Kleinkind, das in Soldaten vernarrt war und fasziniert von allem, was mit der Armee zu tun hatte. So war es nicht weiter überraschend, dass er Hewitt sofort sympathisch fand. Schließlich trug er eine Militäruniform, ritt auf Pferden und machte seine Mutter glücklich. Harry war seiner Mutter immer unglaublich nah, und da sie starke Gefühle für Hewitt zeigte, folgte er ihrem Beispiel. Harry nannte ihn anfangs „Mummys Freund" und später „Onkel" James. Auch bei ihren folgenden Liebhabern ermunterte Diana ihre Söhne, diese vertrauliche Anrede zu benutzen.

Harry fieberte mit, wenn Hewitt Geschichten vom Militär erzählte, und war begeistert, wenn er in den Kensington Palace kam. Er und William durften nach dem Bad noch einmal herunterkommen, um Zeit mit ihm zu verbringen. Hewitt befeuerte Harrys Zuneigung und ließ speziell für ihn eine kleine Gardekavallerie-Uniform anfertigen. Harry trug sie, bis sie beinahe auseinanderfiel. Hewitt nahm ihn auch zu einem Besuch des Militärpostens Combermere Barracks in Windsor mit, wo die Gardekavallerie beheimatet ist, und ließ ihn auf einen echten Panzer klettern. Harry war ganz in seinem Element und verkündete: „Wenn ich groß bin, werde ich Soldat."

Damals war Harry noch zu jung, um Hewitts Charakterschwächen zu bemerken. Als ich Hewitt in den späten 1990er-Jahren traf, wirkte er auf mich egozentrisch und nicht sonderlich intelligent. Er hatte eine hohe Meinung von sich und war überzeugt, seine hingebungsvolle Zuwendung habe Dianas Wandlung vom schüchternen, unbeholfenen Mädchen zur schönsten Frau der Welt ausgelöst. Er sagte mir: „Ich schenkte ihr in jederlei Hinsicht Selbstvertrauen, und sie verließ sich ganz auf mich. Sie vergötterte mich zweifellos, und mir gefällt der Gedanke, dass ich ihr geholfen habe. Sie war sehr verwundbar."

Gerüchte über Charles' und Dianas angebliche Affären und Ehekrisen kursierten seit ihren Flitterwochen in den Medien, und es wurden von Jahr zu Jahr mehr. Mitte der 1980er-Jahre kam die Behauptung auf, dass Diana dem Polizisten und Mitglied der königlichen Leibwächter-Riege Sergeant Barry Mannakee nahegekommen sei. Er trat in ihren Dienst, als Prinz Harry ein Jahr alt war. Ein Jahr später wurde Mannakee plötzlich einem anderen Aufgabenbereich zugeteilt, und er starb 1987 bei einem Verkehrsunfall, was zu der haltlosen Behauptung führte, sein Tod sei kein Unfall gewesen. Mannakee war fast 15 Jahre älter als Diana, hörte sich ihre Sorgen an, sah, wie verwundbar sie war, und versuchte sie zu unterstützen. Er muss ihr sehr wichtig gewesen sein, denn noch sieben Jahre später sprach sie mit ihrem Stimmtrainer Peter Settelen über ihn, wie Aufnahmen in der bereits erwähnten Dokumentation von Channel 4 belegen. Sie gestand ihm, dass sie sich verzweifelt nach Freunden sehne, nannte Mannakee „den besten Freund, den ich jemals hatte", und sagte, sie habe eingesehen, dass sie „mit dem Feuer gespielt und sich verbrannt" habe. Sie sagte auch, sie sei untröstlich gewesen, als er starb.

Ihr Verhältnis mit Hewitt dauerte bereits fünf Jahre an, als er zu ihrem großen Unmut in Deutschland und dann zu Beginn des Ersten Golfkrieges im Irak stationiert wurde. Harry war damals erst fünf Jahre alt, aber er vertraute später einem Armeekameraden an, dass er einen deutlichen Stimmungswechsel bei seiner Mutter bemerkt habe, als Hewitt in Deutschland stationiert wurde. Diana hatte inzwischen ihre Bekanntschaft mit James Gilbey aufgefrischt, den sie bereits vor der Hochzeit mit Prinz Charles kennengelernt hatte. Er gehörte der Familie an, die Gilbey's Gin produzierte, und arbeitete damals als Autohändler für Lotus. Gilbey war bekannt für sein Talent, Frauen das Gefühl zu geben, sie seien etwas ganz Besonderes. Er und Diana lernten sich bei einer Party von Julia Samuel kennen, Tochter der Guinness-Brauereifamilie. Beim Abschied gab Diana ihm ihre Telefonnummer und forderte ihn auf, sie anzurufen. In den folgenden Wochen trafen sie sich mehrere Male. Harry mochte Gilbey nicht, und er kam auch nicht der Bitte seiner Mutter nach, ihn „Onkel" zu nennen. Während des Verhältnisses mit Gilbey soll Diana über 100 leidenschaftliche Briefe an Hewitt geschrieben haben. Doch als er nach

Großbritannien zurückkehrte, weigerte sie sich, seine Anrufe entgegenzunehmen. 1992 wurden Aufnahmen intimer Telefonate zwischen Diana und Gilbey aus dem Jahr 1989 an die Presse weitergegeben. Man sprach damals vom „Squidgygate", denn während der Telefonate nannte Gilbey Diana 53 Mal „Squidgy" oder „Squidge", aber nur 14 Mal „Darling".

Mittlerweile lebte Prinz Charles in Highgrove, Diana blieb im Kensington Palace. Harry und William waren noch so jung, dass sie vom enormen Medieninteresse an den elterlichen Streits abgeschirmt blieben. Doch Kinder registrieren es genau, wenn zwischen ihren Eltern eine feindliche Atmosphäre herrscht, auch wenn sie sich nicht trauen, darüber zu reden. Das kann für sie sehr beängstigend sein, es raubt ihnen ihre Sicherheit, und sie können das Gefühl bekommen, das Unglück ihrer Eltern wäre ihre Schuld.

Ein Bericht der Early Intervention Foundation (EIF) aus dem Jahr 2016 hält fest, dass „andauernde Konflikte zwischen den Eltern Auswirkungen auf die geistige Gesundheit des Kindes, die Entwicklung seiner sozialen und emotionalen Kompetenzen und seiner schulischen Leistungen haben können und seine Fähigkeit beeinflussen, später Beziehungen zu gestalten. Konflikte können darüber hinaus gesundheitliche Probleme verursachen, die auch im Erwachsenenleben bestehen bleiben und an die nächste Generation weitergegeben werden. Dies wird bereits ab dem Alter von sechs Monaten beobachtet. Tatsache ist, dass Kinder äußerst aufnahmefähig sind und sich daran anpassen, wie ihre Eltern sich zueinander verhalten." Das EIF fand auch heraus, dass Kinder von geschiedenen Eltern „stärker von den Streitigkeiten während der Ehe geschädigt werden als von der Trennung selbst". Obwohl sie so viel von allem hatten, was man mit Geld kaufen kann, wurde die Entwicklung der beiden Prinzen zweifellos durch die frühen, harten Jahre beeinflusst.

Währenddessen schrieb ein verzweifelter Prinz Charles an einen Freund: „Wie schrecklich Inkompatibilität ist. Wie furchtbar destruktiv sie für diejenigen sein kann, die in diesem außergewöhnlichen Drama mitspielen." Er wandte sich an seine frühere Liebhaberin und enge Freundin Camilla Parker Bowles in der Überzeugung, sie sei der einzige Mensch, der ihn verstehen und trösten könne. Einige seiner Freunde dachten, er stünde kurz vor einem Nervenzusammenbruch.

Charles und Camilla hatten sich 1970 bei einem Polospiel kennengelernt und waren sich daraufhin nahegekommen. 1974 jedoch heiratete sie Andrew Parker Bowles, einen Offizier der britischen Armee. Sie bekamen zwei Kinder, Laura und Tom, aber sie ließ sich 1995 scheiden. Camilla und Charles waren immer in Kontakt geblieben, doch es wurde bestritten, dass sie während seiner Ehe ein sexuelles Verhältnis miteinander unterhielten.

Vielleicht teils wegen der Turbulenzen zu Hause entwickelten die Prinzen eine ganz eigene, besonders starke Bindung zueinander. Wie die meisten kleinen Jungen stritten sie viel, aber William beschützte Harry, wenn jemand ihm wehtun wollte. Er achtete auch auf Harrys Manieren. Harry hatte die Angewohnheit entwickelt, die Zunge herauszustrecken. Dies war wahrscheinlich nicht seine Schuld. Pressefotografen auf der Jagd nach einem guten Foto streckten Harry die Zunge raus, um ihn anzustacheln, dasselbe zu tun. Eine Zeit lang streckte er automatisch seine Zunge raus, wenn er eine Kamera sah, bis William ihn im August 1988 deswegen zurechtwies. Harry hatte mit seiner Mutter und seinem Bruder im Londoner Portland Hospital die neugeborene Prinzessin Beatrice besucht, das erste Kind von Sarah, Duchess of York, und Prinz Andrew. Als sie wieder abfuhren, streckte Harry der versammelten Presse die Zunge heraus. William, inzwischen ein herrischer Sechsjähriger, sagte: „Hör auf damit, Harry, das ist sehr ungezogen." Und Harry hörte damit auf.

Ein paar Monate später galt Harry bereits als reif genug, um sich zusammen mit der königlichen Familie vom Balkon des Buckingham Palace aus zum ersten Mal die Militärparade Trooping the

Colour anzusehen. Er stand vor Diana, die ihn festhielt und während der Zeremonie immer wieder an den Wangen kitzelte.

Damals zeigten die Royals ihre Gefühle in der Öffentlichkeit nur selten, wenn überhaupt – nicht zuletzt, weil dies von der Queen missbilligt wurde. Aber Diana wollte sich dem nicht mehr fügen. Prinz Charles folgte dem Vorbild seiner Mutter und stellte die Pflicht über die Familie, doch Diana fand zunehmend Gefallen daran, gegen die royalen Traditionen zu rebellieren. Sie hatte das Gefühl, von allen Mitgliedern der Königsfamilie enttäuscht worden zu sein. Vielleicht schien es ihr anfangs auch so, als könne sie anders nichts bewirken. Sie weigerte sich, William und Harry in Samtmäntel und kurze Hosen zu stecken, wie Charles sie als Kind getragen hatte. Sie kleidete sich selbst gern glamourös und wollte, dass auch ihre Kinder schick und modern aussahen. Sie wählte für sie Outfits wie doppelreihige taubenblaue Mäntel mit weißer Bordüre, Polohemden und knielange Shorts in Blau und Weiß. Jahre später amüsierte sich Prinz Harry in einer Dokumentation des Fernsehsenders ITV über seine damalige Garderobe: „Ich glaube ganz ehrlich, es hat ihr Spaß gemacht, mir und William die bizarrsten Outfits zu verpassen – normalerweise im Partnerlook. Ich trug seltsame Shorts und Lackschühchen. Wenn ich mir die Fotos von damals anschaue, muss ich einfach nur lachen und frage mich: ‚Wie konnte sie uns das antun?'"

Auch das Outfit, das er mit fünf Jahren zur Hochzeit von Dianas Bruder Charles mit seiner ersten Frau, dem Model Victoria Lockwood, tragen musste, machte ihn sehr verlegen. Er beschrieb es als „ein bisschen mädchenhaft", und ganz besonders störte ihn, dass er einen dunkelgrünen Hut mit einer burgunderroten Taftbordüre tragen musste. Offenbar hatte er schon in jungen Jahren eigene Vorstellungen davon, was seinem Stil entsprach.

Diana plante mit ihren Jungs gern geheime Unternehmungen, die jedoch manchmal an Leichtsinn grenzten. Im September 1988 – die Familie verbrachte den Sommer wie gewöhnlich in

Balmoral – entkam sie ihren Leibwächtern und der Polizei, indem sie sich zusammen mit Harry sehr früh am Morgen hinausschlich und rund eineinhalb Kilometer zum Craigendarroch Hotel fuhr, das über eine luxuriöse Freizeitanlage verfügte. Sie kam um 7 Uhr morgens an und ging mit Harry schwimmen. Ein Hotelmitarbeiter sagte damals: „Die Prinzessin wirkte ein wenig nervös, so allein", und dass normalerweise der Hotelmanager im Vorfeld benachrichtigt werde, wenn ein Mitglied der königlichen Familie zu Besuch komme, damit die Polizei die gesamte Hotelanlage überprüfen könne. Die Mitarbeiter erkannten Diana und sagten dem Manager Bescheid, der die Polizei informierte, und innerhalb von wenigen Minuten waren zwei Zivilfahrzeuge der Polizei am Hotel, um Dianas und Harrys Sicherheit zu gewährleisten.

Auch im März 1993, als sich Diana im Jahr nach ihrer offiziellen Trennung mit William und Harry zum Skiurlaub im österreichischen Lech aufhielt, mangelte es ihr an Verantwortungsbewusstsein. Ihr Leibwächter Ken Wharfe berichtete, dass Diana und die Jungen „die ganze Zeit" bewacht worden seien, aber eines Nachts sprang Diana aus dem Fenster ihrer Suite im ersten Stock – sie landete sechs Meter tiefer im Schnee – und blieb bis zum Morgen fort. Ihr Ausflug wurde erst um 5.30 Uhr bemerkt, als sie an der Tür des exklusiven Albert Hotels klingelte. Ihre Erklärung lautete: „Ich brauchte frische Luft."

Im September 1989 wechselte Harry vom Kindergarten in die Vorschule – ein riesiger Schritt für den kleinen Jungen. Er besuchte die Wetherby-Vorschule in Notting Hill zum ersten Mal vier Tage vor seinem fünften Geburtstag und vier Tage nach offiziellem Schulbeginn, weil er zuvor an einer Virusinfektion erkrankt war. Dieses Mal zeigte er sich vollkommen furchtlos. Auf dem Gehweg vor der Schule schüttelte er seiner neuen Direktorin Miss Frederika Blair die Hand und drehte sich dann mit einem selbstsicheren Lächeln und ohne herausgestreckte Zunge zu den Kameramännern um, die seine Reaktion auf den Schulbesuch einfangen wollten. In Begleitung der Prinzessin von Wales und Williams schritt er voller Zuversicht die Stufen zu der Jungenschule hinauf, bevor er sich den zwölf anderen Schülern seiner Klasse und ihrer Lehrerin Alexandra Barnes anschloss.

Er besuchte anfangs nur den Vormittagsunterricht und bastelte am ersten Tag einen Elefanten, bis heute eines seiner Lieblingstiere. Harry, bei dem eine leichte Legasthenie vermutet wird, fielen die Hausaufgaben schwer, aber er ging gern zur Schule. Kurz vor Ende des Schuljahres sang er ein Solo beim Weihnachtskonzert in der St Matthew's Church in Bayswater. Mehrere Besucher, darunter Prinzessin Diana, mussten bei seiner Darbietung von „Rudolph the Red-Nosed Reindeer" eine Träne verdrücken. Um nicht hintanzustehen, sang der siebenjährige William, der bereits seit zwei Jahren zur Schule ging, auch ein Solo – den Refrain von „Gloria in Excelsis Deo". Die Prinzessin hatte ihre Mutter, Frances Shand Kydd, mitgenommen und berichtete, sie habe sich „gefreut wie eine Schneekönigin", dass die beiden sich solche Mühe gegeben hatten und den Ton halten konnten.

Diana hatte eine unstete Beziehung zu ihrer Mutter und weigerte sich zeitweise, mit ihr zu sprechen. Ihr Weggang hatte Diana damals sehr mitgenommen, und in ihrer Wahrnehmung als Kind verstand sie es so, dass ihre Mutter sie verlassen hatte, weil sie Diana nicht genug liebte. Das verstärkte ihre lebenslange Unsicherheit. William und Harry waren gern mit ihrer Großmutter mütterlicherseits zusammen und nannten sie auch „Supergran". Trotz der großen Entfernung zu ihrem Wohnort auf der Insel Seil nahe Oban in Schottland reiste sie gelegentlich nach Highgrove, um zu versuchen, die langen, eisigen Phasen der Stille zwischen Diana und Charles aufzulockern und eine bessere Atmosphäre für William und Harry zu schaffen. Lief es gut zwischen Mutter und Tochter, nahm Diana ihre Söhne mit zu einem Besuch auf der abgelegenen Insel, wo sie am Meer und in der freien Natur spielen konnten.

Harrys zunehmend eigensinnige Art begann, Probleme zu verursachen. Mit fünf Jahren fragte er den Leibwächter Ken Wharfe einmal, ob er sein Polizeifunkgerät benutzen dürfe. Was zunächst wie eine unschuldige Bitte wirkte, verwandelte sich beinahe in eine Katastrophe. In seinem Buch *Diana: Closely Guarded Secret* erzählt Wharfe, was dann geschah: „Weil er so ein liebenswerter Junge war, gab ich ihm das Gerät. Wir erfanden ein Spiel. Ich sagte ihm, er solle zu bestimmten Orten im Palast gehen und sich dann über den Polizeifunk bei mir melden." Harry machte mit und funkte Wharfe von einigen sicheren Orten aus an. Dann wurde es still, und Wharfe erinnert sich: „Harry informierte mich per Funk, dass er zum Plattenladen auf der Kensington High Street gegangen sei. Was die Leute gedacht haben müssen, als sie den Enkel der Queen allein und mit einem Funkgerät in der Hand über die geschäftige Straße laufen sahen – ich habe keine Ahnung. Ich befahl ihm zurückzukommen und rannte ihm entgegen, aber ich wusste, dass wir kurz vor einem Sicherheitsdesaster standen. Die Londoner Polizei hätte mich wohl mehr als kritisch beäugt, aber das ist nichts im Vergleich dazu, wie die Prinzessin reagiert hätte. Zum Glück hat sie nie davon erfahren."

Dies war ein frühes Beispiel von Harrys Draufgängertum – eben benahm er sich noch gut, doch schon im nächsten Moment konnte sein Verhalten entgleisen. Später führte eine Mischung aus mangelnder Selbstkontrolle, schlechtem Urteilsvermögen und zu viel Alkohol bei ihm dazu, dass er beispielsweise mit Hakenkreuzbinde auf einer Kostümparty erschien, sich beim Stripbillard in Las Vegas all seiner Kleider entledigte und in der Nacht vor der Hochzeit seines Bruders vom Balkon des Goring Hotels sprang.

Prinz Charles war einverstanden, dass Diana auch die nächste Schule der Prinzen aussuchte. Sie wählte Ludgrove School, ein unabhängiges, 1892 gegründetes Internat in Berkshire, dessen Besuch 2350 Pfund pro Trimester kostete. Hier war Platz für 180 Jungen im Alter von acht bis dreizehn Jahren. Der damalige

Schulleiter Gerald Barber beschrieb das Schulethos folgendermaßen: „Wir versuchen, Knaben mit guten Werten und guten Freundschaften hervorzubringen, die Einsatzfreude zeigen und sich anständig betragen."

Es war sinnvoll, William und Harry auf Abstand zu den emotionalen Turbulenzen und Feindseligkeiten zu Hause zu bringen. Der Internatsbesuch bedeutete auch, dass sie vom Presserummel um die inzwischen täglich neuen Gerüchte und skandalösen Fakten über das Verhalten beider Elternteile ferngehalten wurden. Vor Williams Ankunft wurde das 53 Hektar große Gelände neu umzäunt, alle Fenster wurden sicherheitsverstärkt und Videokameras an strategisch wichtigen Punkten installiert. Zusätzlich saßen Leibwächter in den Klassenräumen und ermahnten die Prinzen gelegentlich, sich zu benehmen.

William besuchte Ludgrove ab September 1990, Harry ab 1992. Etwa zu jener Zeit begann sich das Verhalten beider Jungen zu ändern. Sie waren jetzt acht und sechs Jahre alt, und ihre Manieren hatten sich bedeutend verbessert. Sie waren daran gewöhnt, Hände zu schütteln, Danke zu sagen und, als sie älter wurden, auch Dankesbriefe zu schreiben. Ihre Persönlichkeiten indes entwickelten sich unterschiedlich. William wurde unabhängiger, aber zunehmend misstrauisch und verschlossen, während Harry unberechenbarer und frecher wurde, Eigenschaften kultivierte, die er, wie er mir sagte, immer noch an sich mag. Diana wusste, dass Harry sich schlecht benehmen konnte, tat sein Fehlverhalten aber oft mit einem Lachen ab und sagte lediglich, er sei „auf dumme Gedanken gekommen".

Er wurde sich nun seines Talents bewusst, die Menschen zum Lachen zu bringen. Eines seiner damaligen Lieblingslieder war eine Variation des traditionellen Kinderreims über Humpty Dumpty, der hier Bananenschalen im Schlafanzug des Königs verschwinden lässt: „Humpty Dumpty sat on a wall eating squashed bananas. Where do you think he put the skins? Down the king's pyjamas."

Sie hatten auch unterschiedliche Essensvorlieben. William hatte einen eher anspruchsvollen Gaumen, mochte heimisches Gemüse und Obst und pochierte Eier von den Highgrove-Hennen. Harry war verrückt nach typischem Kinderessen wie Fischstäbchen, Spiegeleiern mit Speck, Baked Beans auf Toast, Hamburger, Coca-Cola und unendlich viel Schokolade. Während der Schulferien speiste Diana regelmäßig mit ihnen in Restaurants, aber Süßigkeiten blieben die Ausnahme.

Diana wollte ihren Kindern unbedingt die Stabilität geben, die sie selbst als Kind vermisst hatte. Sie sollten sich wahrhaft geliebt und gewollt fühlen. „Ich möchte, dass sie mit einem Gefühl der Sicherheit aufwachsen", sagte sie. „Ich liebe meine Kinder über alles und lege mich abends zu ihnen ins Bett." Sie fügte hinzu: „Ich bin einfach verrückt nach meinen Kindern. Und sie nach mir." Ihre Nähe zu ihnen wuchs, während die Beziehung zu Charles zerbrach, und zunehmend schien sie zu vergessen, dass sie die Erwachsene war und William und Harry die Kinder waren. Diese Rollenumkehr führte dazu, dass sie sich William mehr und mehr anvertraute, ihm ihre Sorgen erzählte, über ihre Liebhaber sprach und emotional abhängig von ihm wurde. Dies war eine sehr schwere Last für seine jungen Schultern, zumal mit dem Wahrnehmungs- und Erfahrungshorizont eines kleinen Jungen. Trotzdem versuchte er, der Mann im Haus zu sein, und fühlte sich für das Glück seiner Mutter verantwortlich. In der ITV-Sendung *Diana, Our Mother: Her Life and Legacy*, die 2017 anlässlich ihres 20. Todestages ausgestrahlt wurde, brachte er seine beständigen Schuldgefühle zum Ausdruck: Er habe „unsere Mutter im Stich gelassen", weil er „sie nicht beschützen konnte". Es war herzzerreißend.

Harry musste zwar nicht die wenig erstrebenswerte Rolle des Mannes im Haus übernehmen, aber als William aufs Internat ging, tröstete Diana sich mit seiner Anwesenheit. Sie nahm ihn mit, wann immer sie konnte, ganz besonders wenn eine

Familienveranstaltung des Königshauses stattfand, an der sie teilnehmen musste. Oft hielt sie ihn dann in ihren Armen, als wäre er eine menschliche Schmusedecke. Sie überhäufte ihn mit Liebe und Küssen, und die Bindung zwischen ihnen verstärkte sich noch. Harry ist sehr viel emotionaler als sein Bruder, aber ich hatte den Eindruck, dass er etwas weniger als William unter ihrem teils verzweifelten Bedürfnis nach ihm litt, dafür aber vielleicht stärker als sein Bruder unter ihrem Verlust.

Entgegen den Expertenmeinungen und Statistiken hat sich jedoch mit der Zeit erwiesen, dass die Intensität von Dianas Liebe ihren Söhnen nicht nur den Mut und die Kraft gegeben hat, die sie brauchten, um die Probleme und Traumata ihrer Kindheit aufzuarbeiten, sondern dass sie auch ein menschliches Vermächtnis darstellt, auf dessen Grundlage sie ihre Ziele entwickeln konnten.

Trotz des Gefühls, ihrer Söhne beraubt zu werden, akzeptierte Diana mit großer Selbstlosigkeit deren Wechsel aufs Internat. „Ich werde nicht traurig sein, denn es ist das Beste für Harry", sagte sie einem Freund und fügte hinzu: „Zu viele Leute haben uns jeden Morgen auf dem Weg zur Vorschule angestarrt. Die Touristen lehnten sich aus den Hotelfenstern, um uns zu beobachten. Damit muss er sich in Ludgrove nicht auseinandersetzen." Es tröstete sie auch, das Gefühl zu haben, dass Harry den Weggang von zu Hause gut verkraften konnte. „Er ist ein echter kleiner Spaßvogel, immer zu Scherzen aufgelegt, und er lernt gern neue Menschen kennen."

Beide Jungen widmeten sich auch außerschulischen Aktivitäten. William war gut im Fußball (er spielte am Ende für die Schulmannschaft), Tennis und Hochsprung. Harry war ihm im Reiten, Mountainbike- und Skifahren überlegen. Beim ersten Ausritt mit seinem Shetlandpony Smokey war er so entspannt, dass die Pferdepflegerin Marion Cox, die dann regelmäßig mit ihm die Wiesen rund um Highgrove durchstreifte, kaum glauben konnte, dass er noch nie im Sattel gesessen hatte. Er schien die gleiche besondere Art mit Pferden zu haben, die er im Umgang mit Menschen entwickelte. Er konnte draufgängerisch und laut sein, wusste aber auch, wann er sanft mit einem Pferd umgehen musste, und das spürten die Tiere offenbar.

Im April 1991 machten die jungen Prinzen erstmals Skiurlaub. Diana reiste mit ihnen in das österreichische Skigebiet um Lech, Charles war nicht dabei. Paul Harris, damals Reporter der *Daily Mail*, wurde ausgesandt, um von dem Urlaub zu berichten. Er erzählte mir: „Kurz nachdem ich am Anfängerhügel angekommen war, tauchten William und Harry, damals acht und sechs Jahre alt, mit ihrem Skilehrer und ihren Leibwächtern auf. Ich glaube, es war erst ihr zweiter Unterrichtstag, aber sie hatten schnell gelernt, obwohl sich der Schnee größtenteils schon in Matsch verwandelt hatte.

Es fiel sofort auf, wie unterschiedlich die Brüder an diese neue Sportart herangingen. Vor seiner ersten langen Abfahrt ging Harry oben auf dem Hügel in die Hocke, presste die Arme an den Körper und stieß sich mit melodramatischer Geste ab. Er sauste den Hügel bei maximalem Tempo in einer geraden Linie herunter und stieß dabei ein Kriegsgeheul aus. Er wirkte begeistert und lachte laut auf, als er den Fuß des Hügels erreichte.

William indes blieb, wo er war, ohne sich zu bewegen. Wenn ich hätte raten müssen, ich hätte gesagt, dass er weinte. Nach einem Moment mit seinem Lehrer fuhr er vorsichtig etwa den halben Hügel hinunter und kam dann sanft zum Stehen, während Harry schon wieder auf dem Weg nach oben war. Ich denke, ich wurde Zeuge einer faszinierenden charakterlichen Ungleichheit zwischen den beiden Prinzen – einer Ungleichheit, die sich in ihrem Erwachsenenleben wiederholt zeigen sollte."

Im Wasser war Harry ebenso furchtlos. Mit acht Jahren segelte er mit seiner Mutter und William auf der Jacht eines Freundes in der Ägäis. Eines Tages tauchte er vom Heck aus über neun Meter in die Tiefe und brüllte vor Lachen, als er wieder auftauchte.

Beide Jungen gingen während ihrer Aufenthalte in Balmoral auch gern mit ihrem Vater auf die Jagd, anfangs imitierten sie ihn noch mit Spielzeugwaffen. Diana lehnte die Jagd strikt ab und war dagegen, dass Charles die Kinder mit auf die Fuchsjagd nahm, aber er setzte sich darüber hinweg, vielleicht weil er sah, dass seine Söhne großes Vergnügen daran hatten. Er machte jedoch einen kleinen Kompromiss und nahm Harry eher zur Hasenhetze mit statt zur Fuchsjagd. Diana fand das genauso schlimm, denn auch bei der Hetzjagd werden Tiere getötet.

1992 war ein hartes Jahr für die königliche Familie. Die Queen nannte es im November in einer Rede anlässlich ihres 40. Thronjubiläums ihr „Annus horribilis". Am 19. März wurde bekanntgegeben, dass der Duke und die Duchess of York sich getrennt hatten und die Scheidung einreichen würden. Kurz darauf folgte die Nachricht, dass Dianas Vater, Earl Spencer, mit einer Lungenentzündung im Krankenhaus lag. Obwohl der Earl herzkrank war, hielt man seinen Zustand nicht für allzu kritisch, sodass die Prinzessin einen weiteren Skiurlaub in Lech plante. Am Mittwoch, dem 25. März, einen Tag vor ihrer Abreise nach Österreich, besuchte sie ihren Vater im Krankenhaus, um sich zu vergewissern, dass sie ihn dort zurücklassen konnte. Der Prinz von Wales schloss sich Diana und ihren Söhnen an, als ein Versuch des familiären Beisammenseins in ihrer zunehmend unterkühlten Ehe. Die Prinzessin hatte auch einige Freunde der Prinzen eingeladen – den achtjährigen Harry Soames, den siebenjährigen George Grumbar und die Cousine der Prinzen, die elfjährige Laura Fellowes, Tochter von Dianas Schwester Jane. Auch Charles' Cousin Viscount Linley war mit von der Partie.

Der Urlaub begann vielversprechend, die Prinzen hatten große Freude am Skifahren und Rodeln. Diana rief jeden Tag im Krankenhaus an. Es hieß, ihrem Vater gehe es gut und er erfreue sich an Englands Erfolgen im Cricket World Cup. Drei Tage nach Urlaubsbeginn zeigte sich Diana in bester Stimmung und bot Reportern sogar lachend an, sie huckepack den Berg mit hinunterzunehmen. Zusammen mit Charles, William und Harry aß sie in einer Berghütte zu Mittag, Schneeböen und beißende Kälte konnten sie nicht schrecken. Anschließend zog sie sich auf ihr Zimmer im Hotel Arlberg zurück und erschien kurz darauf in einem weißen Frottee-Bademantel und mit nassem Haar auf dem Balkon. Sie schaute gerade zu, wie William und Harry sich mit ihrem Vater und Freunden eine Schneeballschlacht lieferten, als das Telefon klingelte. Sie nahm das Telefonat entgegen, trat dann wieder ans Fenster und bat die Fotografen wegzugehen. Ein Palastsprecher informierte die Presse, dass Diana eben die Nachricht vom Tod ihres Vaters erhalten hatte. Earl Spencer hatte um 14 Uhr einen Herzinfarkt erlitten. Er starb beinahe unmittelbar darauf, dem Krankenhaus zufolge war es ein friedlicher Tod. Er starb allein. Charles überbrachte die Nachricht seinen Söhnen, die ihren Großvater beide sehr mochten. Nach ein paar Minuten Stille fragte Harry: „Heißt das, wir dürfen heute nicht Ski fahren?"

Diana zog sich für mehrere Stunden zurück. Charles war bei ihr, doch es ist fraglich, wie viel Trost er ihr an diesem Punkt in ihrer Ehe noch spenden konnte. Sie wollte umgehend nach Hause zurückkehren, aber weil kein Flugzeug verfügbar war, musste sie bis zum nächsten Morgen warten. Sie waren sich einig, den jungen Prinzen das Trauma der Beerdigung ersparen zu wollen, und ließen sie mit ihrer Nanny Jessie Webb am Urlaubsort zurück.

Im August 1992 erschien Andrew Mortons explosive Biografie *Diana: Ihre wahre Geschichte*. Damals war nicht bekannt, dass Morton Dianas Einverständnis und ihre eigenen Aussagen verwendet hatte. Das Buch berichtete von Seitensprüngen, autoaggressivem Verhalten und Essstörungen und wurde auf Anhieb zu einem Bestseller, der jegliche Illusionen über die Ehe von Charles und Diana zerstörte. Der Erscheinungstermin lag mitten in den Schulferien, und es muss William beschämt haben, dass seine Klassenkameraden und Lehrer nun so viele persönliche Informationen über ihn erhielten. Kein Wunder, dass der Zehnjährige ein sehr verschlossener Junge wurde.

Zwar kam Harry oberflächlich betrachtet besser damit zurecht, doch muss das Buch auch ihn mit Furcht davor erfüllt haben, seine neuen Mitschüler zu treffen. In dem Maße, wie es Charles' und Dianas öffentliche Fassade zerstörte, offenbarte das Buch auch Dianas mangelndes Urteilsvermögen und vielleicht auch psychische Erkrankung, denn es liegt außerhalb jeglicher Vorstellungskraft, dass dies die bewusste Handlung einer Mutter gewesen sein kann, die ihre Kinder über alles liebte.

Harrys erstes Schuljahr in Ludgrove begann am 7. September 1992. Er reiste mit seinen Koffern und Truhen sowie zwei Leibwächtern an. Das Zimmer teilte er sich mit vier anderen Jungen. Der Raum mit den eisernen Bettgestellen und dem Linoleumboden war kleiner als die Bedienstetenzimmer im Buckingham Palace. Die Jungen durften die Wände mit Postern von Popstars, Autos und Flugzeugen dekorieren. Adelstitel wurden an der Schule ignoriert, aber Harrys königlicher Status führte dazu, dass er beim Vornamen genannt wurde und nicht beim Nachnamen wie die anderen Jungen. Neuankömmlinge bekamen den Spitznamen „Stöpsel" verpasst. Seine Schuluniform bestand aus blauen oder grauen Cordhosen, blauem Hemd und blauem Pullover mit V-Ausschnitt.

Die Zöglinge wurden um 7.15 Uhr geweckt. Anschließend ging es zum Waschen und Zähneputzen ins Gemeinschaftsbadezimmer. Im eichengetäfelten, mit den Namen ehemaliger Schüler geschmückten Speisesaal wurde zunächst gebetet. Der Unterricht begann für die 14 Jungen aus Harrys Klasse unmittelbar nach dem Frühstück. Ein brandneuer, 53 Hektar großer und 500 000 Pfund teurer Sportkomplex war jüngst eröffnet worden. Harry hatte die Wahl zwischen Fechten, Schwimmen, Reiten, Tischtennis, Fußball und Tontaubenschießen, und es gab sogar einen Golfplatz mit neun Löchern. Um 12.20 Uhr wurde zum Mittagessen geläutet, und die etwa 180 Schüler machten sich zum Speisesaal auf. Sie mussten jeden Tag eine Portion Obst essen. Süßigkeiten waren nur dreimal die Woche erlaubt. Harry durfte jedoch seine Mutter bitten, ihm Kuchen zu schicken. Das Abendessen wurde um 17.20 Uhr serviert. Am frühen Abend und am Wochenende durften die Jungen ausgewählte Fernsehsendungen schauen. Die australische Seifenoper *Neighbours* mit Kylie Minogue war erlaubt, die etwas gewagtere BBC-Serie *EastEnders* jedoch nicht. Die Jüngeren mussten um 18.30 Uhr ins Bett und sollten noch lesen, bevor um 20 Uhr das Licht ausgemacht wurde.

Harry durfte einmal wöchentlich seine Mutter anrufen und dreimal pro Trimester über das Wochenende nach Hause fahren. Das Taschengeld war auf 5 Pfund pro Trimester beschränkt. Die Schule war für ihre Disziplin bekannt, aber es gab keine körperliche Züchtigung. Schlechtes Benehmen oder Fehlverhalten wurde mit Hausarrest am Wochenende, früherem Zubettgehen oder Süßigkeitenverbot geahndet. Für Diana war es schwierig, dass sie weder jeden Tag mit Harry sprechen noch ihn umarmen oder abends ins Bett bringen konnte.

Er war erst einige Wochen auf dem Internat, als man ihm den Besuch seiner Mutter ankündigte. Dass dies eher ungewöhnlich war, wurde Harry und William spätestens dann klar, als sie von einem Lehrer in einen Privatraum geleitet wurden, um dort auf Diana zu warten. Mit einer Stimme, die kaum lauter war als ein Flüstern, den Blick zu Boden gerichtet, um ihnen nicht ins Gesicht sehen zu müssen, sagte sie ihnen, der Premierminister John Major werde am folgenden Tag im Parlament bekannt geben, dass sie und ihr Vater sich trennen und nicht mehr zusammenleben würden. William brach in Tränen aus, und Harrys spontaner Kommentar „Ich hoffe, ihr werdet nun beide glücklicher sein" zeigte, wie einfühlsam er war. Er fragte auch, ob er irgendetwas tun könne, um Mummy und Daddy wieder glücklich zu machen.

Harrys scheinbare Fähigkeit, mit allem zurechtzukommen, sein entspannter Umgang mit anderen Menschen und sein genereller Elan brachten Diana auf den Gedanken, er sei besser für die Rolle als König geeignet als William. Sie nannte ihn in Anlehnung an ein beliebtes Weihnachtslied sogar „Good King Harry". Chris Hutchins Buch *Harry: The People's Prince* zufolge hörte ein Passagier auf einem Flug mit Diana und Harry einmal mit, wie sie ihn fragte, was er tun würde, sollte er Williams Platz einnehmen und König werden. Offenbar dachte Harry ein paar Sekunden nach und antwortete dann: „Ich werde König Harry sein. Ich werde die ganze Arbeit machen." Zu William hatte Diana weniger Zutrauen. „William will nicht König werden, und das macht mir Sorgen. Er will nicht, dass jeder seiner Schritte überwacht wird." Tatsächlich hatten beide Jungen seelischen Schaden genommen, aber sie gingen unterschiedlich mit der Trennung um.

Unglücklicherweise hatte die Nanny der Prinzen, Jessie Webb, nach fünf Jahren gerade ihren Dienst quittiert. Ihr Umgang mit den Kindern war von großer Selbstverständlichkeit geprägt, sie war der Meinung, dass sie wie gewöhnliche Jungen behandelt werden sollten und nicht wie verwöhnte Prinzen, und die beiden gewannen sie sehr lieb. (Als Prinz George noch ein Baby war, bat William Jessie Webb, aus dem Ruhestand zurückzukehren, um seine Familie in Teilzeit zu unterstützen.) Sie achtete auch darauf, die beiden aus dem Schussfeld zu nehmen, wenn die Feindseligkeiten zwischen ihren Eltern überhand nahmen. Sie versuchte, sie abzulenken, besonders wenn ihre Mutter weinte. Da die Jungen eine enge Bindung zu ihr entwickelten, wurde sie beinahe unvermeidlich Opfer von Dianas Eifersucht. Diana sprach nicht mehr mit ihr, und es wurde vereinbart, dass die Nanny die Familie verlassen sollte, sobald Harry auf das Internat ging. Und dieser Zeitpunkt fiel nun einmal mit der Verkündung von Dianas und Charles' Trennung zusammen. Die beiden Jungen müssen sich vollkommen verlassen gefühlt haben. Es ist nicht nur schwierig für Kinder, mit diesem Gefühl umzugehen, sondern in späteren Jahren haben sie es aufgrund solcher Erfahrungen mitunter schwer, Vertrauen zu einem Partner aufzubauen.

Nach Jessies Weggang übernahm Hauptnanny Olga Powell das Kommando. Am Tag, als Harry von der Trennung seiner Eltern erfuhr, schrieb er ihr einen Brief. Mrs. Powell, von Harry „Granny Nanny" genannt, war nicht nah am Wasser gebaut, aber sie sagte, nach der Lektüre dieses Briefes habe sie den ganzen Tag geweint.

Am 9. Dezember 1992, dem Tag nach Dianas Besuch bei ihren Söhnen, hörten sich beide im Arbeitszimmer ihres Schulleiters Gerald Barber an, wie John Major vor dem Unterhaus die offizielle Trennung ihrer Eltern verkündete: „Buckingham Palace gibt bekannt, dass der Prinz und die Prinzessin von Wales mit großem Bedauern beschlossen haben, sich zu trennen. Ihre Königlichen Hoheiten haben nicht die Absicht, sich scheiden zu lassen, und ihr konstitutioneller Rang bleibt davon unberührt. Die Entscheidung wurde im gegenseitigen Einvernehmen getroffen, und sie werden sich beide weiterhin vollumfänglich an der Erziehung ihrer Söhne beteiligen." Sich eine solche Kundgebung anzuhören, ohne dass ein Elternteil ihnen dabei den Rücken gestärkt oder sie in den Arm genommen hätte, muss eine unvorstellbare Belastung für William und Harry gewesen sein, zumal sie gegenüber ihrem Schulleiter Haltung bewahren mussten.

Harry rief seine Mutter drei Tage später an und bat sie, zum Nachmittagstee in die Schule zu kommen. Während ihres Besuchs unterhielt sie sich mit den Lehrern darüber, wie ihre Söhne zurechtkamen. Ihr wurde berichtet, dass Harry sich zwar anfänglich gut gemacht habe, mittlerweile aber nur noch wenig bis gar kein Interesse an den meisten Fächern zeige, zweifellos ein Anzeichen dafür, dass seine problematische Kindheit ihren Tribut zu fordern begann.

Kapitel 4

Eine zerrüttete Familie

Harrys tapferer und reifer Kommentar zur Trennung seiner Eltern – „Ich hoffe, ihr werdet nun beide glücklicher sein" – zeigte nicht nur, dass ihm ihr Leid bewusst war, sondern auch, dass er versuchte, ihre Bedürfnisse seinen eigenen voranzustellen. Leider nahm die Verbitterung zwischen den beiden nach ihrer Trennung noch zu. Sie versuchten, einander auszuspielen, und benutzten Freunde als Sprachrohr, um sich gegenseitig die Schuld für das Scheitern der Ehe zu geben.

Anfang der 1990er-Jahre waren Scheidungen weniger verbreitet und mit einem größeren Stigma behaftet als heute. Obwohl William und Harry wahrscheinlich nicht die einzigen Kinder an ihrer Schule waren, die aus einem zerstrittenen Elternhaus stammten, war nur eine Minderheit von Scheidung betroffen. Und mit niemandem sonst teilten sie die qualvolle Erfahrung, dass der Konflikt zwischen ihren Eltern vor der gesamten Welt ausgebreitet wurde. Dadurch, dass sie ein Internat besuchten, mögen den Prinzen zwar die schmutzigen Details erspart geblieben sein, die durch die Presse gingen, aber dennoch wird es unter ihren Kameraden einiges Gerede gegeben haben.

Weihnachten ist in solch einer Situation eine schwierige Zeit für Kinder, und an William und Harry wurde wie an anderen Kindern zerstrittener Eltern herumgezerrt. Charles und Diana kämpften darum, Zeit mit ihnen, aber nicht miteinander zu verbringen. Die Feiertage standen nur ein paar Wochen nach der Trennung an und brachten, wie alle zukünftigen Urlaube und

Feiertage, ein Hin und Her zwischen den beiden Elternteilen mit sich.

Diana wurde unmissverständlich klargemacht, dass William und Harry Weihnachten 1992 mit ihrem Vater und dem Rest der königlichen Familie in Sandringham verbringen würden. Die Queen ließ Diana allerdings eine persönliche Einladung zukommen, sich ihnen anzuschließen, was gleichzeitig königlicher Befehl und Friedensangebot war. Diana sagte erst zu, dann aber wieder ab. Das Fest wäre für sie zwar äußerst merkwürdig gewesen, aber ihre Anwesenheit hätte William und Harry zweifellos geholfen. Vielleicht war es kein Zufall, dass Harry im selben Jahr mit gerade einmal acht Jahren seinen ersten kühnen Zug an einer Zigarette nahm.

Im Sommer 2017 fasste er in einem Fernsehinterview seine damalige Misere zusammen: „Wir wechselten zwischen den beiden hin und her. Wir sahen weder unsere Mutter noch unseren Vater oft genug. Mein Bruder und ich fuhren viel hin und her und stritten uns auf dem Rücksitz. Dabei gewann ich stets." Er gestand auch: „Als Kind habe ich nie gern mit meinen Eltern telefoniert. Wir haben viel zu viel Zeit am Telefon verbracht statt im Gespräch miteinander. Mit all dem mussten wir fertig werden. Und ich will nicht so tun, als wären wir die Einzigen mit solchen Erfahrungen. Aber es war eine spezielle Art aufzuwachsen."

Sich an Eltern anzupassen, die eine sehr unterschiedliche Haltung zum Leben hatten, war nicht einfach, zumal Dianas Umgang mit den Kindern widersprüchlich und inkonsequent sein konnte.

Es war ihr zugute zu halten, dass sie ihren Söhnen trotz der Trennung ein positives Lebensgefühl vermitteln wollte. Sie gab ihnen die Möglichkeit, ihren Horizont zu erweitern, und wollte bei ihnen ein Bewusstsein dafür schaffen, wie privilegiert sie waren. Zu diesem Zweck nahm sie die beiden beispielsweise zu einer Unterkunft in Westminster mit, wo sie eine Reihe von obdachlosen Männern trafen, die kaum mehr besaßen als die Kleider an ihrem Leib. Harry sagte mir, wie dankbar er dafür ist: „Meine Mutter hat viel getan, um mir das gewöhnliche Leben zu zeigen, unter anderem nahm sie mich und meinen Bruder zu einem Treffen mit Obdachlosen mit. Gott sei Dank bin ich nicht völlig realitätsfern aufgewachsen."

Diana fühlte sich instinktiv dazu angetrieben, Menschen zu helfen, die weniger Chancen im Leben hatten. Sie wird damals nicht gewusst haben, welch starken und nachhaltigen Einfluss dies auf das Leben ihrer Söhne haben sollte. Beide wollten in ihre Fußstapfen treten. Denen zu helfen, die bedürftig sind oder von der Gesellschaft gemieden werden, ist Grundlage ihrer royalen Identität geworden.

Ihre „normalere" Lebensweise konnte auch sehr vergnüglich sein. Harry beschrieb seine Mutter als „ein Kind durch und durch", dessen Motto lautete: „Du kannst so frech sein, wie du willst, Hauptsache, du lässt dich nicht erwischen."

Es war ungewöhnlich für ein Mitglied der Königsfamilie, dass sie ihre Liebe zu ihren Söhnen auch in der Öffentlichkeit zeigte. Völlig ungehemmt umarmte und küsste sie die beiden. Sie fuhr gern mit ihnen Achterbahn, und selbst wenn es sich um eine mit Wasserrutsche handelte und alle klatschnass wurden, lachte sie herzlich. Sie besuchten auch Shows und Popkonzerte, wobei sie in der Regel statt wie gewöhnliche Menschen anzustehen, ehrerbietig zu ihren Plätzen geführt wurden und nach der Vorstellung oft hinter der Bühne die Stars trafen. Die Jungs spielten mit Diana Tennis im Harbour Club in Chelsea, hatten BMX-Räder, gingen zum Go-Kart-Rennen und waren Stammgäste bei McDonald's. Manchmal unternahmen sie auch besondere Ausflüge. Als Harry neun Jahre alt war, nahm Diana ihn mit nach Deutschland zu einem Besuch ihres Regiments, den Light Dragoons, und Harry durfte zu seiner Begeisterung Panzer fahren und eine Übungsschlacht verfolgen.

Obwohl ihr das Glück ihrer Söhne am Herzen lag, konnte oder wollte Diana die beiden nicht vor ihren Stimmungswechseln beschützen und schien später im Leben aus dem Blick zu verlieren, was das Beste für sie war. Auch hinsichtlich der Männer, mit denen sie ein Verhältnis hatte, war sie nicht diskret genug. Stattdessen ermunterte sie die Jungen, eine Bindung zu ihren Liebhabern aufzubauen, und suchte bei beiden Kindern, ganz besonders bei William, zu viel emotionale Unterstützung. Auch schien sie ihre Launen und Tränen nicht vor ihnen verbergen zu wollen – stattdessen erwartete sie von ihren Söhnen Hilfe, um mit ihren Gefühlen wie Isolation, Zurückweisung und Depression umzugehen. Diesem Bedürfnis nachzukommen fehlte ihnen die Reife und Erfahrung. Kinder brauchen Eltern, die sich um sie kümmern, nicht umgekehrt. Diana wäre zweifellos entsetzt gewesen, hätte sie gewusst, dass sie ihren Kindern enorm schadete. Sie machte die beiden zu Ersatzeltern und benutzte sie, um sich selbst zu schützen. Emotionaler Missbrauch kann ebenso großen Schaden anrichten wie physische Vernachlässigung. Ein Psychologe erklärte: „Diese Art von Verhalten führt dazu, dass das Kind auch später als Erwachsener die Bedürfnisse anderer Menschen für wichtiger hält als seine eigenen, dass es denkt, sich immer reif und ‚erwachsen‘ verhalten zu müssen und insbesondere nicht darauf zählen zu können, dass andere für einen da sind. Bei einem Kind löst es mit hoher Wahrscheinlichkeit Versagens- und Schamgefühle aus, wenn es das Befinden seiner Eltern nicht verbessern kann."

Wenn eine von Dianas Beziehungen endete, fand sie schnell einen neuen Mann. Sie verliebte sich Hals über Kopf in den damals 36-jährigen britisch-pakistanischen Herzchirurgen Dr. Hasnat Khan, den sie „den Einen" nannte. Kluge, selbstlose Mütter schützen ihre Kinder vor einem Zusammentreffen mit Männern, die eventuell keinen bleibenden Platz in ihrem Leben haben werden. Diana aber stellte den Jungen Dr. Khan zu einem frühen Zeitpunkt ihrer Beziehung vor, und er war regelmäßig im Kensington Palace zu Gast. Sie informierte sich sogar über interreligiöse

Eheschließung und fragte ihre Söhne, wie sie es fänden, wenn sie Khan heiraten würde, der praktizierender Muslim war.

Es wäre etwas anderes gewesen, hätte sie sich einem engen Freund anvertraut, der ihr offen hätte antworten können. Aber offenbar sah Diana diesen riesigen Unterschied nicht. Ihre Söhne müssen befürchtet haben, dass sie überreagieren könnte, wenn sie etwas sagten, das sie nicht hören wollte. Tatsächlich kamen die beiden gut mit Dr. Khan zurecht, aber die Verbindung hielt nicht. Er konnte weder mit dem Presserummel umgehen, noch wollte er seine muslimische Verwandtschaft vor den Kopf stoßen, also beendete er die Beziehung. Und wieder verloren die Prinzen einen Erwachsenen, zu dem sie Vertrauen gefasst hatten, so wie sie zuvor schon ihre Nannys verloren hatten. Diana stellte ihnen auch Will Carling vor, den ehemaligen Kapitän der englischen Rugbymannschaft, was besonders merkwürdig anmutet, da er verheiratet war. Die traurige Wahrheit war ganz offensichtlich, dass Diana, nachdem ihre Ehe gescheitert war, auf ihrer Suche nach Liebe nur weitere ungeeignete Männer kennenlernte.

In Highgrove wurde Charles derweil von Schuldgefühlen geplagt, weil er Diana so unglücklich gemacht und dadurch auch die Queen, die Königinmutter, Prinz Philip, seine Söhne und das britische Volk enttäuscht hatte. Unerwarteten Trost spendete ihm ein Brief von seinem üblicherweise kritischen Vater, der schrieb, Charles habe im Umgang mit Diana die „Tapferkeit eines Heiligen" bewiesen.

Charles lag es am Herzen, sein Image als fürsorglicher Vater wieder aufzubauen. Seine Söhne kamen nun regelmäßig nach Highgrove, daher bat er die 28-jährige Alexandra Legge-Bourke, genannt Tiggy, um Hilfe. Ihre Mutter und Tante waren Hofdamen von Prinzessin Anne gewesen. Sie hatte eine Kindertagesstätte namens Tiggywinkles gegründet und außerdem als Assistentin von Charles' Privatsekretär Richard Aylard gearbeitet. Tiggy war eine unternehmungslustige, unkomplizierte, begeisterungsfähige Person, die gern Ski fuhr, ritt, angelte und jagen ging. Sie war auch gern bereit, die Prinzen zum Ponyreiten, Polounterricht und zum Tee mit ihren Freunden mitzunehmen. Und sie brachte sie ohne übertriebene Strenge dazu, das zu tun, was man ihnen sagte. Tiggy machte sich so gut, dass sie Charles und die Kinder auch in den Urlaub, nach Sandringham und Balmoral begleitete.

Wenn William und Harry nach Highgrove kamen, sorgte Charles dafür, dass sie dort andere Kinder in ihrem Alter als Spielkameraden hatten. Ihr Cousin und ihre Cousinen, Peter und Zara Phillips und die Prinzessinnen Beatrice und Eugenie, die ebenfalls Kinder geschiedener Eltern waren, kamen regelmäßig zu Besuch. Tiggy war vernarrt in William und Harry und verhielt sich ihnen gegenüber eher wie eine große Schwester als wie eine Angestellte. Sie beging jedoch den Fehler, die beiden „meine Babys" zu nennen. Diana platzte vor Eifersucht. Die Prinzessin fühlte sich von der aufkeimenden Beziehung zwischen den dreien dermaßen bedroht, dass sie begann, Tiggy ständig zu kritisieren – zeitweilig wurde sogar Camilla Parker Bowles auf der Liste von Dianas größten Angstfeindinnen auf Platz zwei verdrängt. Zu Recht äußerte sie ihr Missfallen, wenn Tiggy vor William und Harry rauchte. Aber ihre Feindseligkeit ging so weit, dass sie angeblich eine Liste mit Regeln erstellte, die Tiggy befolgen sollte. Unter anderem sollte sie das Zimmer verlassen, wenn Diana mit ihren Söhnen telefonierte, nicht unnötig viel Zeit im Kinderzimmer verbringen und ihnen abends weder vorlesen noch sie beim Baden oder Zubettgehen betreuen. „Sie hat die Rolle der Sekretärin einzunehmen, das ist alles." Tiggy sollte nicht im selben Wagen fahren wie William und Harry und nicht mit ihnen fotografiert werden. Diana beschuldigte Charles sogar, eine Affäre mit Tiggy zu haben. Tiggys spöttische Antwort lautete: „Ich gebe ihnen, was sie [William und Harry] derzeit brauchen, frische Luft, ein Gewehr und ein Pferd, und sie [Diana] gibt ihnen einen Tennisschläger und einen Eimer Popcorn im Kino."

Harry verstand sich besonders gut mit Tiggy, und sie lieferten sich regelmäßig wilde Kissenschlachten und Spaßkämpfe. Sie setzte die beiden jedoch auch ernsthaften Gefahren aus. 1998 nahm sie William und Harry für zwei Tage mit zu ihren Eltern in Wales. Während der Reise erlaubte sie ihnen, sich ohne Helme, Sicherheitsgurte oder vorheriges Training von einer 50 Meter hohen Staumauer abzuseilen. Ein Foto davon erschien mit der Schlagzeile „Madness!" – Irrsinn! – auf der Titelseite der inzwischen eingestellten *News of the World*. Tiggy verlor beinahe ihren Job, aber die Prinzen machten sich für ihre Ersatzmutter stark. Im selben Jahr wurde Harry fotografiert, wie er von der Rückbank eines fahrenden Land Rover auf Hasen schoss – am Steuer saß Tiggy, eine Zigarette zwischen den Lippen. Sie wurde für diesen Fehltritt verwarnt, ebenso dafür, dass sie Harry nach einem Kirchenbesuch in Sandringham umarmt hatte, was seitens der Königsfamilie als unangemessen empfunden wurde.

Dianas Wut kochte auch 1997 hoch, als Tiggy wieder einmal rauchend abgelichtet wurde. Anlass waren die Feierlichkeiten zum 4. Juni, bei denen sich traditionell die Familienmitglieder und Ehemaligen des Eton College versammeln, um aktuelle Arbeiten der Schüler zu begutachten, ein Cricket-Spiel zu verfolgen und vom Ufer der Themse aus die Bootsparade zu bewundern. In jenem Jahr war Tiggy Williams Gast, seine Eltern hingegen bat er fernzubleiben. Vielleicht hatte er Bedenken, was das Benehmen der beiden betraf. Ganz sicher verringerte er so die Wahrscheinlichkeit, dass um die Feierlichkeiten ein peinlicher Medienrummel entstand – mit seiner Person im Mittelpunkt.

Tiggy quittierte im Oktober 1999 ihren Dienst, um Charles Pettifer zu heiraten, einen ehemaligen Offizier der Coldstream Guards, der bereits zwei Söhne aus einer früheren Ehe hatte. Harry besuchte die Hochzeit, verhielt sich dort jedoch recht übermütig – angeblich verschluckte er einen Goldfisch, der eigentlich Teil der Tischdekoration war. Tiggy bekam zwei eigene Kinder und Harry wurde Patenonkel ihres Erstgeborenen Fred. Später gründete sie ein erfolgreiches Bed and Breakfast in ihrer Heimat in Südwales. Harry steht immer noch in Kontakt mit ihr und machte im Januar 2018 nach einem offiziellen Termin in Cardiff zusammen mit Meghan einen Abstecher, um sie zu besuchen – den Umweg von 40 Meilen nahm er gern in Kauf.

Kurz vor seinem elften Geburtstag übernahm Harry seine erste royale Aufgabe. Anlass war der 50. Jahrestag des britischen Sieges über Japan im Zweiten Weltkrieg, der 1995 am Londoner Kenotaph gefeiert wurde. Harry sollte den Offizieren der Militärparade salutieren, was ihn mit großem Stolz erfüllte.

So sehr Diana auch versuchte, das Leben für die Prinzen ruhig und reibungslos zu halten, gestaltete sich ihr Privatleben zunehmend chaotisch, und sie hatte Schwierigkeiten, alleine im Kensington Palace zu leben. Jetzt, wo Charles nicht mehr da war, begann sie sich von der Zwangsjacke zu befreien, als die sie ihr Leben als Royal empfand. Sie nahm größere und kleinere Veränderungen vor. Unter anderem entließ sie – oft aus einer Laune heraus – Köche, Hausmädchen und Sekretäre. Ihr Butler Paul Burrell wurde befördert und führte fortan ihren Haushalt, sodass sie zunehmend auf ihn angewiesen war.

Allen Ratschlägen zum Trotz verzichtete sie ab 1993 auf Polizeischutz. In der Folge wurden sie und die Prinzen in der Öffentlichkeit von Paparazzi belästigt. „Sie schrien sie an und machten sie wütend in der Hoffnung, dass sie etwas Unhöfliches sagen würde, damit sie eine Geschichte daraus machen konnten“, erzählte Harry mir angewidert. Ihm gefiel die Art, wie seine Mutter damit umging. „Es war eine tägliche Herausforderung. Unsere Mutter fuhr ein BMW-Cabrio, hörte dabei bei voller Lautstärke [die irische Sängerin] Enya und versuchte, uns vor der Presse zu verstecken. Sie wollte uns beschützen.“

Auch hier war Diana inkonsequent. Öfter in den Zeitungen zu erscheinen als Charles, war Teil ihrer Überlegenheitsstrategie, die sie während der Trennung und nach der Scheidung entwickelt hatte. Sie nahm häufig Kontakt zu Journalisten auf und teilte ihnen mit, wo sie sich aufhalten würde, damit sie sich dort einfanden.

Dr. David Starkey erläuterte mir Dianas Verhalten gegenüber der Presse. „Sie stellte sich selbst immer als naiv dar, aber das war sie nicht. Sie war sehr medienerfahren und erfand eine neue Art der Kommunikation: Sie nutzte inszenierte Fotografien, um auf die Titelseiten zu kommen." Das beste Beispiel ist das Foto von Diana, wie sie alleine auf einer Bank vor dem Tadsch Mahal sitzt, dem weltweit schönsten Denkmal der Liebe. Es entstand während eines offiziellen Besuchs im Februar 1992, elf Monate vor der Trennung.

Sie veränderte ihr Image, indem sie Kleider trug, die figurbetonter geschnitten waren, als es für eine Prinzessin angemessen schien. Sie reduzierte auch die Anzahl der wohltätigen Organisationen, die sie unterstützte, von rund 100 auf sechs. Ihr Name hatte eine solch magische Wirkung, dass viele Organisationen darum bettelten, sie möge wenigstens eine ihrer Veranstaltungen pro Jahr besuchen, sodass sie zumindest auf dem Papier mit ihr assoziiert bleiben konnten und weiterhin Spenden erhielten.

Leider wurde ihre Gedankenwelt zunehmend irrational bis paranoid. Sie begann, überall Verschwörungen zu wittern, und wandte sich in der Folge abrupt von Freunden, Familienangehörigen und Angestellten ab, oft ohne jede Erklärung. Sie bildete sich ein, bestimmte Personen würden ihr den Tod wünschen, darunter ihr Schwager Sir Robert Fellowes, damals Privatsekretär der Queen, und Prinz Philip. Sie vermutete, der Palast spioniere ihr nach und wolle ihr die Kinder wegnehmen. Es beunruhigte sie auch, dass William und Harry, die immerhin an zweiter und dritter Stelle der Thronfolge standen, die Nähe ihres Vaters und der

Queen suchten. Ihre Instabilität und Unberechenbarkeit riefen bei Politikern und Mitgliedern der Königsfamilie zunehmend Besorgnis hervor. Man befürchtete, sie könne völlig entgleisen und die Kinder gefährden. Manche meinten, die Monarchie selbst sei in Gefahr. Ein Psychiater, der sie behandelte, sagte: „Ich vermute, es wäre ihr in jeder Ehe schlecht gegangen. Prinz Charles mag sie zur Verzweiflung gebracht haben, aber er hat ihre zugrunde liegende Krankheit nicht verursacht."

Der Labour-Abgeordnete Frank Field, ein hoch angesehenes Mitglied des Unterhauses, drängte Premierminister John Major im Januar 1994 dazu, sich mit dem Wohlergehen der Prinzen auseinanderzusetzen. Er forderte, „qualifizierte" Außenstehende sollten beurteilen, was das Beste für die beiden wäre. Dies stellte eine ungeheuerliche Anklage an das royale Paar und eine schwerwiegende Einmischung seitens des Staats dar. Nachdem Field daran gehindert wurde, das Thema im Unterhaus anzuschneiden, wandte er sich an die *Mail on Sunday*, die seine Ideen bereitwillig veröffentlichte. Unter anderem sollte die Zukunft der jungen Prinzen von einer Gruppe „weiser Männer" überwacht werden. Von weisen Frauen war nicht die Rede, und einer der potenziellen weisen Männer äußerte sich wie folgt: „Charles sollte größeren Einfluss nehmen. Sie könnten sonst Muttersöhnchen werden. So, wie Diana ihre Söhne liebt, muss sie wissen, dass es für deren zukünftige Entwicklung nicht gut sein kann, länger unter ihren schönen Fittichen zu bleiben."

Der Abgeordnete Field wollte die Prinzen außerdem durch Sachverständige befragen lassen, ob sie mit der Sorgerechtsregelung zufrieden seien. Seiner Meinung nach sollten die Jungen mitreden und dieselben Rechte in Anspruch nehmen können, die das entsprechende Gesetz von 1989 jedem Kind gewährte. Dieses zielt darauf ab, dass jedes Kind in Sicherheit aufwachsen kann und sein Wohlergehen gefördert wird. Wäre dieser Vorschlag umgesetzt worden, wäre das Königshaus möglicherweise schon bald von einer Schar

Sozialarbeiter heimgesucht worden, die – wie bei jeder anderen zerstrittenen Familie auch – Regelungen zu Themen wie Sorgerecht und Schulbesuch getroffen hätten. Frank Field hatte die royale Büchse der Pandora geöffnet, die eine grundlegende Debatte zur Zukunft der Monarchie hätte erzwingen können. Hätten William und Harry ein Leben gewählt, das nicht mit den Vorstellungen der Queen oder Prinz Charles' übereinstimmte, aber im Einklang mit der Gesetzgebung stand, wäre es zu einem gigantischen Konflikt zwischen der Monarchie und dem Parlament gekommen. Anfang 2018 sprach Mr. Field mit mir über seine damalige Sorge um das Wohl der Prinzen und darüber, wie sich seine Ansichten seitdem verändert haben.

Der Buckingham Palace zeigte sich damals recht schmallippig und kommentierte lediglich: „Die Vereinbarungen zur gemeinsamen Zeit mit ihren Eltern werden im Voraus und äußerst einvernehmlich getroffen."

Das Ganze muss Diana und Charles aufgerüttelt haben. Kurz darauf trafen sie sich in den Privaträumen des St James's Palace, um über eine längerfristige Sorgerechtsregelung und die Schulausbildung ihrer Söhne zu sprechen. William war elf, Harry neun Jahre alt. Es wurde vereinbart, dass beide auf dem Internat bleiben und die Ferienzeit – wie bei vielen Kindern getrennter Eltern – zwischen Vater und Mutter aufgeteilt werden sollte.

Leider ließen die Eltern sich jedoch nicht davon abhalten, weiterhin ihre schmutzige Wäsche in der Öffentlichkeit zu waschen. 1994 packte Charles in einem Interview mit Jonathan Dimbleby für ITV aus. *Charles: The Private Man, The Public Role* war als „Charmeoffensive" gedacht, um sein Image nach der mittlerweile zwei Jahre zurückliegenden Trennung aufzupolieren. Doch dann gab er zu, Diana untreu geworden zu sein, als ihre Ehe „unheilbar zerrüttet" war. 14 Millionen Menschen schauten zu, als er den Ehebruch mit Camilla Parker Bowles gestand.

Im November des folgenden Jahres legte Diana nach. Das einstündige BBC-Interview mit Martin Bashir war ebenfalls dazu gedacht, öffentliche Sympathien zu gewinnen. Einen Tag vor Ausstrahlung der Sendung besuchte Diana William in Eton und Harry in Ludgrove, um sie zu warnen. Das Interview schlug ein wie eine Granate. Diana sprach über ihre Affäre mit James Hewitt, ihre Bulimie und Depressionen, wie sie sich die Handgelenke mit Rasierklingen aufgeschnitten hatte, über die Medien, die Liebe zu ihren Kindern und die Zukunft der Monarchie. Gespannt verfolgten die Zuschauer, wie sie über das Verhältnis ihres Mannes mit Camilla sprach und sagte, dass sie eine „Ehe zu dritt" geführt hätten – eine berühmt gewordene Aussage, die künftig noch unzählige Male zitiert werden sollte, um ihre gescheiterte Ehe zu beschreiben. Diana sagte auch, sie wolle keine Scheidung.

Im Rückblick ist schwer nachzuvollziehen, wie zwei im Grunde intelligente Eltern sich so verhalten konnten. William und Harry waren in einem Alter, in dem die meisten Kinder nicht einmal die Vorstellung ertragen können, dass ihre Eltern überhaupt Sex haben. Wie viel destabilisierender und beschämender muss es für sie gewesen sein, dass ihr Vater vor einem weltweiten Millionenpublikum verkündete, zu seiner früheren Liebhaberin zurückgekehrt zu sein, während ihre Mutter von ihnen erwartete, ihre diversen Liebhaber willkommen zu heißen und eine Beziehung zu ihnen aufzubauen, aber nur, bis der Nächste kam. So musste jegliches Grundvertrauen zwangsläufig zerstört werden. Harry schaute sich die Ausstrahlung in der Schule an und ergriff loyal Partei für seine Mutter. Einer seiner Lehrer sagte angeblich, Harry sei wütend auf Bashir geworden, weil er so übergriffige Fragen stellte. Alles in allem waren die Prinzen jedoch weitgehend versöhnlich gestimmt. William sagte später, er verstehe, warum seine Mutter sich habe äußern wollen, obwohl das bedeutete, dass er und Harry – und mit ihnen der Rest der Welt vor den TV-Bildschirmen – Dinge erfuhren, die kein Kind über seine Eltern wissen sollte.

Die Queen reagierte schnell und entschied, dass das Maß nun voll sei. Charles und Dianas Verhalten in der Öffentlichkeit begann, die Monarchie zu bedrohen. Die Queen bat sie nicht, sondern befahl ihnen vielmehr, ihre Ehe so schnell wie möglich zu beenden. Im Juli 1996 wurde eine Einigung erzielt, derzufolge Diana angeblich über 17 Millionen Pfund erhielt. Sie durfte ihr Apartment im Kensington Palace als „zentrales und sicheres Zuhause für die Prinzessin und die Kinder" behalten. (Inzwischen ist der Kensington Palace die offizielle Londoner Residenz des Duke und der Duchess of Cambridge, ihrer Kinder sowie von Harry und Meghan.) Diana hatte Zugang zu den Flugzeugen der königlichen Familie und durfte die Räume des St James's Palace nutzen, um Gäste zu empfangen, sofern sie die Queen vorher um Erlaubnis bat. Sie durfte auch den gesamten Schmuck behalten, den sie während ihrer Ehe angesammelt hatte, mit Ausnahme des „Cambridge Lover's Knot"-Diadems, das die Queen ihr zur Hochzeit geschenkt hatte. (Es wurde 2015 und 2016 der Duchess of Cambridge ausgeliehen.) Diana durfte weiterhin den Titel „Prinzessin von Wales" tragen, aber nicht mehr mit „Ihre Königliche Hoheit" angeredet werden, einem Titel, der anzeigt, dass die Person in direkter familiärer Verbindung zur Krone steht und automatisch bei Staatsanlässen einbezogen wird, was bei Diana nicht mehr der Fall war.

Dianas Söhne standen im Mittelpunkt ihres Lebens. „Ich liebe sie über alles", sagte sie oft, aber sie unternahm wenig, um ihnen zu helfen, über das Trauma hinwegzukommen, das Charles' und Dianas Trennung ausgelöst haben muss. William, der sich für das Wohl seiner Mutter verantwortlich fühlte, wurde immer reservierter und misstrauischer und rief sie andauernd aus dem Internat an. Harry hingegen machte den Eindruck eines unabhängigen, unerschrockenen und lebenslustigen Schlitzohrs. „Harry ist frech, genau wie ich", sagte Diana stolz. Offenbar jedoch täuschte er entweder seine Mutter und einige seiner Lehrer derart, dass sie tatsächlich meinten, es ginge ihm gut, oder es war allein ihr Wunschdenken. Ein Mitarbeiter sagte: „Wenn er von einem

Lehrer in der Schule getadelt wird, äfft er ihn für gewöhnlich hinter seinem Rücken nach und rennt dann lachend weg. William ist misstrauisch gegenüber der Presse, besonders bei Fotografen, aber Harry macht es nichts aus, wenn ihm jemand zusieht, tatsächlich genießt er es. Harry ist furchtlos. Er ist völlig entspannt, kaum etwas scheint ihn zu bekümmern. Obwohl er auf Fotos unsicher aussieht, ist er es nicht im Mindesten."

Damals wusste vielleicht nur Harry selbst, dass das unsichere Kind auf den Fotos seinem wahren Ich entsprach. Der entspannte Clown war nur eine Fassade. Diana muss sich gefragt haben, wie er wohl mit der Situation zurechtkam, denn vor der Trennung suchte sie wieder den Psychiater auf, den sie zu Beginn ihrer Ehe bereits konsultiert hatte. Der Psychiater erzählte dem Autor Chris Hutchins später, er habe ihr gesagt, dass es den Kindern schaden könne, in ihr unstetes Liebesleben miteinbezogen zu werden. Er sagte: „Das wäre nicht gut für sie, besonders nicht für Prinz Harry, der bereits ein Kämpfer war. Es könnte auch Auswirkungen auf sein späteres Leben haben. Ich bin ihrem jüngeren Sohn nie begegnet, aber nach allem, was sie mir erzählte, begann er bereits zu rebellieren. Sie sagte, er liebe seinen Vater und bewundere James Hewitt, aber ihre Schilderungen machten deutlich, dass er nicht nur verwirrt, sondern wütend reagierte, wenn andere Männer hinzukamen. Sie machte sich Sorgen, dass Harry erste Anzeichen eines Verhaltens zeigte, das im Erwachsenenalter zu Aggressionen und Süchten verschiedener Art führen kann."

Im Dezember 1996, vier Monate nach der Scheidung, nahm Diana, die Harry für „möglicherweise unglücklich" hielt, ihn mit zu einem Heilpraktiker, der ihm helfen sollte, „seine Gefühle zu externalisieren".

Prinz Charles befasste sich auch damit, wie sich Harry in der Schule machte. Er wusste, dass Harry das Lernen nicht leicht fiel, dass er am liebsten Sport trieb und Mühe hatte, den schulischen Anforderungen gerecht zu werden. Er ließ eine unabhängige

Einschätzung durch einen Experten erstellen, die seine größte Sorge bestätigte – Harrys schulische Leistung und sein allgemeines Betragen hatten unter der Art und Weise gelitten, wie Diana und Charles in der Öffentlichkeit mit ihren Privatangelegenheiten umgegangen waren.

Im April 1996 eröffnete der Schulleiter Gerald Barber Prinz Charles, dass Harrys Leistungen nicht genügten, um die Aufnahmeprüfung für das Eton College zu bestehen. Er schlug vor, Harry solle noch ein Jahr in Ludgrove bleiben und sich mehr anstrengen, wovon Harry nicht eben begeistert war. William hatte die Aufnahmeprüfung keine Probleme bereitet, aber Harry tat sich sehr schwer, und seine bisherigen Ergebnisse waren enttäuschend. Charles und Diana überlegten, ihn auf eine weniger anspruchsvolle Schule wie das Radley College in Oxfordshire oder Milton Abbey in Dorset zu schicken. Aber Charles meinte, es würde die Bande zwischen den Brüdern stärken, wenn sie dasselbe Internat besuchten.

Diana war es aus zwei Gründen wichtig, dass Harry nach Eton ging. Sie fürchtete, er könnte sonst als „nicht gut genug" abgestempelt werden, und wollte außerdem, dass er in die Fußstapfen ihres Bruders und Vaters trat. Im Unterschied zu diesen hatte Charles Gordonstoun besucht, vor allem weil Prinz Philip überzeugt war, seine eigene ehemalige Schule werde seinen Sohn abhärten. Charles hatte das Internat gehasst und sich dort einsam und elend gefühlt. Obwohl Diana und Charles sonst fast immer unterschiedlicher Meinung waren, hatten sie beide das Gefühl, dass Eton der richtige Ort für Harry war. Keiner von beiden konnte die tragischen Ereignisse vorausahnen, die das Leben ihrer jungen Söhne bald schon für immer verändern sollten.

Kapitel 5

Der Verlust der Mutter

Den August des Jahres 1997 verbrachten William und Harry zusammen mit ihrer Großmutter, ihrem Vater und anderen Mitgliedern der königlichen Familie in Balmoral. Ihre Mutter hatten sie seit einem Monat nicht gesehen. Diana machte zunächst zusammen mit ihrer guten Freundin Rosa Monckton Urlaub in Griechenland und unternahm anschließend mit ihrem millionenschweren Liebhaber Dodi Al-Fayed, Sohn des umstrittenen Geschäftsmannes und damaligen Harrods-Besitzers Mohamed Al-Fayed, eine Kreuzfahrt vor der Küste von Sardinien. Diana verbrachte viel Zeit damit, sich an Deck der zehn Millionen Pfund teuren Jacht in Positur zu werfen, präsentierte eine Auswahl umwerfender Bademode und hatte keine Skrupel, Dodi zu küssen, selbst wenn zahllose Fotografen in Sichtweite waren.

Am Samstag, dem 30. August, ein Jahr und zwei Tage nach ihrer Scheidung von Charles, rief Diana ihre Söhne in Balmoral an, um kurz mit ihnen zu plaudern. Es war der Anruf, der ihnen bis zum heutigen Tag im Herzen wehtut.

In den 20 Jahren seit dem Tod der Prinzessin von Wales hat sich die Welt grundlegend verändert. William und Harry sind inzwischen erwachsen und weitaus weltgewandter als die Prinzen und Könige früherer Generationen. Dies hat ihnen einen anderen Blickwinkel nicht nur auf den tragischen Tod ihrer Mutter eröffnet, sondern auch auf den Umgang damit. In der BBC-Dokumentation *Diana, 7 Days* aus dem Jahr 2017 zeigten sie Mitgefühl und Verständnis für ihren Vater und die Queen hinsichtlich der Art, wie sie damals auf diese unerwartete und erdrückende Tragödie reagierten. Ihr eigenes Erleben jedoch steht auf einem anderen Blatt.

Harry erinnerte sich: „Ich glaube, es muss nachmittags gewesen sein. Ich war eben ein typisches Kind, das gern herumrannte und spielte, und als mir gesagt wurde: ‚Mummy ist am Telefon‘, dachte ich bloß: ‚Ja, aber ich will einfach nur spielen.‘ Wenn ich gewusst hätte, dass es das letzte Mal war, dass ich mit ihr sprechen sollte, wäre das Gespräch ganz anders verlaufen … und damit muss ich nun leben – mit dem Wissen, dass ich ein zwölfjähriger Junge war, der vom Telefon wegwollte und herumrennen und spielen, statt mit meiner Mutter zu sprechen."

In einer weiteren Fernsehdokumentation, *Diana, Our Mother: Her Life and Legacy*, bekannte sich William zu ähnlichen Schuldgefühlen. „Wenn ich gewusst hätte, was geschehen würde, hätte ich nicht so gleichgültig getan. Der Anruf ist mir doch sehr im Gedächtnis geblieben … ich werde für den Rest meines Lebens bereuen, wie kurz dieses Telefonat war."

Obwohl so viel Zeit vergangen ist, zeigen ihre Äußerungen, dass sie sich immer noch verantwortlich für ihre Mutter fühlen und Reue verspüren, nicht genug für sie getan zu haben. Rational betrachtet, gibt es keinen Grund, warum sie sich schuldig fühlen sollten. Auch sind sie in keiner Weise mitverantwortlich für den Unfall. Aber darüber zu reden, war ganz offensichtlich schmerzlich für Harry, der mir sagte, er spüre „immer noch großen Kummer, der bewältigt werden muss".

Sie erwähnten nicht, dass die Anrufe ihrer Mutter mitunter auch peinlich sein konnten. Oftmals ignorierte Diana die Tatsache, dass sie bei ihrem Vater waren und er in Hörweite sein konnte. Dem Autor Christopher Andersen zufolge brachte sie die Jungs und besonders William auf den neuesten Stand, was die Entwicklung ihrer jüngsten Romanze und ihren aktuellen Liebhaber anging. Diese Gespräche müssen sehr merkwürdig für die beiden gewesen sein und bürdeten ihnen eine große emotionale Last auf.

Kurz entschlossen entschieden sich Diana und Dodi, ihren letzten Urlaubstag vor der Rückkehr nach London in Paris zu verbringen. Wenig später begann für die Prinzen wieder die Schule, und Diana wollte noch etwas Zeit mit ihnen verbringen, bevor William nach Eton und Harry nach Ludgrove zurückkehrten. Es war kaum Zeit, um für genügend Sicherheitspersonal zu sorgen, und ein ganzer Schwarm Fotografen folgte ihr und Dodi auf Motorrädern durch die Stadt. Kurz vor Mitternacht verließen Diana und Dodi das Hotel Ritz, um zu Dodis Apartment unweit der Champs-Élysées zu fahren. Fayeds Chauffeur Henri Paul, dessen Schicht seit drei Stunden beendet war, hatte fünf Aperitifs getrunken, obwohl er zu der Zeit verschreibungspflichtige Medikamente einnahm, die sich nicht mit Alkohol vertrugen. Als er gebeten wurde, das Paar zu fahren, bestellte er noch einen weiteren Pastis, um dann in den Wagen zu steigen. Die Paparazzi nahmen die Verfolgung auf, und Paul raste kurz darauf gegen einen Pfeiler des Tunnels Pont de l'Alma.

Um 1 Uhr rief der britische Botschafter in Paris, Sir Michael Jay, den Privatsekretär der Queen, Sir Robin Janvrin, an, um ihm von dem Unfall zu berichten. Dodi und der Fahrer waren sofort gestorben. Diana war verletzt, aber es war noch unbekannt, wie schwer. Wie sich herausstellte, war eine lebenswichtige Vene durchtrennt, die Blut von den Lungen zu der oberen rechten Herzkammer transportiert. Diana wurde zunächst am Unfallort behandelt und dann in das 6,5 Kilometer entfernte Krankenhaus Pitié-Salpêtrière gebracht, wo Chirurgen zwei Stunden lang vergeblich versuchten, ihr Leben zu retten.

Janvrin rief sofort Prinz Charles und die Queen in Balmoral an. Zwei Stunden später erhielt Charles erneut einen Anruf und erfuhr, dass Diana ihren inneren Verletzungen erlegen war. Er war zutiefst bestürzt. Da er nicht wusste, ob er William und

Harry sofort wecken sollte, besprach er sich mit seiner Mutter, die ihm riet, sie schlafen zu lassen. Dann rief er Camilla an. Er konnte nicht einfach wieder ins Bett gehen und machte stattdessen einen einsamen Spaziergang durch die Heide. Gefühle des Verlusts, der Schuld und des persönlichen Versagens überwältigten ihn. Er quälte sich mit dem Gedanken, seinen Kindern die furchtbare Nachricht überbringen zu müssen, und klagte sich selbst an, sich nicht ausreichend bemüht zu haben, Dianas Bedürfnisse zu begreifen. Zurück in Balmoral rief Charles seinen Privatsekretär Stephen Lamport an. „Alle werden mir die Schuld geben", sagte er. „Die Welt wird durchdrehen, oder? Wir werden eine Reaktion erleben wie nie zuvor. Das könnte alles zerstören. Es könnte die Monarchie zerstören." Lamport pflichtete ihm bei.

Diana wurde nur 36 Jahre alt, aber sie war die berühmteste Frau der Welt. Sie war schön, charismatisch, unberechenbar und unvollkommen, eine unwiderstehliche Mischung, wegen derer viele sie liebten. Die Zeit verging quälend langsam, um 7.15 Uhr fühlte sich Charles in der Lage, William zu wecken. Bevor er zu Wort kam, erzählte ihm sein Sohn, er habe eine sehr unruhige Nacht gehabt. Charles teilte ihm dann mit, dass es einen furchtbaren Autounfall gegeben hatte und dass alle Versuche, seine Mutter zu retten, gescheitert waren. William begann zu weinen und schlang die Arme um seinen Vater. Charles, sonst emotional sehr gehemmt, hielt ihn fest umarmt. Als William sich ein wenig beruhigt hatte, brachte er seine Sorge um Harry zum Ausdruck. Wie würde er diese schreckliche Nachricht aufnehmen? Er wollte dabei sein, wenn sein Vater ihn weckte. Harry sagte, seine anfängliche Reaktion sei „Ungläubigkeit" gewesen, es habe ihn auch „keine plötzliche Welle der Trauer" erfasst.

In der TV-Dokumentation von 2017 versuchte Harry, sich in seinen Vater hineinzuversetzen. „Es ist eine der schwierigsten Aufgaben für ein Elternteil, seinem Kind zu sagen, dass der andere Elternteil verstorben ist. Aber er war für uns da, er war derjenige, der uns jetzt noch blieb, und er tat sein Bestes, damit wir beschützt und umsorgt wurden. Aber er machte eben denselben Trauerprozess durch."

Als Charles den Eindruck hatte, dass seine Söhne bereit waren, ihre Schlafzimmer zu verlassen, sagte er ihnen, dass die Queen und Prinz Philip sie sehen wollten. Alle drei fassten einander an den Händen und gingen langsam zu dem Zimmer, in dem die Großeltern warteten. Weder die Queen noch ihr Mann umarmte die Kinder. Zum Glück war Tiggy Legge-Bourke bereits in Balmoral. Sie war am Vortag angereist, um Harry und William zurück nach London zu begleiten. Den Großteil des Tages klebte Harry an ihr wie eine Klette. Außerdem war Cousin Peter Phillips vor Ort.

Der sonntägliche Kirchenbesuch ist eine Tradition der Königsfamilie, und auch an diesem Morgen wurden William, Harry und Tiggy zusammen mit den übrigen Familienmitgliedern zur Crathie Kirk in der Nähe des Anwesens gefahren. Als sie Balmoral verließen, war die Nachricht vom Tod ihrer Mutter bereits um die Welt gegangen, und von überallher trafen Beileidsbekundungen ein. Eine nie dagewesene Trauer erfasste die Nation und erschütterte die Monarchie bis ins Mark. Vor der Kirche hatten sich weitaus mehr Zuschauer als gewöhnlich versammelt, um ihre Anteilnahme zu bezeugen. Einige wenige waren vielleicht nur Schaulustige, andere reagierten erschüttert darauf, dass William und Harry der Tortur ausgesetzt wurden, sich nur ein paar Stunden nach ihrem enormen Verlust in der Öffentlichkeit zu zeigen. Während des Gottesdienstes wurde – sehr zur Empörung einiger Gemeindemitglieder – das Schicksal ihrer Mutter nicht erwähnt. Pastor Robert Sloans sagte später, er habe es nicht für angemessen gehalten, über Diana zu sprechen, kurz nachdem die Jungen vom Tod ihrer Mutter erfahren hatten. Manche behaupteten, er habe auf Wunsch der Queen so gehandelt, die ihren Enkeln diesen Schmerz ersparen wollte. Harry war jedoch verwirrt und fragte Tiggy: „Bist du sicher, dass Mummy tot ist?"

Er hat keinerlei Erinnerungen an den Gottesdienst, sagte aber, der Kirchenbesuch sei damals „das Letzte" gewesen, wonach ihm zumute gewesen sei. Im Rückblick versteht er, dass es Teil von Williams und seiner öffentlichen Rolle war. Kurz darauf flog Charles zusammen mit Dianas Schwestern Sarah und Jane in einer Maschine der Royal Air Force nach Paris, um Dianas Leichnam von dort zu überführen. Millionen Menschen verfolgten im Fernsehen, wie das Flugzeug um 19 Uhr wieder in Großbritannien landete. Die Queen erlaubte William und Harry nicht, sich diesem traumatischen Anblick auszusetzen. Auf Charles' Drängen hin wurde Dianas Leichnam zur Chapel Royal im St James's Palace gebracht, statt wie ursprünglich geplant zu einer Leichenhalle in Fulham.

Währenddessen kamen bereits an diesem ersten Tag Hunderte, wenn nicht Tausende Menschen aus dem ganzen Land nach London, um Blumen vor dem Kensington Palace niederzulegen. Die Beerdigung sollte am 6. September 1997 stattfinden, und noch Tage nach Dianas Tod waren die Blumenläden bereits zur Mittagszeit leergekauft, obwohl große Blumenlieferungen aus dem Ausland eintrafen. Bald war das gesamte Areal vom Kensington Palace bis zur Kensington High Street ein einziges Blumenmeer, das stellenweise eine erstaunliche Tiefe von anderthalb Metern erreichte. Die Mischung aus frischen und vermodernden Blumen verströmte einen betäubenden Geruch. Die Trauernden hinterließen auch Kerzen, Stofftiere und Briefe. An jenem ersten Tag standen die meisten noch zu sehr unter Schock, um zu sprechen, und diejenigen, die es doch taten, flüsterten nur. Später verwandelte sich der Schock in Trauer, und viele weinten hemmungslos. Dem folgten Wellen der Empörung, die Queen wurde stark kritisiert, manche glaubten, sie sei „im Urlaub" und habe William und Harry bei sich.

Prinz Charles' Pressereferentin Sandy Henney machte sich ein Bild von der trauernden Menge und teilte Charles mit, dass

William und Harry behutsam darauf vorbereitet werden müssten, was für ein außerordentlicher Anblick ihnen bevorstand. Erst 2015 gestand Henney im Rahmen einer Dokumentation von BBC 2 ein, sie habe damals befürchtet, die öffentliche Empörung könne die Zukunft der Monarchie gefährden. Es wurde vereinbart, dass die königliche Familie weit entfernt in ihrem schottischen Zuhause bleiben sollte, um William und Harry trauern zu lassen und ihnen zu helfen, sich mit der Tragödie auseinanderzusetzen.

2017 äußerten William und Harry ihr Verständnis für die damalige Entscheidung ihrer Großmutter. „Die Frage war: Wie können wir die Jungs im Privaten trauern lassen?", erklärte Harry. „Aber man musste auch überlegen, wann der Zeitpunkt gekommen war, dass wir wieder die Rolle der Prinzen übernehmen, die ihren Pflichten nachkommen und nicht nur ihre Mutter, sondern die Prinzessin von Wales betrauern – und das vor einer riesigen Öffentlichkeit. Wenn man hinausgehen und so etwas tun und nicht völlig zusammenbrechen will, muss man sich beherrschen können."

William stimmte zu: „Ich denke, es war eine sehr schwierige Entscheidung für unsere Großmutter. Einerseits war sie unsere Großmutter, andererseits aber auch die Queen, und sie war zerrissen zwischen diesen beiden Rollen. Sie wollte auch unseren Vater beschützen. Unsere Großmutter räumte absichtlich alle Zeitungen weg, sodass wir nicht wussten, was geschah. Damals gab es ja noch keine Smartphones, wir hatten keine alternative Informationsquelle, und ehrlich gesagt sind wir dankbar, dass wir im Privaten trauern und uns sammeln konnten und Abstand von allem hatten. Wir hatten keine Ahnung, welch eine enorme Reaktion ihr Tod auslöste."

Mit jedem weiteren Tag schien die Empörung der Bevölkerung über die scheinbare Gleichgültigkeit, mit der das Königshaus auf Dianas Tod reagierte, zuzunehmen. Viele waren wütend, dass die Queen in der Öffentlichkeit nicht ein Wort über die Tragödie verlor. Niemand, nicht einmal die Queen, die in der Regel äußerst feine Antennen besitzt, schätzte das Ausmaß der öffentlichen Reaktion richtig ein. Einer Quelle zufolge war das anfängliche Verhalten der Queen eventuell bis zu einem gewissen Grad von der Missstimmung beeinflusst, die Diana verursacht hatte. Sie war dem Königshaus ein Dorn im Auge geworden, und ihr negatives, uneinsichtiges Verhalten hatte sich mit Sicherheit auf die Queen ausgewirkt – eine Frau, die ihre Pflichten vor alles andere stellt. Erst nach mehreren Tagen stimmte sie zu, die Flagge am Buckingham Palace auf halbmast zu setzen, um ein Zeichen an die trauernde Nation auszusenden. „Das hat sie nicht einmal für ihren Vater [George VI.] getan", kommentierte ein Höfling. Nach Dianas Tod sollte die Queen noch verschiedentlich vom Protokoll abweichen.

Bevor sie Balmoral verließen, schauten William und Harry sich mit ihrem Vater die Blumen und Beileidsbekundungen an, die vor den Toren des Anwesens niedergelegt worden waren. Sie lasen einige der Nachrichten und waren sichtlich bewegt. Harry ergriff die Hand seines Vaters und zog ihn mit sich, um ihm eine bestimmte Nachricht zu zeigen – ein berührender, inniger Moment, der symbolisch dafür stand, wie der Prinz von Wales sich seinen trauernden Kindern zuwandte. Ihre Bedürfnisse hatten jetzt Vorrang, und dies markierte den Beginn einer engeren, warmherzigeren Beziehung zwischen den Kindern und ihrem Vater. Möglicherweise half es Prinz Charles, dass Camilla Parker Bowles, die ihn liebte, unterstützte und glücklich machte, jetzt wieder an seiner Seite war.

Harry erinnert sich sehr genau: „Zu lesen, was andere Leute über meine Mutter geschrieben hatten, war rückblickend betrachtet das Letzte, was ich tun wollte. Ja, es war unglaublich, es war unwahrscheinlich bewegend, aber zu dem Zeitpunkt war ich nicht wirklich da, ich stand immer noch unter Schock. Ich trug einen merkwürdigen kleinen Blazer und eine furchtbare Krawatte, und die Trauerbekundungen anderer Leute zu lesen war ziemlich befremdlich, fast als würde es von einem erwartet, in der Öffentlichkeit zu trauern. Aber wem wäre damit geholfen? Heute bin ich froh, dass ich nie in der Öffentlichkeit geweint habe. Selbst wenn jemand versucht hätte, mich zum Weinen zu bringen, hätte ich es nicht gekonnt und kann es wahrscheinlich heute noch nicht. Was damals passiert ist, hat mich verändert."

Anfangs waren alle Blumen, die in Gedenken an die Prinzessin von Wales vor Balmoral niedergelegt wurden, aus mangelndem Feingefühl jeden Tag weggeräumt worden. Dies änderte sich nach ein paar Tagen, und auch hier entstand nun ein kleines Blumenmeer.

Die Queen und Prinz Philip flogen fünf Tage nach dem Unfall zurück nach London, kurz nach Prinz Charles, William und Harry, die einen früheren Flug genommen hatten. Normalerweise ist es unterschiedlichen Generationen von Thronfolgern nicht gestattet, im selben Flugzeug zu reisen, aber die Queen war auch in diesem Punkt nachsichtig. Nach der Landung fuhren sie und Prinz Philip direkt zum St James's Palace, um die Chapel Royal zu besuchen und Diana ihre Ehre zu erweisen. Am Buckingham Palace stiegen sie dann zur großen Beunruhigung ihrer Leibwächter aus ihrer Limousine, um die Blumen und Karten an den Toren zu begutachten. Am Abend wandte sich die Queen, ganz in Schwarz gekleidet, in einer Liveübertragung des BBC-Fernsehens an ihr Volk. Das hatte sie während ihrer gesamten Regentschaft erst ein einziges Mal getan. Sie sprach als „Königin und Großmutter" und lobte Diana überschwänglich: „Sie war ein außergewöhnlicher und talentierter Mensch. In guten wie in schlechten Zeiten verlor sie nie ihre Fähigkeit, zu lächeln und zu lachen, und war mit ihrer Wärme und Güte anderen ein Vorbild. Für ihre Energie, ihren Einsatz für andere Menschen und ganz besonders für ihre Hingabe zu ihren beiden Söhnen habe ich sie bewundert und respektiert."

Sie legte auch die Gründe für ihr Fernbleiben dar und schloss mit den Worten: „Niemand, der Diana kannte, wird sie jemals vergessen. Ich für meinen Teil glaube, dass ihr Leben und die außergewöhnlichen und bewegenden Reaktionen auf ihren Tod eine Lektion für uns bereithält. Ich teile Ihre Entschlossenheit, ihr Andenken zu ehren." Ihre Rückkehr nach London und ihre offensichtlich aufrichtige Ansprache kamen keinen Moment zu früh. Langsam legte sich die öffentliche Empörung wieder.

Zur selben Zeit gelangten die Prinzen und ihr Vater direkt vom Flugzeug zum Blumenmeer vor dem Kensington Palace. Charles hielt wieder Harrys Hand, während dieser sich hinunterbeugte, um einige der Trauerbotschaften zu lesen. William und Harry wandten sich dann tapfer der trauernden Menschenmenge zu. Mit der Erinnerung daran hat Harry immer noch zu kämpfen, sie hat bleibende Narben hinterlassen. „Die Leute packten uns und zogen uns in ihre Arme und solche Dinge", sagte er. „Ich werfe das niemandem vor, natürlich nicht. Aber diese Momente waren für uns recht ... schockierend. Die Leute schrien, die Leute weinten, ihre Hände waren nass von den Tränen, die sie sich weggewischt hatten, bevor sie mir die Hand schüttelten." Die öffentliche Trauer war für ihn schwer zu begreifen, und er erinnert sich, dass er sich damals fragte: „Wie kann es sein, dass so viele Menschen, die meine Mutter nie getroffen haben, weinen und mehr Gefühle zeigen, als ich überhaupt verspüre?"

In den Tagen vor der Beerdigung gab es noch einige Auseinandersetzungen. Die Spencer-Familie sowie die Queen wollten ein Begräbnis im kleinsten, privaten Kreis. Prinz Charles bestand darauf, mit der Tradition zu brechen und für Diana eine königliche Trauerfeier in der Westminster Abbey auszurichten. Dann ging es um die Frage, wer hinter dem Sarg hergehen sollte. Earl Spencer wollte dies allein tun. Charles wollte sich als Zeichen der Ehrerbietung mit seinen Söhnen anschließen. Prinz Philip erklärte sich bereit, sie zu begleiten, teils wegen der Spannungen zwischen

Charles Spencer und der königlichen Familie sowie der wachsenden Sorge, dass Prinz Charles von der wütenden, untröstlichen Zuschauermenge gelyncht werden könnte. Wie Charles bereits vermutet hatte, gaben viele ihm die Schuld an Dianas sämtlichen Problemen und dem Scheitern ihrer Ehe. Während meines ersten Treffens mit Prinz Harry im Kensington Palace im Frühjahr 2017 – wir sprachen gerade über seine Ideen zur Modernisierung der Monarchie –, hielt er plötzlich inne, schaute mir direkt in die Augen und sagte recht unvermittelt, als habe er das schon lange loswerden wollen: „William und ich waren fünfzehn und zwölf, als unsere Mutter starb, und wir mussten hinter ihrem Sarg hergehen." Sein Gesicht drückte Trauer und Zorn aus. „Kein Kind sollte in einem so jungen Alter seine Mutter verlieren und dann in seiner Trauer von Tausenden Menschen beobachtet werden. Millionen Menschen weltweit, zählt man die Fernsehzuschauer dazu. Das sollte man von keinem Kind verlangen, unter keinen Umständen. Ich denke nicht, dass man das heute noch so geschehen lassen würde."

Sir Malcolm Ross, langjähriges Mitglied des königlichen Hofs, hatte fünf Tage Zeit, um die Beerdigung zu planen. Später sagte er, dass es am Ende der Duke of Edinburgh gewesen sei, der seine Enkel überredete, an der Prozession teilzunehmen. „Ich gehe mit, wenn ihr mitgeht", soll er gesagt haben. Sir Malcolm starb im September 2017.

Das Bild des zwölfjährigen Prinz Harry, der mit gesenktem Kopf und geballten Fäusten gemessenen Schrittes hinter dem Sarg seiner Mutter hergeht, ist eines der grausamsten und ergreifendsten Trauerbilder unserer Zeit. Von diesem Jungen, der kein Kind mehr war, aber auch noch kein Mann, und seinem Bruder, der zwei Jahre älter, aber ebenfalls in diesem schwierigen Niemandsland war, wurde erwartet, sich beherrscht und würdevoll zu verhalten. Es wäre für die beiden undenkbar gewesen zu weinen, so viel Wert maß ihre Familie der Fähigkeit bei, jederzeit die Fassung zu bewahren. Ihre Priorität musste es sein, der Welt das richtige Bild zu vermitteln. Es war nicht das erste Mal in Williams Leben, dass von ihm gefordert wurde, sich wie ein Mann zu verhalten, aber vielleicht war es das erste Mal, dass er sich verhalten musste wie ein zukünftiger König. Der Weg vom St James's Palace zur Westminster Abbey ist etwa eineinhalb Kilometer lang, aber es muss ihnen vorgekommen sein wie Hundert. Ein Bouquet aus Lilien, weißen Freesien und Rosen lag auf dem Sarg. Außerdem ein weißer Umschlag mit einem einzigen Wort: „Mummy".

Die beinahe unerträglich ergreifende Trauerfeier in der Westminster Abbey wurde mit Präzision und Stil durchgeführt. Die Jungen wurden in der Kirche nicht gefilmt. Gelegentlich drückte Charles Harry an sich, William legte ihm tröstend die Hand auf die Schulter. Harry besteht darauf, dass er nicht weinte, auch wenn ihn das enorm viel Willensstärke kostete. „Ich weigerte mich, mich gehenzulassen. Elton Johns Song [er spielte und sang „Candle In The Wind"] war unglaublich emotional und rührte mich beinahe zu Tränen, aber ich bin froh, dass ich nicht in der Öffentlichkeit geweint habe."

Dianas unbegleiteter Sarg, ein tragischer, einsamer Anblick, wurde dann langsam durch die Straßen nach Althorp zum Anwesen der Familie Spencer gefahren, wo auf einer kleinen Insel in der Mitte eines Sees die Beisetzung im privaten Rahmen stattfand. Charles, William, Harry und die Spencers reisten mit dem Zug dorthin.

Nach der Beerdigung kehrten Charles, Harry und William nach Highgrove zurück, wo Tiggy bereits auf sie wartete. Sie übernachteten nun nicht mehr im Kensington Palace, sondern zogen in den St James's Palace um, das Londoner Zuhause von mehreren Mitgliedern der königlichen Familie. Charles ließ eine Suite umgestalten, sodass die Ausstattung der im Kensington Palace ähnelte. Die Arbeiten wurden ausgeführt, während Harry und William im Internat waren und Prinz Charles auf einem seiner königlichen Besuche im Ausland weilte.

Über 300 000 Kondolenzbriefe trafen in den Tagen nach Dianas Tod ein, die meisten waren an William und Harry adressiert. Sie versprachen, alle zu beantworten, und zusammen mit ihrem Vater verbrachten sie Stunden über den Berg aus Briefen und Geschenken gebeugt, jeder an seinem eigenen Schreibtisch. Ein Sprecher sagte: „Sie waren sehr bewegt und konnten kaum glauben, wie viele Menschen aller Altersstufen und aus so vielen Ländern ihnen geschrieben haben. Die Prinzen möchten Ihnen ihren tief empfundenen Dank dafür aussprechen."

Kurz vor Prinz Harrys 13. Geburtstag erhielt er den Brief eines gleichaltrigen Jungen, der ihm zu seiner Tapferkeit während der Prozession gratulierte: „Es ist schwer, die richtigen Worte dafür zu finden, aber ich wollte dir einfach schreiben und sagen, dass du ein wirklich tapferer Kerl bist." Insgesamt war ein Team von bis zu 60 Freiwilligen über vier Monate lang damit beschäftigt, die Post zu bearbeiten.

Vier Tage nach der Beerdigung kehrten die Prinzen an ihre Schulen zurück – ein erster Schritt in Richtung Normalität. Harry war ruhiger und weitaus weniger ausgelassen als gewöhnlich, ganz besonders an seinem Geburtstag fünf Tage später. Er muss die liebevolle Umarmung seiner Mutter sehr vermisst haben. Es wird auch ein ambivalentes Gefühl gewesen sein, als seine Tante, Lady Sarah McCorquodale, ihn besuchte und ihm die PlayStation schenkte, die Diana in Paris für ihn gekauft hatte. Er suchte Trost bei seiner Hausmutter, Vicki McBratney, die später berichtete: „Alle zwei Wochen klopfte er an meine Tür, und wir gingen zusammen in unseren Aufenthaltsraum. Ich machte ihm eine heiße Schokolade, wir saßen beieinander und unterhielten uns, und er zeigte mir die Briefe seiner Mutter. Er war ein liebenswerter, freundlicher, guter Junge, vorwitzig, aber nicht frech." Es gehörte zu Vickis Aufgaben, Harry zu wecken, ihm Kleider herauszulegen, ihn abends zu Bett zu bringen und ihn beim Sport anzufeuern. Sie sagte, sie sei seine „Ratgeberin und Nanny" gewesen, und wurde kurzzeitig seine Ersatzmutter. Als er die Schule verließ, schenkte er ihr eine Flasche Wein und eine Schachtel Pralinen, eine Umarmung und einen Kuss, und sagte ihr, er werde sie „wirklich vermissen". Im Mai 2015, ganze 17 Jahre später, traf er sie während eines Rundgangs in Neuseeland wieder. Sie stand mit ihrem Mann und ihren drei Kindern in der Zuschauermenge. „Meine Güte, ich erinnere mich an dich", sagte Harry. „Lange nicht gesehen!" Er küsste sie auf die Wange, und die beiden plauderten eine Weile. Sie sagte: „Er hat immer noch dasselbe Lächeln."

Prinz Charles war dankbar für Tiggys Hilfe, hielt es aber für richtig, dass die Jungs auch männliche Gesellschaft bekamen. Er bat Mark Dyer, einen ehemaligen Offizier der Welsh Guards, der früher Charles' Stallmeister gewesen war, auszuhelfen. Mark und Tiggy kannten einander und kamen beide gut mit Harry und William zurecht. Charles blickte den ersten Schulferien der Jungen mit Sorge entgegen, denn ursprünglich war vereinbart, dass William und Harry sie bei Diana verbringen sollten. Der Kronprinz hatte sich zu einer fünftägigen Reise nach Südafrika, Lesotho und Swasiland verpflichtet. Harry war mit Blick auf seine frühere Ausgelassenheit nur noch ein Schatten seiner selbst, und Charles wollte versuchen, ihn in eine bessere Stimmung zu bringen.

Durch Zufall kam ihm sein alter Freund Geoffrey Kent zur Hilfe, der in der Reisebranche tätig war und Charles seit seiner Zeit beim Militär kannte. Er bot an, Harry auf eine Safari in Botswana mitzunehmen, sodass Prinz Charles sich derweil seinen Verpflichtungen widmen konnte. Harrys Schulkamerad Charlie Henderson, Tiggy und Mike Dyer kamen auch mit, William jedoch nicht, da seine Ferien zu einem anderen Termin begannen. „Es war eine heikle Zeit", sagte Kent, „aber eine erfolgreiche."

Später schrieb er über die Expedition: „Mit einer Kamera und einem Fernglas in der Hand ist Prinz Harry ganz in seinem Element. Drei Tage lang fuhren wir in einem offenen Land Rover umher, um die Tiere zu beobachten." Es war Harrys erster

Eindruck von Afrika, und damals nahm seine Liebe zu dem Kontinent, seinen Bewohnern und der wilden Tierwelt ihren Anfang. In den zwei Jahrzehnten, die seitdem vergangen sind, ist der Tier- und Artenschutz in Afrika zu einem seiner Hauptanliegen geworden.

Im Anschluss an die Safari brach die Reisegesellschaft nach Pretoria auf, wo ein Besuch in der Residenz Präsident Nelson Mandelas arrangiert war. Die Bedeutung dieses Mannes und der Begegnung geriet schnell aus dem Fokus, da Harry kurz darauf die Spice Girls traf, eine damals sehr erfolgreiche Pop-Girlgroup. Er besuchte ihr Konzert in Johannesburg und traf sie danach zum Fototermin. Harry hielt Händchen mit Victoria Beckham (Posh Spice) und Emma Bunton (Baby Spice) und grinste von einem Ohr zum anderen in die Kameras. Seinem Vater sagte er, das sei der beste Tag seines Lebens gewesen. Das singende Vierergespann wurde daraufhin zum Teetrinken nach Highgrove eingeladen. Danach sagte Harry, das sei der zweitbeste Tag seines Lebens gewesen.

Im Januar 1998 kehrten William und Harry schweren Herzens zum Kensington Palace zurück, um zu entscheiden, welche Andenken an ihre Mutter sie behalten und welche ihrer eigenen Besitztümer sie in London und Highgrove haben wollten. Tiggy war bei ihnen, als William und Harry die Verbindung zu dem Palast kappten, der lange Zeit das Zuhause ihrer Familie gewesen war.

Nach der Trennung von Diana begann Prinz Charles nach und nach, Camilla Parker Bowles der Öffentlichkeit vorzustellen, und er wartete auf die passende Gelegenheit, dass auch seine Söhne sie kennenlernen konnten. Anders als Diana, die ihre Söhne in ihre Romanzen miteinbezogen hatte, war Charles immer darauf bedacht gewesen, dass sich Camilla nie gleichzeitig mit den Prinzen in Highgrove aufhielt. Er hatte bereits einige Monate vor Dianas Tod versucht, das Thema anzusprechen, aber beide Kinder wurden sehr still, also ließ er es sofort fallen. Er wartete ein Jahr ab und näherte sich seinem Ziel dann auf einem etwas umständlicheren Weg. Er lud Camillas Kinder aus erster Ehe, Tom und Laura, nach Birkhall in Schottland ein, wo früher die Königinmutter gewohnt hatte. Nach ihrem Tod im Jahr 2002 hatte Prinz Charles das 210 Quadratkilometer große Anwesen geerbt. Er lud auch andere Gäste ein, um für eine lockere Atmosphäre zu sorgen, und war enorm erleichtert, dass alle vier Kinder sich gut zu verstehen schienen, obwohl Tom zehn Jahre und Laura sechs Jahre älter war als Harry.

Etwa zur gleichen Zeit beschlossen William und Harry, eine Überraschungsparty zum 50. Geburtstag ihres Vaters zu organisieren. Dieser stand zwar erst im November an, aber das Fest sollte Ende Juli stattfinden, zu Beginn der Schulferien, bevor die Familie nach Balmoral aufbrach. Sie wussten, dass ihr Vater auch Camilla gern dabei haben würde und dass es das Beste für alle wäre, wenn sie sie zunächst im privaten Rahmen kennenlernten. Ihre Mutter hatte Camilla zwar als „Gift" bezeichnet, aber sie wollten sich ihre eigene Meinung bilden. William bat seinen Vater, ein Treffen zu arrangieren. Es fand am Freitag, den 12. Juni 1998, in Williams separater Wohnung im St James's Palace statt.

Es muss für alle nervenaufreibend gewesen sein, ganz besonders für Prinz Charles, der sich so sehr wünschte, dass seine Söhne mit der Frau zurechtkamen, die er liebte. Tatsächlich lief es dann überraschend glatt. William war freundlich, und Camilla, die ohnehin eine optimistische Grundhaltung hat, war so sensibel, ihn das Tempo vorgeben zu lassen, was die Entwicklung ihrer Beziehung betraf. Ein paar Tage später trafen sie sich erneut, diesmal zum Lunch. Harry, der in Hinblick auf Camilla viel entspannter war, lernte sie ein paar Wochen später kennen, als sie mit Tom und Laura zum Sonntagnachmittagstee nach Highgrove kam.

Dann begaben die Prinzen sich mit ganzer Energie an die Organisation der Party, die im Orchard Room in Highgrove stattfinden sollte. Dabei ließen sie sich von Tiggy und Prinz Charles' früherem Diener Michael Fawcett unterstützen, entwickelten voller Elan und Enthusiasmus jedoch alle Ideen selbst. (Harry indes lehnte den Vorschlag seines Vaters ab, dass Fawcett bei den Vorbereitungen seiner Hochzeit mit Meghan Markle im Mai 2018 helfen könnte.) Die beiden gaben sich viel Mühe, die Pläne geheim zu halten. Sie schickten handgeschriebene Einladungen an die Queen, Prinz Philip, Prinzessin Anne, Prinz Andrew und Prinz Edward sowie an etwa 100 Freunde ihres Vaters. Alle Gäste wurden gebeten, 25 Pfund beizusteuern, denn William und Harry wollten nicht, dass ihr Vater seine eigene Überraschungsparty bezahlte. Highgrove House sollte mit Wildblumen geschmückt werden, im ummauerten Garten wurden griechische Statuen aufgestellt. Für das Unterhaltungsprogramm wurden Rowan Atkinson, Emma Thompson und Stephen Fry engagiert. Leider verplapperte sich einer der Gäste gegenüber dem *Daily Mirror*, und so kamen Details über das Fest an die Öffentlichkeit. Beide Prinzen waren wütend und enttäuscht. Wieder einmal war durch die Einmischung der Presse etwas zerstört worden, das ihnen wichtig war. St James's Palace veröffentlichte daraufhin eine bislang beispiellose Stellungnahme und verurteilte die Zeitung dafür, die Details veröffentlicht und die Überraschung verdorben zu haben.

Das Geburtstagsfest selbst jedoch war ein voller Erfolg. Charles war sehr gerührt, dass seine Söhne sich so viel Mühe gegeben und vor allem auch Camilla eingeladen und prominent platziert hatten. Peinlich war bloß der witzig gemeinte Striptease, den Prinz Harry und William vorführten. Harry, damals erst 14 Jahre alt, war angeblich so betrunken, dass er nicht nur wie vereinbart ein paar Kleidungsstücke auszog, sondern alle Hüllen fallen ließ und nackt vor den Gästen herumrannte. Einer der Gäste berichtete: „Charles war sichtlich schockiert. Er wurde knallrot, erzählte aber später, dass es sich um jugendlichen Übermut gehandelt und er selbst in dem Alter Ähnliches angestellt habe. Es war das einzige Mal in meinem Leben, dass ich ihm nicht glaubte."

Nicht nur sich selbst haben die Prinzen den Tod ihrer Mutter niemals verziehen, sondern auch den Paparazzi. Trotz des abscheulich übergriffigen Verhaltens der Reporter kam ein 12,5 Millionen Pfund teures Untersuchungsverfahren 2008 zu dem Ergebnis, dass der Unfall auf mangelnde Sicherheitsvorkehrungen und das „grob fahrlässige" Verhalten des betrunkenen Chauffeurs Paul zurückzuführen sei – nicht zuletzt, weil der Mercedes „gegen den Pfeiler des Alma-Tunnels geprallt und nicht mit einem anderen Wagen kollidiert ist". Außerdem waren weder Dodi noch Diana angeschnallt. Es hieß auch, es gebe „nicht den Bruchteil eines Beweises" dafür, dass Dianas Tod von Prinz Philip oder dem britischen Geheimdienst geplant worden sei, wie Mohamed Al-Fayed stets gemutmaßt hatte. Auch war Diana nicht schwanger.

William und Harry hielten sich weiterhin von der Presse fern. Sie hassten die Boulevardzeitungen dafür, dass sie in den ersten Jahren nach ihrem Verlust schmutzige Details über das Liebesleben ihrer Mutter und die negativen Aspekte ihres Verhaltens während und nach ihrer Ehe ausbreiteten. Eine Zeit lang lag ein dunkler Schatten über Diana, und die Öffentlichkeit realisierte, dass sie während ihrer Ehe kein unschuldiger Engel gewesen war. William war so wütend, dass er sich weigerte, einen Gedenkgottesdienst in der Crathie Kirk zu besuchen, der anlässlich ihres ersten Todestages stattfinden sollte – es sei denn, die Zeitungen würden aufhören, ständig über sie zu schreiben. Er wollte, dass die Medien und die allgemeine Öffentlichkeit das Thema hinter sich ließen.

Kapitel 6

Der Schulrebell

Im Herbst 1997 sollte Harry auf die weiterführende Schule wechseln. Doch wegen seiner schlechten Prüfungsergebnisse musste er das letzte Jahr auf Ludgrove wiederholen, wenn er eine Chance haben wollte, in Eton angenommen zu werden. Dazu musste er die Aufnahmeprüfung mit 65 Prozent bestehen, und dank seiner Anstrengungen im Wiederholungsjahr konnte er zur allgemeinen Erleichterung die Schule erfolgreich abschließen. Harry sagte, er sei „heilfroh", und sowohl Prinz Charles als auch der Schulleiter Gerald Barber waren „glücklich".

Im September 1998, kurz vor Beginn des ersten Trimesters in Eton, setzte sich Prinz Charles zu einem „wichtigen Gespräch" mit Harry zusammen. Er hatte beschlossen, zum ersten Mal das heikle Thema James Hewitt anzusprechen, auch damit Harry besser mit verletzenden Kommentaren von anderen Schülern umgehen könnte. Er informierte Harry, dass ohne jeden Zweifel er selbst und nicht Hewitt sein Vater sei. Harry hörte aufmerksam zu, sagte aber kein Wort, weder während sein Vater sprach noch danach.

Diese Bestätigung muss jedoch eine ungeheure Erleichterung für ihn gewesen sein und bedeutete eine Sorge weniger. Harry hatte schon genug mit dem Gedanken zu tun, wie er die akademischen Anforderungen einerseits und das Leben in Eton andererseits bewältigen würde. Das Trauma, einen Elternteil zu verlieren, führt bei Kindern häufig dazu, dass sie sich von Gleichaltrigen distanzieren. Generell fassen diese Kinder weniger leicht Vertrauen und haben Schwierigkeiten, Freundschaften zu schließen.

Überdies stärkte es nicht eben Harrys Selbstbewusstsein, dass er es nur mit Mühe und Not in eine der besten Schulen des Landes geschafft hatte. Ein Streber wollte er aber trotzdem nicht werden, sondern sich auf die Dinge verlassen, in denen er gut war: Sport und den Klassenclown geben.

Prinz Charles begleitete Harry an seinem ersten Tag in Eton. Die Abwesenheit seiner Mutter, die ganz sicher an der Seite ihres über alles geliebten Sohnes gewesen wäre, muss eine schmerzhafte Erinnerung an ihren Tod geweckt haben. Es war ein Neuanfang, und an diesem Tag wurde eine offizielle Erklärung im Namen der Prinzen verlesen. Pressesprecherin Henney dazu: „Sie baten mich zu sagen, sie seien gewiss, ihre Mutter hätte gewollt, dass die Menschen nun mit ihrem Leben fortfahren – denn sie hätte gewusst, dass die ständige Erinnerung an ihren Tod bei den Hinterbliebenen nur Schmerz verursachen würde. Sie hoffen daher von ganzem Herzen, dass ihre Mutter und ihr Andenken nun endlich in Frieden ruhen dürfen."

Eton wurde im Jahr 1440 von Henry VI. gegründet und unterrichtet über 1300 Jungen (keine Mädchen) zwischen dreizehn und achtzehn Jahren. Neunzehn britische Premierminister wurden hier ausgebildet, ganze Generationen der Aristokratie, aber auch Filmstars wie Damian Lewis und Eddie Redmayne. Aber die Schule hat sich auch verpflichtet, Jungen aufzunehmen, deren Eltern nur über ein bescheidenes Einkommen verfügen. Dass die Schule in Windsor in der Grafschaft Berkshire liegt, nahe Windsor Castle, wo die Queen für gewöhnlich das Wochenende verbringt, war ein zusätzlicher Pluspunkt, da ihre Enkel sie zum Tee besuchen konnten. Als Harry in der Schule immer häufiger aneckte, waren die Aufenthalte bei seinen Großeltern ein großer Trost für ihn.

Die Schule verteilt sich auf 25 Häuser mit jeweils etwa 50 Jungen, die dort essen, schlafen, zusammen leben und lernen. Harry kam ins Manor House, in dem auch William wohnte. Es gilt als das angesehenste der Häuser und befindet sich neben der Bibliothek. Jedes Haus hat einen Hausvater, der mit „Sir" angeredet wird, und eine Hausmutter, die sich „Ma'am" nennt. Harrys Hausmutter Elizabeth Heathcote sorgte dafür, dass die Jungen sich wohlfühlten. Wie die übrigen Neulinge mit ihren Eltern nahmen Prinz Charles und Harry das Abendessen mit Dr. Andrew Gailey, dem Hausvater, und seiner Frau Shauna ein. Die beiden hatten eine kleine Tochter und mehrere Haustiere, darunter zwei Springer Spaniel. Harry sollte Dr. Gailey noch große Sorgen bereiten.

Alle Schüler haben ein eigenes Zimmer mit Bett, Schreibtisch und Sessel. Einen Schreibtischstuhl sowie eine Kiste zur Aufbewahrung der Sportkleidung bringt jeder selbst mit. Alles in allem war der Zeitpunkt von Harrys Ankunft günstig. Die Praxis des „Abrackerns", bei der ein jüngerer Schüler einem älteren als Diener zur Verfügung steht, war genauso abgeschafft worden wie die Prügelstrafe, bei der Delinquenten über einen Holzblock gebeugt mit einer Birkenrute versohlt wurden. Harry wurde auf sein Zimmer geleitet, wo er erfuhr, dass es eine Hausangestellte gab, die für ihn putzen und die Wäsche erledigen würde. Sein Leibwächter wohnte im angrenzenden Raum und war angewiesen, seine Vorgesetzten darüber zu informieren, falls Harrys Verhalten besorgniserregend sein sollte. Williams Zimmer war ganz in der Nähe, nach dem Abendessen nahm er Harry mit ins Billardzimmer und in den Aufenthaltsraum, wo sie fernsehen und es sich auf Sofas bequem machen konnten. Obwohl er sich zwang, zu lächeln und selbstbewusst aufzutreten, war Harry beklommen zumute. Er wusste, dass es einen gewaltigen Unterschied gab zwischen der kleinen, behütenden Schule, die er gerade verlassen hatte, und dieser riesigen Institution. Wie viele andere in ihrem ersten Jahr musste er sich winzig vorkommen im Vergleich zu den hochgewachsenen Oberstufenschülern. Der Stundenplan war verwirrend und änderte sich wöchentlich. Auch fühlte er sich unbehaglich in der für den Unterricht vorgeschriebenen Schuluniform, die aus einem schwarzen Frack, einem steifen weißen Kragen und gestreiften Hosen besteht.

Nicht zuletzt war ihm bewusst, dass William gelehriger war und sich leichter anpassen konnte. Harry war es leid, stets in seinem Schatten zu stehen und für den Dümmeren gehalten zu werden, die zweite Wahl, derjenige, der nie etwas erreichen oder etwas Bedeutendes tun würde. Mit dem Unterricht hatte er von Anfang an Schwierigkeiten und lernte zunächst auch keine Schüler auf seiner Wellenlänge kennen. Schlimmer noch, keiner der neuen Jungen zeigte besonderes Interesse daran, sich mit ihm anzufreunden. Das frustrierte und ärgerte ihn. Ein Familientherapeut erklärte: „Viele Traumata, die ein Kind erfährt, zeigen sich erst, wenn es ein Teenager wird, und Zorn ist ein verbreitetes Symptom." Er hätte viele Gründe für seinen anhaltenden Kummer nennen können, darunter die vielen Momente, in denen er seine Mutter weinen gehört hatte, ihre Auseinandersetzungen mit seinem Vater, die verschiedenen Männer, die sie mit nach Hause gebracht hatte – oder eine Mischung aus allem. Vor allem musste er akzeptieren, dass er seine Mutter verloren hatte, die wichtigste Frau in seinem Leben, die ihn immer geliebt hatte. Das Leben würde nie wieder dasselbe für ihn sein. Während der gesamten Zeit in Eton war er ein Teenager, der an seinem Schmerz zu ersticken drohte und stumm um Hilfe flehte. Die Frage ist, ob ihn jemand erhörte.

Im Rückblick übernimmt Prinz Harry einen Teil der Verantwortung dafür, dass er in Eton nicht zurechtkam. Mit einem Lächeln erzählte er mir, dass er sich während seiner Zeit dort entschieden hatte, ein „bad boy" zu sein. „Meine Mutter hat mich darin bestärkt", sagte er. „Sei frech, aber lass dich nicht erwischen." Als Beispiel berichtete er aus den Tagen in Ludgrove, dass sie Süßigkeiten in seinen Sportsocken versteckte und so für ihn in die Schule schmuggelte. Schon immer liebte er es, Streiche zu spielen: „Ich habe eine ungezogene Seite, an der ich Spaß habe."

Einmal platzierte er ein Buch so über der Tür des Klassenzimmers, dass es dem eintretenden Lehrer auf den Kopf fiel. Er jagte William einen Schrecken ein, als er während eines Querfeldeinlaufs hinter einem Baum hervorsprang und brüllte: „Gibst du mir ein Autogramm?" William konnte sich nicht mehr konzentrieren und verlor deswegen seine Chance, den Lauf zu gewinnen. Ein anderes Mal ging Harry zum Friseur und bat um den damals angesagten „Skinhead"-Haarschnitt. Mitarbeiter des Buckingham Palace beknieten Zeitungsverleger, keine Fotos von ihm zu drucken, auf denen er zu sehr wie ein Krimineller aussah.

Die klinische Psychologin Alyson Corner meint dazu: „Junge Menschen, die plötzlich und unerwartet ein Elternteil verlieren, haben es oft schwer, mit den heftigen Gefühlen umzugehen, die dadurch ausgelöst werden. Diese können so überwältigend sein, dass sie sie lieber verdrängen. Das geschieht vor allem dann, wenn niemand für sie da ist, dem sie schildern können, was sie durchmachen. Selbst wenn sie Zuwendung und Unterstützung erhalten, kann es vorkommen, dass sie in Raufereien und Auseinandersetzungen geraten. Mit der Zeit können sich die Gefühle von Teenagern sogar noch verstärken, und manche laufen Gefahr, Trost und Hilfe im Konsum von Alkohol oder Drogen zu suchen."

Die meisten Jugendlichen durchleben während der Pubertät heftige Emotionen, und diese können die Warnzeichen dafür überdecken, dass etwas ernsthaft falsch läuft. Ein früherer Lehrer berichtete dem Autor Chris Hutchins: „Wir sagten immer, Harry sei wie ein Feuerwerkskörper, und wenn andere Schüler ihn kommen sahen, gaben sie die inzwischen vertraute Warnung aus: ‚Nicht die Lunte zünden.' Mit anderen Worten: Gebt ihm nicht den geringsten Anlass, in die Luft zu gehen." Harrys chronische Wut sorgte dafür, dass er sich regelmäßig prügelte. Einmal wurde er auf Krücken fotografiert, nachdem er infolge einer Auseinandersetzung mit einem anderen Schüler ein Fenster eingetreten hatte. Es war um ein Mädchen gegangen, für das beide schwärmten. Ein

Eton-Absolvent sagte: „Seine Leibwächter waren immer um ihn, deswegen wusste jeder, wer er war. Aber aus seinem Verhalten hätte man nie geschlossen, dass er ein hochrangiges Mitglied des Königshauses ist."

Er zog es vor, im Klassenzimmer ganz hinten zu sitzen und erledigte seine Hausaufgaben nur selten pünktlich. Ein anderer Eton-Schüler beschrieb ihn als „Rebell". „Er war fasziniert von den Jungs, die häufig Ärger bekamen, und interessierte sich nicht für seine Schulaufgaben. Harry schien der Ansicht zu sein, er sei in Eton, um sich zu amüsieren. Er stellte sich dumm und ging immer ein bisschen weiter als alle anderen. Sein Freundeskreis war ganz ähnlich, aber Harry war eindeutig der Anführer."

So ist es kaum verwunderlich, dass Harrys Mangel an akademischen Fähigkeiten, zusammen mit seinem Unwillen zu arbeiten, dazu führten, dass er am Ende des ersten Jahres im unteren Notenlevel der Klasse rangierte. Diese Tatsache konnte er nicht verheimlichen, da Eton zum Schluss jedes Schuljahres die Gesamtnoten aller Schüler offenlegt. Er war jedoch gut in Kunst, ein Fach, das ihn zu beruhigen schien. Er war gut darin, anatomische Zeichnungen anhand eines Skeletts anzufertigen, und interessierte sich, übrigens wie sein Großvater väterlicherseits, besonders für die Kunst der Aborigines. Seine Arbeiten wurden häufig auf Schulausstellungen gezeigt, und William lobte die Fähigkeiten seines Bruders. „Harry kann malen, ich nicht. Er hat das Talent unseres Vaters, während ich mich an der Staffelei wie ein Idiot anstelle."

Im Sport konnte Harry glänzen. Er wurde zum Sportkapitän des Hauses gewählt und spielte Rugby, Cricket und Polo in den Schulmannschaften. Auch an Etons einzigartigem, archaischem Wandspiel, das Ähnlichkeiten mit Rugby hat, fand er Gefallen. Ein frühes Schulzeugnis bemängelt, dass er beim Fußball häufig „aggressiv" sei, hier fand er vermutlich ein Ventil für seine Wut.

Im Nachhinein ist schwer zu verstehen, warum sich letzten Endes niemand wirklich um ihn kümmerte, obwohl alle, angefangen bei seinem Vater über das Schulpersonal und die Leibwächter bis hin zu sämtlichen Betreuern und Mentoren wussten, dass er ein verletzliches, einsames, trauerndes Kind war, das mit dem Verlust der Mutter zu kämpfen hatte. Es muss schwer für ihn gewesen sein, niemanden zu haben, den er um Trost und Unterstützung bitten konnte. So brauchte er beinahe 20 Jahre, um sich mit seinen Gefühlen über den jähen Tod der Mutter auseinanderzusetzen.

Harry beklagte sich ein oder zwei Mal, dass William nicht für ihn da war, aber vielleicht wollte er seinen großen Bruder auch nur ein wenig provozieren. Und selbst wenn, William hatte mit seinen 15 Jahren kaum mehr Lebenserfahrung als Harry, obwohl er jahrelang versucht hatte, ihre Mutter zu beschützen. Vielmehr hätte ein Erwachsener begreifen müssen, dass Harry professionelle Hilfe brauchte. Umso bewegender ist es zu sehen, wie sehr Harry einen Weg suchte, sich selbst zu helfen. Als wir uns im Kensington Palace unterhielten, erklärte er mir, er habe ab dem Alter von zwölf Jahren praktisch all seine Emotionen weggeschlossen. „Meine Art, damit umzugehen, war, den Kopf in den Sand zu stecken und jeden Gedanken an meine Mutter zu verweigern. Denn wozu? Ich sagte mir: Das macht dich nur traurig. Und es bringt sie nicht wieder zurück." Wenn das nicht half, versuchte er, sich vom Schmerz abzulenken, indem er durch Alkohol und wildes Verhalten Grenzen überschritt. Er hörte jedoch nicht auf, von Diana zu sprechen, und viele seiner Fernsehinterviews zeugen von seiner großen Liebe und Verehrung für sie.

Viele Menschen verdrängen ihre Probleme durch exzessiven Alkoholgenuss. Harry war zwölf, als er im Juli 1997 das erste Mal betrunken war, einen Monat vor Dianas Tod. Zusammen mit ihr und William verbrachte er einen Urlaub auf dem Boot von Mohamed Al-Fayed, kurz bevor dieser Diana seinen Sohn Dodi vorstellte. Harry ging an Land, so oft er konnte, kostete den einheimischen Schnaps und kehrte dann betrunken an Bord zurück.

Er betrank sich auf der Feier zum 50. Geburtstag seines Vaters und wurde 1999 auch beim Trinken erwischt, als er mit Prinz Charles auf der Jacht „Alexander" des griechischen Reeders John Latsis unterwegs war. Anschließend lag er lange Zeit in Tiggys Armen und weinte um seine Mutter, wobei seine Verzweiflung sicher auch vom Alkohol befeuert wurde. Manchmal trank er, bis ihm übel wurde. Einmal spuckte er während einer Jagdgesellschaft sogar quer über die Bar in Eaton Hall, dem Anwesen des Duke of Westminster in Cheshire. Andere behaupteten, ihn gesehen zu haben, wie er während eines Surfurlaubs in Rock, einem Fischerörtchen an der Küste von Cornwall, offenbar sturzbetrunken mit Flaschen um sich warf.

Im Alter von 16 Jahren gehörte er zu einer Clique von wilden und wohlhabenden jungen Leuten und wurde im Jahr 2000 nach Spanien eingeladen, um beim jährlichen Sotogrande Copa de Plata Poloturnier mitzuspielen. Während seines Aufenthalts dort verbrachte er die Nächte in verschiedenen Clubs von Marbella, manchmal bis 6 Uhr morgens. Nach einer seiner Sauftouren ging er zum örtlichen Golfclub, kurvte in einem Buggy umher und beschädigte die Anlage, indem er auf den Rasen eindrosch und dabei den Golfschläger wie einen Poloschläger benutzte.

Während der Schulferien war Harry in Highgrove oft sich selbst überlassen. Er nutzte die Gelegenheit, um nach Herzenslust zu trinken und zu rauchen, häufig in Gesellschaft einer Bande eher anrüchiger Freunde. Etwa zu dieser Zeit gestattete Prinz Charles seinen Söhnen, den Keller in Highgrove in einen Privatclub umzuwandeln, den sie Club H nannten. Zwei angrenzende Räume mit hohen Deckengewölben wurden schwarz gestrichen und ein hochmodernes Soundsystem installiert, zudem gab es eine wohlsortierte Bar. Ein fantastischer Ort für wilde Partys. Wenn ihr Vater für das Königshaus im Ausland unterwegs war, nutzten Harry und William den Club ausgiebig, aber wenn er zu Hause war, störte ihn der Lärm. Daher besuchte Harry häufiger das Rattlebone Inn, einen Pub in Sherston, Wiltshire. Zu dieser Zeit drückte man dort beim Alkoholkonsum Minderjähriger und nach der Sperrstunde ein Auge zu. Am Tresen wurde Cannabis geraucht.

Das Gerücht kam auf, Harry nehme Drogen, und auch sein gelegentlich sprunghaftes Verhalten und plötzliche Wutausbrüche schienen dafür zu sprechen, dass er bewusstseinsverändernde Substanzen ausprobierte. Obendrein endeten einige seiner Trinkgelage in Schlägereien, und er wurde aus dem Pub geworfen. In Eton erhielt er wegen des süßlichen Geruchs, der aus der Richtung seines Zimmers zu strömen schien, den Spitznamen „Hasch-Harry", auch wenn die Quelle nicht genau auszumachen war. Es ist nie ganz einfach, einen launischen Teenager im Zaum zu halten, aber wieder einmal gab es trotz zahlreicher Helfer niemanden, der wirklich auf Harry Acht gab, während er in immer größere Schwierigkeiten geriet.

Journalisten waren im Bilde über den Prinzen, aber 1999 wurden neue Regeln eingeführt, die es ihnen untersagten, über die jungen Royals zu berichten. Man einigte sich, dass William und Harry nicht fotografiert werden durften, so lange sie noch zur Schule gingen, außer von akkreditierten Fotografen. Beinahe alle englischen Herausgeber waren zu diesem Zugeständnis bereit.

Als Harry 16 Jahre alt war, bemerkte Prinz Charles endlich, dass er mit Drogen experimentierte. Er hätte es früher wissen können, wenn ihm die Leibwächter, die Harry überallhin begleiteten, berichtet hätten, was sie beobachteten. Doch ihrer Auffassung nach war ihre Aufgabe, ihn zu beschützen, nicht zu erziehen. Und wenn Harry ihre Behauptungen abgestritten hätte, hätten sie ihre Anstellung verloren. Manche sagen, Bedienstete in Highgrove hätten Charles schließlich darüber informiert, andere behaupten, ein Mitarbeiter des Geheimdienstes habe es rein zufällig herausgefunden, als er einen Mann beschattete, der Stammgast im selben Pub war wie Harry. Die Geschichte erschien in den Zeitungen und wurde auch von ranghohen Mitarbeitern des Königshauses nicht dementiert. Vielmehr wurde verlautbart, dass Harry einen Tag im Featherstone Lodge Rehabilitationszentrum in Peckham im Süden Londons verbracht hatte. Später stellte sich heraus, dass er zwar tatsächlich in diesem Zentrum gewesen war, allerdings bevor die Geschichte über seinen Drogenkonsum in den Zeitungen erschienen war. Die Ereignisse standen also nicht miteinander in Verbindung, sondern der Aufenthalt wurde benutzt, um den Skandal abzuschwächen.

Harrys Mentor Mark Dyer hatte ihn nach Peckham gebracht, wo er von einem „Kumpel", einem ehemaligen Heroinabhängigen, herumgeführt wurde, um die Folgen des Cannabis-Rauchens kennenzulernen. Theoretisch war es den Medien verboten, Harry zu fotografieren oder über ihn zu berichten. Aber diese Story war zu groß, um vertuscht zu werden, und landete prompt in den Schlagzeilen. Die Öffentlichkeit zeigte Mitgefühl, schließlich, so die allgemeine Meinung, schlagen viele Jugendliche während der schwierigen Zeit der Adoleszenz einmal über die Stränge. Harry räumte ein, dass er Cannabis probiert und zu viel getrunken habe und entschuldigte sich für das Aufsehen, das er erregt hatte. Es folgte eine ganze Reihe von Statements, die die Sache abschließen sollten. Führende Berater von Prinz Charles hofften bei Harrys möglichem Drogenproblem auf ein Einsehen von Presse und Öffentlichkeit und verkündeten: „Leider machen viele Eltern diese Erfahrung früher oder später." Ein Sprecher des Innenministeriums teilte mit, die Polizei verzichte darauf, Anklage zu erheben, da er weder beim Konsumieren von Marihuana angetroffen worden war, noch welches besessen hatte.

Der Schulleiter von Eton, John Lewis, erläuterte die klaren Regeln der Institution im Umgang mit Drogen: „Ein Schüler, der während des Schuljahres Drogen besitzt, konsumiert oder verkauft, muss sich darüber im Klaren sein, dass er seinen Platz verliert. Wenn Grund zu der Annahme besteht, dass ein Junge mit

Drogen zu tun hat, erhält er Beratung und eine Verwarnung. Urinproben sollen dazu beitragen, die Lage zu klären und den Jungen möglicherweise zu entlasten, was tatsächlich meist der Fall ist."

Auch Prinz Charles gab ein Statement ab: „Dies ist eine ernste Angelegenheit, die innerhalb der Familie beigelegt wurde. Sie ist nun vergeben und vergessen." Die Queen war „bestürzt" über Harry. In einer offiziellen Mitteilung hieß es: „Die Queen teilt die Einschätzung des Prinzen von Wales über die Schwere von Prinz Harrys Fehlverhalten und unterstützt die getroffenen Maßnahmen. Sie hofft, dass die Angelegenheit nun als erledigt gelten kann." Eine direkte Folge war, dass Prinz Charles versuchte, Harry seltener in Highgrove allein zu lassen.

Einzelheiten über Harrys Abschlusszeugnis der Mittelstufe wurden nicht veröffentlicht, aber seine Noten in den Leistungskursen waren so bescheiden, dass er Kunstgeschichte abwählte und Geografie wiederholen musste, wodurch er nur noch zwei Leistungskurse hatte, Kunst und Geografie (üblich sind drei, vier oder sogar mehr Leistungskurse). So kam es, dass er zum zweiten Mal in seiner Schullaufbahn um ein Jahr zurückgestuft wurde. Anders als sein Bruder hatte sich Harry bereits gegen ein Studium entschieden. Dafür konnte er es nicht abwarten, auf die Royal Military Academy in Sandhurst zu gehen, das Ausbildungszentrum für britische Armeeoffiziere, und er wusste, dass er zwei Leistungskurse bestehen musste, um dort angenommen zu werden. Sein Vater versuchte, seinen Ehrgeiz anzustacheln, indem er ihm eine einjährige Auszeit zum Polospielen anbot als Belohnung für einen guten Abschluss.

Harrys Alkohol- und Drogenprobleme zerstörten auch seine Aussichten, wie William Vertrauensschüler zu werden. Zwar war er zunächst unter den 50 Kandidaten, über die ein Gremium aus ehemaligen Vertrauensschülern beriet, doch kam er nicht in die engere Auswahl. Eine Aufgabe von Vertrauensschülern ist es, Mitschüler von unerlaubten Kneipenbesuchen abzuhalten. Da genau dies ein Hobby von Harry war, war er denkbar ungeeignet für diesen Posten.

Seine Rettung war der Eintritt in die Combined Cadet Force (CCF) in seinem dritten Schuljahr in Eton. Das CCF ist eine britische Jugendorganisation, die vom Verteidigungsministerium unterstützt wird und an vielen Schulen des Landes aktiv ist. Ihr Ziel ist es, Führungsqualitäten und Ausdauer durch militärische Übungen und Freiluftaktivitäten zu fördern. Seit er zwei Jahre alt war, sehnte sich Harry danach, Soldat zu sein, und nun konnte er endlich seinen Traum verwirklichen. Mitglieder des CCF übten unter anderem mit scharfer Munition am Schießstand, erlernten den Umgang mit Waffen, Erste Hilfe, Geländeerkundung, sie übernachteten im Freien und machten erste Märsche. Disziplin, Gehorsam und absolute Konzentration waren entscheidend. Man sollte meinen, diese Anforderungen wären Harry mit seinem rebellischen Naturell zuwider gewesen. Doch das Gegenteil war der Fall. Hier fand er allmählich zu sich selbst, nicht zuletzt wegen der Struktur, die nun in seinem chaotischen Leben Einzug hielt. Beim CCF hatte Harry zum ersten Mal während seiner Zeit in Eton Spaß an einer Sache und war motiviert, sein Bestes zu geben. Vielleicht spürte er, dass er eine letzte Chance erhalten hatte, sich zu beweisen. Oder er hatte seine Berufung gefunden und wollte es endlich allen zeigen.

Im März 2002, mit 17 Jahren, nahm Harry an einer Flucht- und Ausweichübung teil und bot sich für die Rolle der Geisel an. Es war eine gute Gelegenheit für ihn, sich selbst zu testen und herauszufinden, wie er sich in einer lebensechten Situation bewähren würde. Durch die große Herausforderung blühte er auf. Fünf Schüler, verkleidet als Taliban mit Sturmgewehren, „entführten" ihn und verschleppten ihn in eine Scheune in Boveney, einem kleinen Dorf in Buckinghamshire. Zwölf Stunden lang wurde er, mit einer Kapuze über dem Kopf, von seinen „Entführern" festgehalten und intensiv verhört, während andere Kadetten nach ihm suchten.

Während des Verhörs musste er knien und stundenlang stehen. Außerdem versuchten seine Entführer, ihn zu verwirren und seinen Willen zu brechen, indem sie ihn aufs Übelste beschimpften. Am nächsten Tag um 17 Uhr wurde er freigelassen und hatte bis dahin nur seinen Namen, Geburtstag und -ort verraten. Ein Beobachter sagte: „Er handelte genau wie ein Soldat und ließ sich nicht brechen. Es war großartig für ihn, so etwas gefällt ihm sehr."

Harrys natürliche Fähigkeiten in Verbindung mit hartem Training und schwierigen Übungen im Feld führten bald zu seiner Beförderung, und er wurde der ranghöchste Kadett in Etons 140 Schüler umfassender Einheit. Er war nun gleichzeitig Offiziersanwärter und Paradeführer und übertraf damit sogar seinen Bruder. So kam es, dass Harry die ehrenvolle Aufgabe der Führung der jährlichen Parade Etons zu Ehren des Geburtstags der Queen übernehmen durfte. Seine Stiefel glänzten, seine Uniform saß tadellos, und seine gebellten Befehle sorgten dafür, dass das gesamte Korps im Gleichschritt auf den Paradeplatz der Schule marschierte. Den beeindruckenden Höhepunkt bildete der Angriff auf ein nachgebautes Schloss durch einen echten Scimitar-Panzer, während Harry die Verteidigung anführte. Hunderte von Eltern sahen zu, darunter sein stolzer Vater. Es lief alles nach Plan, was an sich schon eine bemerkenswerte Leistung war, und es zeichnete sich eine vielversprechende Zukunft beim Militär für Harry ab, wenn er sie denn wollte. So ging er deutlich gestärkt in sein letztes Schuljahr. Ein Freund meinte: „Er hat sich endlich zusammengerissen." Zur Überraschung einiger Mitschüler stattete er nun auch ab und zu der Kapelle auf dem Schulgelände einen Besuch ab. Der Rebell wurde erwachsen.

Harrys Erfolg beim CCF war einer der wenigen Lichtblicke für die königliche Familie im Jahr 2002. Am 9. April war die Schwester der Queen, Prinzessin Margaret, nach mehreren Schlaganfällen gestorben. Sechs Wochen später verlor sie ihre Mutter, „Queen

Mum", die im Alter von 101 friedlich einschlief. Prinz Charles hatte seine Großmutter innig geliebt, es hieß, er sei mit ihr immer besser ausgekommen als mit seiner Mutter. Als die Nachricht eintraf, brach er sofort den Skiurlaub mit Harry und William in Klosters ab. Beide Prinzen trugen Trauer, als sie zusammen mit anderen Angehörigen der Kutsche mit dem Sarg folgten. Dabei müssen tragische Erinnerungen an die Beerdigung ihrer Mutter fünf Jahre zuvor wach geworden sein. Harry nahm auch am Gedenkgottesdienst am ersten Jahrestag der Terroranschläge vom 11. September teil.

Wenige Wochen später feierte er seinen 18. Geburtstag. Prinz Charles hatte ihm angeboten, eine Party in Highgrove zu veranstalten, doch er lehnte ab. Er wollte die Gelegenheit nutzen, der Welt einen neuen Blick auf seine Mutter zu vermitteln. Im Laufe der Jahre hatte er immer mehr den Eindruck gewonnen, dass sich die Aufmerksamkeit viel zu sehr auf negative Dinge richtete statt auf ihre Leistungen und die Hindernisse, die sie überwunden hatte. Im ersten offiziellen Interview an seinem Geburtstag wollte er etwas dagegen tun. Er erinnerte an ihre humanitäre Arbeit, daran, wie sie 20 Jahre zuvor einem HIV-positiven Mann die Hand gegeben und durch diese schlichte Geste die Einstellung der Öffentlichkeit schlagartig verändert hatte, als die irrationale Angst vor Ansteckung mit Aids auf dem Höhepunkt war. Er sprach von ihrer Pionierarbeit für die Beseitigung von Landminen und davon, wie ihr Vorbild seinen eigenen Weg prägte. „Sie hatte mehr Mut als alle anderen", sagte er. „Ich möchte die Dinge weiter vorantreiben, die sie nicht mehr beenden konnte. Das wollte ich schon immer, war aber bisher zu jung dafür." Harry schien reifer zu werden und versuchte sich zu bessern, indem er dem Beispiel seiner Mutter folgte.

Kurz vor dem Ende seines letzten Jahres in Eton spielte er in einer Schulaufführung von Shakespeares *Viel Lärm um nichts* mit. Er hatte die Rolle des Konrad, des Gefolgsmannes von Don John, dem boshaften Bruder des Prinzen von Aragon. Er trat nur in drei

Szenen auf, sah aber in seinen kastanienbraunen Kniebundhosen und weißem Hemd sehr schick aus und spielte mit größtem Eifer, auch in der Szene, in der er maskiert mit Mädchen einer örtlichen Schule tanzen musste. Die Aufführung wurde an drei Abenden gezeigt, und sowohl die Queen als auch Prinz Charles kamen, um ihm zu applaudieren.

Zur Feier seines Eton-Abschlusses ließ sich Harry in seinem Zimmer fotografieren, das so ordentlich aussah, dass es offensichtlich speziell für diesen Anlass hergerichtet worden war. Zweifellos hatte er auch alles weggeräumt, das nicht für die Augen der Öffentlichkeit bestimmt war. Von den typischen Habseligkeiten eines Teenagers abgesehen, gaben die Dinge, mit denen er sich umgab, einen faszinierenden Einblick in seinen Geschmack und seine Interessen, die er teils bis heute pflegt. Den Ehrenplatz auf seinem Schreibtisch nahm das Foto seiner Mutter ein, möglicherweise eine Aufnahme von Mario Testino aus dem letzten Shooting vor ihrem Tod. Außerdem fanden sich eine Flasche Mineralwasser von Duchy Original, der Marke von Prinz Charles, und Fotos von seinem Vater mit Mitgliedern der Polomannschaft von Highgrove. Polo liebt Harry nach wie vor über alles. Die Poster an den Wänden zeigten unter anderem die Schauspielerin Halle Berry, die in dem James Bond-Film *Stirb an einem anderen Tag* mitgespielt hatte und eine verblüffende Ähnlichkeit mit Meghan Markle aufweist. Auf einem weiteren war das Porträt von Caprice zu sehen, ein ehemaliges Wonderbra-Model, das ein wenig so aussieht wie Chelsy Davy, Harrys frühere Freundin. Außerdem auf dem Foto zu sehen waren ein indischer Wandteppich mit Elefanten, Harrys Lieblingstier seit Kindertagen, die britische Flagge, Lynx-Deo (das für seine sexy Werbespots bekannt ist) und schließlich ein Bildband mit Porträts von Mario Testino.

Nachdem er seine letzte Geografie-Klausur geschrieben hatte, kehrte Harry noch einmal nach Manor House zurück, das fünf

Jahre lang sein Zuhause gewesen war, und räumte sein Zimmer aus. Auf Fotos sieht man einen Verband an seinem linken Arm, ein Souvenir von einer Rauferei. Er wechselte noch ein paar Worte mit Dr. Gailey und gab dessen Frau einen Kuss. Dann schleuderte er mehrere prall gefüllte Müllsäcke in den Kofferraum eines Land Rovers vor der Tür. Ein letztes Winken, zwei in die Luft gereckte Fäuste und ein erleichtertes „Yes!" – und weg war er.

Kapitel 7

Überraschungen
im Gap Year

Harry verbrachte den Sommer 2003 vor allem auf Partys und in Clubs und erwartete seine Abiturergebnisse. In Geografie erhielt er ein „Ausreichend", in Kunst ein „Gut". Relativ schlechte Ergebnisse für Eton-Verhältnisse, wo mehr als 90 Prozent der Schüler mit „Sehr gut" oder „Gut" abschneiden und dabei mehr als zwei Leistungskurse belegen. Aber Sandhurst erforderte nur zwei bestandene Leistungskurse, und so war es Harry wieder einmal gelungen, sich durchzumogeln. Charles zog allerdings sein Angebot zurück, Harry ein Jahr lang Polo spielen zu lassen. Seiner Ansicht nach war das Zeugnis einfach zu schlecht, um Harry dafür noch zu belohnen.

Ein Schatten lag über dem „Gut" in Kunst, denn eine der Kunstlehrerinnen, Sarah Forsyth, bezichtigte ihn kurz vor dem Ende seiner Eton-Zeit des Betrugs. Sie habe die Kursarbeit in Kunst für ihn geschrieben. Miss Forsyth, die in Eton nach der zweijährigen Probezeit nicht übernommen wurde, erhob ihren Vorwurf vor einem mit Bildungsbelangen befassten Gericht. Außerdem behauptete sie, ihre Entlassung sei unrechtmäßig, das Schulpersonal habe sie gemobbt und sie sei Opfer sexueller Diskriminierung geworden. Der Vorwurf des Betrugs wurde abgewiesen, aber sie erhielt 45 000 Pfund Schmerzensgeld wegen des Mobbings. Im September 2005, an seinem 21. Geburtstag, äußerte sich Harry zu den Vorwürfen in einer Nachricht an das Land: „Vielleicht gehört das einfach zu meinem Leben dazu. Ich muss mich damit abfinden. Die Menschen werden aller möglichen Vergehen beschuldigt. Aber bei mir kommt alles immer direkt an die Öffentlichkeit."

Für die Aufnahme in Sandhurst musste sich Harry zahlreichen Prüfungen zur Feststellung seiner Qualifikation als Offizier unterziehen. Das erste Assessment im September 2003 bestand er mit Bravour. Womöglich war dies ein Zeichen dafür, dass er alles schaffen konnte, wenn er nur wollte, und dass ihn die meisten Fächer in Eton einfach nicht interessiert hatten. Er hätte von Eton aus direkt nach Sandhurst wechseln können. Vielleicht hätte ihm die feste Struktur geholfen, seine Dämonen in Schach zu halten. Außerdem hätte es ihm die Presse vom Leib gehalten. Denn der Verhaltenskodex der Presse schützte die Prinzen nur für die Zeit ihrer Schulzeit bis zu ihrer Volljährigkeit. Nun war die Schonfrist beendet.

Prinz Charles legte jedoch Wert darauf, dass Harry eine Auszeit nahm. Er sollte neu anfangen, negative Einflüsse hinter sich lassen und Erfahrungen sammeln. Diese Auszeit sollte letzten Endes zwei Jahre dauern, von denen er einen beträchtlichen Anteil mit wilden Partys verbrachte. Viele Schüler lassen die Zügel während ihres Überbrückungsjahres sehr locker, aber im Unterschied zu Harry lauert bei ihnen nicht die Weltpresse darauf, jeden Fehltritt zur Schlagzeile zu machen.

Prinz Charles bat seinen Chefberater Mark Dyer, die Organisation von Harrys Zeit in Übersee zu übernehmen. Er sollte auf jeden Fall Australien und Afrika besuchen. Kurz nach seinem 19. Geburtstag verließ er das Vereinigte Königreich. Der erste Halt war Tooloombilla Station in Australien, eine über 160 000 Hektar große Ranch in der Nähe des Städtchens Roma mitten in Queensland, wo er zwei Monate lang als „Jackaroo" arbeiten sollte, eine Art australischer Cowboy. Die Ranch gehörte Noel und Annie Hill, die gute Verbindungen zu den Royals hatten. Noels wohlhabender Vater, Sinclair Hill, war als erfolgreicher Polospieler der

Trainer von Prinz Charles gewesen, Annie war eine Mitbewohnerin Dianas aus der Zeit vor ihrer Ehe. Beide nahmen Harry mit großer Begeisterung auf. Zu seinen Aufgaben gehörte es, das Vieh im Busch zusammenzutreiben, die Tiere mit Brandzeichen zu versehen, Zäune zu errichten und andere Arbeiten zu erledigen. Dafür erhielt er rund 100 Pfund Wochenlohn. Er wohnte in einer typisch australischen Holzhütte.

Die Welt ist seit Langem von Harry und seinen Fehltritten fasziniert. William ist zurückhaltender, sein Lebensweg liegt klar vor ihm. Harry hingegen ist ein unberechenbarer Rebell, jederzeit bereit, die Regeln zu brechen und sich zu amüsieren. Je frecher er sich benahm, umso mehr schien die Öffentlichkeit ihn zu lieben. So kam es, dass mit seiner Ankunft auf der Ranch auch Reporter, Fotografen und Kameramänner die Rinderfarm überrannten und sie fortan belagerten. Harry war außer sich. Er kam mit seiner Arbeit nicht voran und weigerte sich tagelang, seine Hütte zu verlassen. Stattdessen schaute er die meiste Zeit Filme. Er war auf der Suche nach Action und Abenteuer nach Australien gekommen, und nun war er ein Gefangener des Medienrummels. Sein Presseteam gab ein Statement heraus, um die Medien zum Rückzug zu veranlassen. „Er möchte das Handwerk des Outbacks kennenlernen, ohne ständig auf der Flucht vor Kameras zu sein", hieß es darin. Mark Dyer appellierte flehentlich an die Reporter: „Ich habe da drinnen einen völlig aufgelösten jungen Mann sitzen." Aber seine Appelle verhallten ungehört. Harry war so zornig, dass er beschloss heimzufahren. Für ihn und seine Leibwächter wurden Flugtickets von Roma nach London gebucht. Ein Jackaroo zitierte Harry: „Ich kann nicht tun, weswegen ich hergekommen bin, also kann ich genauso gut auch wieder heimkehren."

Doch Prinz Philip war nicht einverstanden mit der Entscheidung und verbot Harry, früher abzureisen. Er befürchtete, dass die Öffentlichkeit ähnlich reagieren würde wie damals bei seinem Onkel Edward, dem das Leben bei den Royal Marines zu beschwerlich schien und der deshalb aufgegeben hatte. Die unerschütterliche Überzeugung seines Großvaters von der aristokratischen Selbstdisziplin in jeder Lebenslage teilte Harry jedoch ganz und gar nicht: Genau wie es bei seiner Mutter der Fall war, trägt er sein Herz auf der Zunge. Mit einem Anruf des Buckingham Palace wurde Peter Beattie, der damalige Ministerpräsident von Queensland, um Hilfe gebeten, der daraufhin die Presse bat, Harry in Ruhe zu lassen. Zunächst gab es jedoch keinerlei Reaktion, und ein geplanter Ausflug zu einem Rodeo musste abgesagt werden, weil eine so gewaltige Zahl von Journalisten erwartet wurde, dass sich die örtlichen Sicherheitskräfte überfordert sahen. Nach einer Weile erklärte sich die Presse jedoch zum Rückzug bereit, allerdings unter der Bedingung, dass Fotoshootings anberaumt würden.

Auch hysterische Mädchen, die sich benahmen, als sei er ein Popstar, bereiteten Harry Probleme. Als es ihm einmal gelungen war, sich davonzustehlen, stürmten zwei halbwüchsige Schwestern, 17 und 15 Jahre alt, auf ihn zu und baten um einen Kuss. Er gab ihnen jedoch nur die Hand und sagte: „Es tut mir leid, aber man sagte mir, das darf ich nicht."

Nach und nach etablierte sich ein Arbeitsalltag für ihn. Der Tag begann morgens um 7.30 Uhr und endete gegen 18 Uhr. Mittags, wenn die australische Hitze am schlimmsten wütete, gab es zwei Stunden Pause. Einmal konnte er entwischen, um ein Bullen-Rodeo in der Nähe zu besuchen, ungestört auf einem Grashügel sitzend mit einem Softdrink statt Alkohol. Harry hielt gegenüber den Medien Wort und ließ sich beim Reiten mit anderen Farmhelfern fotografieren. Er trug ein blaues Hemd mit offenem Kragen, Jeans und einen braunen Akubra-Hut und ritt ein kastanienbraunes Pferd namens Guardsman, um eine Herde von 30 Kurzhorn- und Charolais-Rindern über einen Teil des Anwesens zu führen.

Unter seiner Leitung gelang der Young England Polomannschaft ein 6:4-Sieg über Young Australian Polo. Außerdem nahm er sich Zeit für ein Treffen mit seiner Cousine Zara Phillips in der Manly Wharf Bar in Sydney. Zufällig hielt sich dort auch Mike Tindall auf, ein Mitglied des englischen Kaders, der 2003 die Rugby-Weltmeisterschaft gewonnen hatte, und Harry stellte die beiden einander vor. Kurz darauf wurden sie ein Paar und heirateten im Juli 2011.

Als seine zwei Monate in Australien vorüber waren, teilte Harry bei einer Pressekonferenz mit: „Ich habe hier eine großartige Zeit beim Arbeiten gehabt, habe die Menschen kennengelernt, ein wenig über das Leben eines Jackaroos gelernt, und das Rugby war natürlich absolut fantastisch. Australien ist ein großartiges Land." Er blieb jedoch nicht, um Fragen zu beantworten.

Harry war noch in Australien, als Paul Burrells Memoiren *Im Dienste meiner Königin* veröffentlicht wurden. Dianas Butler hatte nicht an persönlichen Details über William und Harry gespart und gab freimütig Auskunft über die Liebesaffären ihrer Mutter. William, der noch zur Universität ging, war wutentbrannt und kontaktierte Harry. Sie ließen eine frostig-höfliche Stellungnahme verbreiten: „Uns ist unbegreiflich, dass Paul, dem so viel anvertraut wurde, seine Position derart missbraucht hat. Es ist nicht nur überaus schmerzhaft für uns beide, sondern auch für alle anderen Betroffenen, und unsere Mutter wäre tief beschämt, wenn sie noch am Leben wäre. Es sei uns erlaubt anzumerken, dass wir denken, besser im Namen unserer Mutter sprechen zu können als Paul. Wir bitten ihn, solcherlei Enthüllungen einzustellen."

Harry kehrte zum Weihnachtsfest nach Hause zurück. Prinz Charles war erleichtert, dass die Zeit in Australien nach den anfänglichen Schwierigkeiten gut verlaufen war, aber die Hoffnung, dass nun ein neues Kapitel für seinen Sohn beginnen konnte, wurde enttäuscht. Mir gegenüber beschrieb Harry die folgende Zeit als „Achterbahnfahrt". Sie sollte mehr als zehn Jahre dauern.

Seine nächste Reise ging Harry auf ganz andere Weise an. „Ich dachte, gut, ich habe ein Jahr frei. Ich möchte etwas wirklich

Sinnvolles mit meinem Leben anfangen, auf das meine Mutter stolz wäre." Es war Prinz Charles' Idee, Harry nach Lesotho in Südafrika zu schicken, ein Land, das so klein ist, dass es auf manchen Karten gar nicht verzeichnet ist. Es ist eines der am stärksten unterentwickelten Länder der Erde. Beinahe die Hälfte der Bevölkerung lebt unterhalb der Armutsgrenze, und die Aids-Rate ist mit 25 Prozent die zweithöchste der Welt. Die Lebenserwartung der knapp zwei Millionen Einwohner liegt bei 53 Jahren, jedes dritte Kind ist Vollwaise. Harry sollte erfahren, wie hart das Leben sein kann, vor allem für Kinder, und er hoffte, dass er dadurch sein eigenes Leben schätzen lernte. Er hätte keine bessere Wahl treffen können, auch wenn die Erfahrung kein Allheilmittel war.

Zusammen mit seinem Freund George Hill und Patrick Haverson, einem PR-Mann der Royals, flog Harry für einen achtwöchigen Aufenthalt nach Lesotho. Den letzten Teil der Reise legten sie per Lastwagen zurück. Kaum angekommen, wurde Harry schon für die Errichtung eines Maschendrahtzauns rund um das Gelände eines Waisenhauses eingespannt. Er spielte auch mit den Kindern. Kleine Kinder haben ein untrügliches Gespür dafür, ob es jemand ehrlich mit ihnen meint. Bei Harry gab es für sie keinen Zweifel. Ob schüchtern oder übermütig – sie belagerten ihn, strahlten ihn an oder beäugten ihn mit großer Neugier. Er hatte Rugbybälle und Fußbälle mitgebracht, und da er einfach begann, mit ihnen zu spielen, hatte er sich im Handumdrehen mit den Kleinen angefreundet. Er baute eine außergewöhnliche Beziehung zu den Kindern auf und kannte keinerlei Scheu, Babys in seinen Armen zu wiegen oder Kleinkinder zu trösten. Besonders gut verstand er sich mit einem Vierjährigen, Mutsu, dessen Eltern an Aids gestorben waren. Er folgte dem Prinzen überall hin und weigerte sich, die blauen Gummistiefel auszuziehen, die Harry ihm geschenkt hatte. Um Harry war es geschehen. „Er war winzig", sagte er, „aber er hat einfach meine Hand genommen und mir dabei geholfen, einen Baum zu pflanzen." Die Kinder wiederum hatten einen fast ebenso heilsamen Effekt auf Harry. Er war mit ihnen völlig entspannt, da sie nicht wussten, wer er war, und er fühlte sich an das Kind in seinem Inneren erinnert.

Er leistete viel körperliche Arbeit: Er strich Wände im Mants'ase Kinderheim in Mohale's Hoek und meldete sich sogar freiwillig zum Spülen. Er war froh, dass er das Versprechen einlösen konnte, das er in seinem Geburtstagsinterview gegeben hatte: die Arbeit seiner Mutter fortzusetzen.

Harry mochte nicht nur Land und Leute augenblicklich, er verstand sich auch bestens mit dem 18 Jahre älteren Prinzen des kleinen Königreichs, Seeiso. Jahre später bekannte Seeiso, der Harry nur „H" nannte, er sei anfangs nicht angetan gewesen von der Aussicht, den ungezogenen Prinzen während seiner Auszeit zu beaufsichtigen. Aber die Bedenken lösten sich rasch in Luft auf.

„Obwohl wir in unterschiedlichen Ländern aufgewachsen sind, haben wir eine Menge gemeinsam und teilen viele Ansichten. Wir sind uns sehr nah", sagte Seeiso und fügte hinzu: „Schon bevor ich ihn kennenlernte, konnte ich ihn gut verstehen, da auch ich einen älteren Bruder habe. Immer der Zweite zu sein, beeinflusst dich und die Wahrnehmung, die die Menschen von dir haben. Ich wusste, wie es ist, immer mit jemandem verglichen zu werden, der stets tadellos ist, ruhig, zurückhaltend und perfekt. Mein Bruder, wie H.s Bruder William, erfüllte immer jede Erwartung, was mir nie gelang. Zum Glück haben wir keine aggressive Presse in Lesotho. Ich bin mir sicher, dass es sonst genau solche Geschichten über mich gegeben hätte wie über H."

Beide Prinzen hatten ihre Mütter unter tragischen Umständen verloren. Prinz Seeisos Mutter, Queen Mamohato, war nicht lange vor Harrys Ankunft gestorben. Sie hatte gemeinsam mit Diana gegen Aids gekämpft und sich um schutzlose Kinder gekümmert. Auch Harry empfand dadurch eine „besondere Bindung" an den Prinzen.

Seeiso lud ihn zu einer Reise durch das ganze Land ein. Der Großteil der Bevölkerung lebt in Dörfern im Hochland, die nur zu Fuß oder mit dem Pferd erreichbar sind. Das Leben dort ist sehr einfach, und Bildung hat keinen hohen Stellenwert. Im Winter ist der Großteil des Landes schneebedeckt. Im Sommer schicken manche Familien ihre Jungen schon ab dem Alter von fünf Jahren monatelang allein in die Berge, wo sie das kostbare Vieh weiden lassen.

Harry wusste, dass die finanziellen Mittel des Landes sehr begrenzt waren und dass die einzige Möglichkeit, um die Welt auf das Schicksal so vieler Waisen aufmerksam zu machen, darin bestand, die Presse zu einem Fotoshooting einzuladen. Harry empfing auch den Journalisten Tom Bradby, der damals für den britischen Nachrichtensender ITN über die Royals berichtete, und erklärte sich bereit, in einer Dokumentation mitzuwirken. *The Forgotten Kingdom: Prince Harry in Lesotho* wurde 2004 auf ITV ausgestrahlt. Der Film stellte Prinz Harrys Besuch chronologisch dar und enthielt viele Ausschnitte, die Harry selbst für sein Video-Tagebuch aufgenommen hatte. Durch die Dokumentation konnten über 2 Millionen Pfund für das Britische Rote Kreuz in Lesotho gesammelt werden. Darin sprach Harry auch über seinen Beitrag: „Ich werde sicher keiner von den Royals sein, die nur nach einer faulen Ausrede für eine Fernreise und ein paar sonnige Ferientage suchen. Ich war schon immer so, diese Seite kennt nur niemand. Ich glaube einfach, dass viel von meiner Mutter in mir steckt und dass sie sich wünschen würde, dass wir diese Dinge tun. Für William ist das natürlich nicht so leicht wie für mich. Ich glaube, ich habe einfach mehr Zeit, um zu helfen. Ich wollte schon immer in eines der Länder gehen, die besonders stark von Aids betroffen sind, um das Erbe meiner Mutter fortzuführen."

In einer später produzierten Dokumentation sagte er im Rückblick auf seinen ersten Besuch: „Zu diesem Zeitpunkt hatte ich einfach keine Ahnung, wie ich eine Stiftung aufbauen sollte.

Meine Vorstellung war, das ich die größte Wirkung erzielen würde, indem ich einfach der rothaarige weiße Prinz war, der die Kinder zum Lachen brachte." Damit unterschätzte er sich jedoch selbst, denn im Jahr 2006 gründete er gemeinsam mit Prinz Seeiso eine Stiftung. Im Gedenken an ihre verstorbenen Mütter nannten sie die Stiftung „Sentebale", was in der Landessprache „Vergissmeinnicht" bedeutet. Sie verfolgt das Ziel, das körperliche und geistige Wohl von Kindern und Jugendlichen in Lesotho – inzwischen auch in Botswana – zu fördern, die Opfer extremer Armut und von HIV/Aids sind.

Die nächste Hürde, die Harry nehmen musste, waren die Vorprüfungen im Juli 2004, die er für seine Aufnahme in Sandhurst zu bestehen hatte. Dafür musste er vier Tage lang schwierige körperliche, geistige und emotionale Eignungstests über sich ergehen lassen.

Der ehemalige Generalstabschef, General Sir (heute Lord) Richard Dannatt, räumte ein: „Es ist hart. Man will nicht sehen, ob jemand zu diesem Zeitpunkt bereits ein Anführer ist. Man will sehen, ob er das Zeug dazu hat, eine effektive Führungsrolle zu übernehmen und ein effektiver Offizier zu werden, und zentral dafür sind Führungsqualitäten." Harry bestand, und er erhielt die Zulassung zur Offiziersausbildung im Jahr 2005. Zudem verbrachte er sechs Wochen als hochrangiger Freiwilliger beim Rugby-Verband RFU und unterstützte das Rugbytraining an Schulen und in Vereinen.

Für Harry lief es nun schon eine Zeit lang gut, aber er hat das Pech, immer gerade in solchen Momenten zu straucheln und seinen guten Ruf wieder zu beschädigen. Im Oktober 2004 war er in einen heftigen Tumult vor dem edlen Nachtclub Pangea in der Londoner City verwickelt. Harry wollte den Club um 3 Uhr verlassen, als er von etwa 15 Reportern umzingelt wurde. Er wurde wütend, und Zeugen hörten, wie er rief: „Warum tut ihr das? Warum lasst ihr mich nicht in Ruhe?" Harry wurde von seinen

Leibwächtern in die königliche Limousine verfrachtet, um nach Hause zu fahren. Der Fotograf Chris Uncle hatte sich bei dem Gerangel eine Platzwunde an der Lippe zugezogen. Er sagte aus: „Plötzlich sprang er [Harry] aus dem Auto und stürzte sich auf mich, weil ich immer noch fotografierte. Er schlug wie wild um sich und schleuderte die Kamera absichtlich in mein Gesicht. Das Gehäuse der Kamera traf mich und verletzte meine Unterlippe." Aus dieser Zeit stammt auch das Foto, auf dem Harry Pressefotografen bei einer Poloparty mit einer eindeutigen Geste bedenkt und beim Knutschen mit einem früheren Oben-ohne-Model im Nachtclub Chinawhite gesichtet wurde.

Vor seinem ersten Tag in Sandhurst wurde in der Königlichen Familie eine Hochzeit gefeiert. Es war sicher schwer für Prinz Charles, seinen Söhnen mitzuteilen, dass ausgerechnet die Frau, die für das Ende seiner Ehe mit ihrer Mutter verantwortlich gemacht wurde, ihre Stiefmutter werden sollte, aber im Herbst 2004 tat er es dennoch. Harry hatte akzeptiert, dass Camilla seit Langem zu Charles' Leben gehörte, und sie ins Herz geschlossen. Seit Kindertagen konnte er sich gut in andere hineinversetzen und wird mit der Aussage zitiert: „Ehrlich gesagt war sie William und mir immer sehr nah. Sie ist keine böse Stiefmutter. Schauen Sie sich die Rolle an, die sie übernehmen muss. Bemitleiden Sie nicht William und mich, bemitleiden Sie sie. Sie ist eine wunderbare Frau und hat unseren Vater sehr, sehr glücklich gemacht, und nur darauf kommt es an. William und ich lieben sie über alles." Interessanterweise ist Camilla genau wie Diana eine gesellige Person, in deren Nähe sich Menschen wohlfühlen.

Die bevorstehende Hochzeit wurde von Clarence House bekanntgegeben. Am 10. Februar 2005 hieß es in einem Statement von William und Harry: „Wir beide sind sehr glücklich für

Links: Charles und Diana mit William und Harry auf der königlichen Jacht »Britannia« in Venedig. Harry ist sechs Monate alt, als Diana erklärt, ihre Ehe gehe »den Bach runter«.

(© Jayne Fincher/Getty Images)

Rechts: Harry in der Fallschirmspringeruniform der britischen Armee mit seiner Mutter im Garten ihres Landsitzes Highgrove House. Schon mit knapp zwei Jahren wollte er später einmal Soldat werden.

(© Tim Graham/Getty Images)

Unten links: Harry und William auf den Stufen von Highgrove House. Der zweijährige Harry ließ sich kaum davon abbringen, etwas anderes als seine Uniform zu tragen.

(© Tim Graham/Getty Images)

Unten rechts: Etwas schüchtern winkt Harry den Fotografen an seinem ersten Tag im Kindergarten in Notting Hill (London), einen Tag nach seinem dritten Geburtstag.

(© David Levenson/Getty Images)

Links: 2017 erzählte Harry, wie sehr er die Umarmungen seiner Mutter liebte und wie sehr er sie vermisse. Hier ein zärtlicher Moment während eines Sommerurlaubs im spanischen Königspalast am Stadtrand von Palma.

(© Georges De Keerle/Getty Images)

Rechts: Am ersten Schultag in der Wetherby School im September 1989 blickt Harry, hier mit seinem Bruder William, schon mutiger.

(© Tim Graham/Getty Images)

Links: Diana und der zehnjährige Harry Hand in Hand bei der Feier zum 50. Jahrestag des Kriegsendes im Londoner Hyde Park.

(© Martin Keene/PA Archive/PA Images)

Rechts: Harry genießt die Schlittenfahrt mit seinem Vater in Klosters (Schweiz) im Januar 1997. Knapp fünf Monate zuvor waren die Eltern geschieden worden, sieben Monate später starb seine Mutter.

(© John Stillwell/PA Archive/PA Images)

Ganz oben: Beim Besuch eines britischen Regiments in Deutschland darf der sechsjährige Harry im Panzer mitfahren.

(© *Tim Graham/Getty Images*)

Links: Harry mit acht Jahren bei einem Besuch in der Kaserne der leichten Dragoner in Hannover.

(© *Martin Keene/PA Archive/PA Images*)

Oben rechts: Der 18-jährige Harry beim Schuhputzen im Eton College vor der Teilnahme an einer Aktion der Combined Cadet Force. Die Jugendorganisation war einer der wenigen positiven Aspekte seines Schullebens.

(© *Kirsty Wigglesworth/PA Archive/PA Images*)

Oben: Charles, William und Harry vor dem Blumenmeer, das Trauernde zwei Tage vor Dianas Beerdigung am Kensington Palace abgelegt haben.

(© PA Archive/PA Images)

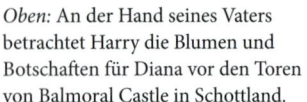

Oben: An der Hand seines Vaters betrachtet Harry die Blumen und Botschaften für Diana vor den Toren von Balmoral Castle in Schottland.

(© Anwar Hussein/Getty Images)

Oben: (v.l.n.r.) Prinz Philip, Prinz William, Dianas Bruder Earl Spencer, Prinz Harry und Prinz Charles folgen dem Sarg der Prinzessin von Wales auf dem Weg zur Westminster Abbey am 6. September 1997. Harry sagte später, so etwas »sollte man von keinem Kind verlangen«.

(© David Levenson/Getty Images)

Links: William und Harry mit gesenkten Köpfen, während der Sarg ihrer Mutter nach einem bewegenden Gottesdienst aus der Westminster Abbey getragen wird.

(© Adam Butler/PA Archive/PA Images)

Oben: Harry tritt im Cirencester Park Polo Club für seine Schulmannschaft an. Er liebt diese Sportart bis heute.

(© Tim Graham/Getty Images)

Links: Kurz vor seinem Abschluss in Eton beweist Harry sein schauspielerisches Talent als Konrad in einer Schulaufführung von Shakespeares *Viel Lärm um nichts.*

(© Kirsty Wigglesworth-Pool/Getty Images)

Oben: Vor der Abreise aus Eton lädt Harry Pressefotografen in sein Zimmer ein, um das Internat kurz darauf mit emporgereckten Fäusten und einem jubelnden »Yes« hinter sich zu lassen.

(© Kirsty Wigglesworth/PA Archive/PA Images)

Links: Drei Monate nach dem Tod seiner Mutter trifft Harry im November 1997 bei einem Konzert in Johannesburg die Spice Girls (hier Mel B, Emma und Victoria). Seinem Vater sagt er, das sei »der beste Tag meines Lebens« gewesen.
(© John Stillwell/PA Archive/PA Images)

Unten: Der attraktive Prinz drei Tage vor seinem 18. Geburtstag.
(© Anwar Hussein/WireImage)

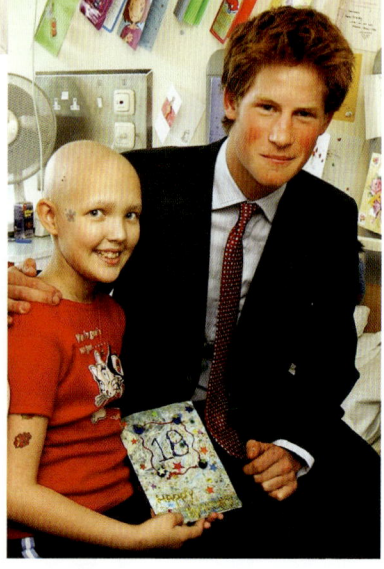

Oben: Am Tag vor seinem 18. Geburtstag unterhält sich Harry im Great Ormond Street Hospital in London mit einer jungen Leukämiepatientin.
(© Toby Melville/PA Archive/PA Images)

Rechts: Mit einer Drahtschere hilft der praktisch begabte Harry bei der Errichtung eines Zauns um das Waisenhaus Mants'ase Children's Home während seines Aufenthalts 2004 in Lesotho. Zwei Jahre später wird er Mitbegründer der Stiftung Sentebale, die bedürftigen und aidskranken Kindern in Lesotho und Botswana hilft.
(© Tim Graham/Getty Images)

Links: Harry als Kadett der Royal Military Academy Sandhurst am 21. Juni 2005, einen Monat nach Beginn seiner Ausbildung.
(© Tim Graham/Getty Images)

Rechts: Als die Queen im April 2006 in Surrey die Sovereign's Parade der Sandhurst-Absolventen abnimmt, lächeln sie und Harry einander an.
(© Tim Graham/Getty Images)

Links: Harry in einem Spartan-Schützentransportpanzer im Februar 2008 in der Provinz Helmand im Süden Afghanistans.
(© John Stillwell POOL/Tim Graham Picture Library/Getty Images)

Oben: Harry bedient eine 50-mm-Maschinenkanone im Kampf gegen die Taliban in der Provinz Helmand im Januar 2008. *(© John Stillwell - POOL/Anwar Hussein Collection/WireImage)*

Unten links: Während einer Pause ist Rugbyspielen für Harry in der Wüste von Helmand im Januar 2008 eine willkommene Abwechslung. *(© John Stillwell/PA Archive/PA Images)*

Unten rechts: Harry in der Türkei im April 2015 anlässlich des 100. Jahrestages der Landung auf Gallipoli im Ersten Weltkrieg. *(© Tristan Fewings/PA Archive/PA Images)* unseren Vater und Camilla und wünschen ihnen alles Gute für ihre Zukunft."

Über 20 000 Menschen sahen zu, als Charles und Camilla, die einen austernfarbenen Seidenmantel mit Stehkragen und passendem Chiffonkleid trug, am 9. April im Rathaus von Windsor zu ihrer standesamtlichen Trauung erschienen. Damals ließ es die Church of England nicht zu, dass geschiedene Personen erneut kirchlich heirateten. Harry und Meghan hatten mehr Glück und erhielten 2018 die Erlaubnis für ihre kirchliche Trauung. Anschließend kehrten die Frischvermählten nach Windsor zurück, wo der Erzbischof von Canterbury eine Segensfeier abhielt. Rund 800 Freunde und Familienangehörige wohnten der Zeremonie bei, darunter Queen Elisabeth und Prinz Philip. Damit sich die Queen in dieser etwas heiklen Situation wohlfühlte, brachte Harry sie immer wieder zum Lachen, indem er den Gesichtsausdruck imitierte, den sie machte, wenn sie „not amused" war. Er hat ein Talent dafür, kniffligen Momenten den Stachel zu nehmen. Die Queen hielt eine Rede, in der sie ihrem Stolz auf Charles Ausdruck verlieh und das Paar beglückwünschte. Nach dem Afternoon Tea mit Lachssandwiches, Kuchen, Torten und Fudge brach das Paar in einem Bentley in die Flitterwochen nach Schottland auf.

Harry machte noch eine weitere tiefgreifende Erfahrung in seiner doppelten Auszeit in Afrika. Im April 2004 flog er nach Simbabwe und nahm wieder Kontakt auf mit Chelsy Davy, einer hinreißenden, klugen, ehrgeizigen Blondine, die er ein paar Jahre zuvor kennengelernt hatte, als sie noch Schülerin an dem vornehmen Internat Stowe School gewesen war. Einige ihrer Freundinnen kannten Schüler aus Eton, und sie war Harry auf einer Party vorgestellt worden. Sie war damals 18 Jahre alt, ein Jahr jünger als Harry, aber zwischen ihnen passierte nicht viel. Als sie sich wiedertrafen, studierte sie im ersten Jahr Politik, Philosophie und Wirtschaft an der Universität von Kapstadt und wollte Rechtsanwältin werden. Sie wohnte zusammen mit ihrem jüngeren Bruder

Shaun in der Strandwohnung ihrer Eltern im angesagten Stadtteil Camps Bay.

Chelsy war völlig anders als alle Mädchen der Oberschicht, die Harry bislang kennengelernt hatte. Die Tochter des südafrikanischen Safari-Veranstalters Charles Davy und seiner Frau Beverly, einer früheren Miss Coca-Cola Simbabwe, war am 13. Oktober 1985 in Simbabwe geboren. Ihrer Familie gehörten über 520 Hektar im Lemco-Safari-Gebiet, und die Davys verdienten sehr gut mit Jagdsafaris. In den ersten Jahren wuchs sie inmitten der Wildnis auf. Ihre Schulstunden wurden oft dadurch unterbrochen, dass Äffchen die Stifte der Schüler stibitzten oder wilde Tiere aus dem Klassenzimmer gejagt werden mussten. Als sie noch klein war, fiel Chelsy einmal eine giftige Schlange auf den Kopf.

Mit 13 Jahren wurde sie von ihren Eltern am Cheltenham College in Gloucestershire angemeldet. In England erlitt sie zunächst einen schweren Kulturschock, da die anderen 13-Jährigen in der Klasse in ihren Augen viel weiter waren als sie selbst. Sie sagte: „Ich hatte noch nie Make-up getragen, und plötzlich waren alle geschminkt. Mir sind fast die Augen aus dem Kopf gefallen. Ich hatte alberne Sachen an und keine Ahnung von Mode. Ich fürchtete mich ein bisschen vor den Mädchen, da sie alle viel erwachsener waren als ich. Ich war das unschuldige, ein bisschen zurückgebliebene Landei aus dem Busch." Aber was ihre Schulleistungen betraf, holte sie rasch auf und wechselte dann nach Stowe, wo sie mit ihrem Sinn für Humor und ihrem großzügigen Lächeln viele Freunde fand.

Harry lernte ihre Eltern kennen, als er begann, mit Chelsy auszugehen. Er verstand sich gut mit ihrem Vater, löste aber einen massiven Sicherheitsalarm aus, als er eines Abends ohne Vorwarnung von der Ranch der Familie verschwand, nachdem er etwas zu viel getrunken hatte.

Chelsy und er liebten beide die freie Natur und Afrika. Mit ihr konnte er sich entspannen, und es gefiel ihm, dass sie zugleich lustig und zäh war und sogar ohne Sattel reiten konnte. Zudem schien es sie nicht im Geringsten zu interessieren, dass er ein Royal war. Mehr noch, es schien, als liebe sie ihn eher trotz und nicht wegen seines Standes. Sie beide genossen Partys und Wodka. Harry verbrachte auch gern Zeit in Gesellschaft ihrer Brüder und deren Freunde. Mit ihnen fühlte er sich wie ein ganz normaler Mensch, konnte mit ihnen relaxen und wusste, dass sie seinen etwas schrägen Humor verstanden.

In den ersten Monaten versuchte Harry, die Beziehung geheim zu halten, ein Umstand, den Chelsy ebenso wenig verstand wie später Meghan. Aber als sie von einem Fotografen dabei beobachtet wurden, wie sie sich in einem selbstvergessenen Moment auf einem Polofeld in Durban küssten, erkannte sie, dass er recht hatte. Ab diesem Moment wurde Chelsy von den Medien gehetzt, die scharf waren auf eine Story über Harrys Liebesleben. Sie hasste es, dass sie so viel Aufmerksamkeit auf sich zog.

Harry hatte sich Hals über Kopf verliebt und schrieb einem früheren Schulfreund, dem er vertraute, dass Chelsy die „Liebe meines Lebens ist – sie ist zu gut, um wahr zu sein". Drei Monate später flog er nach London und erzählte seinem Vater, er habe sich verliebt. Charles hörte ihn an und sagte dann ruhig, er müsse sich auf seine letzte Aufnahmeprüfung in Sandhurst vorbereiten und solle seine Beziehung auf Sparflamme halten. Aber für Harry war es nicht nur ein Urlaubsflirt. Er war entschlossen, Chelsy so oft wie möglich zu sehen, und nahm auch den Zwölfstundenflug ohne Zögern in Kauf.

Die Verliebtheit hielt ihn aber nicht davon ab, sich auch zu Hause zu vergnügen. Im Januar 2005 erschien er auf der Kostümparty eines Freundes in Wiltshire, das unter dem Motto „Kolonialbeamte und Eingeborene" stattfand. Harry trug eine deutsche Wüstenuniform aus dem Zweiten Weltkrieg und dazu eine Armbinde mit Hakenkreuz. Damit löste er einen wahren Aufruhr aus. Am nächsten Tag zeigte die *Sun* auf der Titelseite ein Foto von ihm mit der Schlagzeile „Harry the Nazi". Es wurde auch erwähnt, dass Prinz William als Löwe verkleidet zur Party gekommen war. Die Stellungnahme aus Clarence House lautete: „Prinz Harry hat sich dafür entschuldigt, Verstörung und Beschämung verursacht zu haben. Ihm ist bewusst, dass sein Kostüm eine schlechte Wahl gewesen ist."

Aber damit nicht genug. Harry wurde von allen Seiten für den vollständigen Mangel an Achtung und Sensibilität verurteilt, nicht zuletzt, weil der Holocaust-Gedenktag in diesem Monat fiel und sein Verhalten für Prinz Edward sehr unangenehm war, der an der zentralen Gedenkveranstaltung teilnehmen sollte. Harry war völlig verzweifelt und wendete sich an Chelsy, die sofort bereit war, einen Flug zu buchen, um ihm beizustehen. Er schätzte ihre Unterstützung, ihre Weitsicht, Intelligenz und Wärme. Sie gab ihm das Gefühl, dass nicht alle gegen ihn waren.

Er erkannte auch, dass er sein Leben lang unter der ständigen Kontrolle der Presse stehen würde und dass es kein Entrinnen für ihn gab. Doch im Laufe der Zeit gelang es ihm, dieses Medieninteresse auch für seine Zwecke zu nutzen, vor allem, wenn es darum geht, Dinge voranzutreiben, die ihm am Herzen liegen – genau wie seine Mutter dies getan hatte.

Kapitel 8

Soldat und Prinz

Am 8. Mai 2005 begleitete Prinz Charles seinen Sohn Harry zur Royal Military Academy Sandhurst in der Grafschaft Berkshire, wo er seine Offiziersausbildung antrat, die 44 Wochen dauern sollte. Eigentlich hätte Harry schon fünf Monate früher damit beginnen sollen, aber aufgrund einer Knieverletzung, die er sich beim Rugbytraining mit Kindern zugezogen hatte, verzögerte sich der Start. Prinz Charles wurde von den Spitzen der Akademie begrüßt, und er boxte seinen Sohn freundschaftlich in den Arm, bevor er sich auf den Rückweg machte.

Harry hatte, seit er zwei Jahre alt war, davon geträumt, ein echter Soldat des britischen Heeres zu sein, und nun war seine Chance endlich gekommen. Ebenso wie schon in Eton hatte er nur knapp die Aufnahmeprüfung bestanden, während 80 Prozent der Offizierskadetten Hochschulabsolventen waren. Sein Alter war ein weiterer Nachteil: Mit 20 Jahren war er ein bis zwei Jahre jünger als die anderen, zudem fehlten ihm die Erfahrung und Reife, die drei Jahre Studium mit sich bringen. Da sich die Ausbildung an Hochschulabsolventen richtete, war zu erwarten, dass es für ihn schwer werden würde, nicht nur physisch und emotional, sondern – und dies machte ihm am meisten Sorgen – vor allem schulisch. Der Besuch von Vorlesungen und das Verfassen von Essays zu Themen wie Militärgeschichte und internationale Beziehungen gehörten zu den ungeliebten Pflichten. Er hoffte, dass seine Erfahrungen als Kadett in Etons CFF, wo er bis zum höchsten Rang des Offiziersanwärters aufgestiegen war, hier etwas zählten, auch wenn die Nachtübungen und das Waffentraining für Schuljungen gewesen waren.

In einem Interview für Sky TV anlässlich seines 21. Geburtstages berichtete er später im Jahr, wie er versucht hatte, sich vor Beginn des Semesters körperlich und mental abzuhärten, indem er sich als Rugbytrainer betätigte, und „ich strengte ab und zu mein Gehirn an, weshalb ich Praktika in der Landwirtschaft machte. Ich wollte während meiner letzten Woche Spaß haben, aber auch ein bisschen geistig in Schwung kommen, sonst wäre es noch schwieriger geworden." Es gelang ihm sogar, noch eine Woche Urlaub mit Chelsy und ihrer Familie auf der Insel Bazaruto vor der Küste Mosambiks unterzubringen, einem idyllischen Ort mit weißen Stränden, kristallklarem Wasser und reicher Meeresflora- und fauna.

Vor Harrys Ankunft wurde das Kollegium in Sandhurst darüber informiert, dass seine Leibwächter auf der Basis, aber auch bei Wehrübungen außerhalb stets in seiner Nähe sein würden, doch sie sollten sie einfach ignorieren. Man sollte mit Harry umgehen wie mit allen anderen auch, und jeder, der ihm eine Sonderbehandlung zuteil werden ließe, werde dafür zur Rechenschaft gezogen. Sein königlicher Titel durfte nicht benutzt werden, sondern er sollte als Officer Cadet Wales angesprochen werden. Das gefiel Harry.

Er immatrikulierte sich mit 270 anderen Rekruten und erhielt die Anweisung, sich mit 29 von ihnen der Alamein-Truppe anzuschließen. Er erhielt ein Namensschild, und auch auf sein Gepäck war sein Name in weißen Großbuchstaben gedruckt. Vor Semesterbeginn hatten alle Kadetten eine Liste mit den Dingen erhalten, die mitzubringen waren. Darunter fanden sich Schuhputzzeug, eine genaue Anzahl von Kleiderbügeln, Vorhängeschlösser, Bügeleisen und Bügelbrett. Wie allen anderen Kadetten wurde ihm auch der Kopf geschoren. Das ihm zugewiesene Zimmer war nicht viel größer als eine Gefängniszelle. Anders als in Eton, wo eine Hausangestellte für ihn putzte und bügelte, musste er diese Arbeiten hier selbst erledigen. Er gab zu, dass es das erste Mal in seinem Leben war, dass er eine Klobürste in der Hand hatte. Ein ehemaliger Kamerad sagte: „Am Tag der Neuaufnahme ist Sandhurst ein Meer von Bügelbrettern. Aber wohlgemerkt, das Bügelbrett durch die Tür zu kriegen, ist nur der erste Schritt." Der zweite Schritt bestand nämlich darin, zu lernen, wie man auch die kleinste Falte aus einer Uniform bügelte. Wer scheiterte, musste sich nicht nur eine Kaskade übler Beschimpfungen von einem der Ausbilder über sich ergehen lassen, sondern obendrein wurde die gesamte Einheit zu Liegestütz verdonnert.

Harry erhielt Laken und Decken sowie die Anweisung, beim Bettenmachen alles perfekt auf Kante zu bringen. Seine makellos gebügelte Uniform musste sorgfältig gefaltet und das Schuhwerk zum Glänzen gebracht werden. Jeden Morgen gab es eine Inspektion, und er hatte pünktlich um 5.30 Uhr auf dem Flur vor seinem Zimmer zu stehen. Diese Uhrzeit war ihm nur zu vertraut, hatte er doch oft genug seine langen Nächte genau dann beendet – aufgestanden war er um die Zeit allerdings noch nie. Mit einem der Kadetten scherzte er: „Ich war noch nie so früh auf, es sei denn, ich war so spät im Bett." Es war ein regelrechter Schock für ihn, und an manchen Tagen schaffte er es nicht, rechtzeitig aufzustehen. Seine Strafe war eine gehörige Standpauke.

Einige der Soldaten hatten erwartet, dass Harry ein arroganter Snob sein würde: „Wir hatten uns darauf gefreut, ihn fertigzumachen", sagte einer. Doch sie stellten fest, dass er sich weder beschwerte noch versuchte, sich durch seinen Stand Vorteile zu verschaffen. Sie konnten nicht ahnen, wie sehr er dazugehören wollte. Nur ein einziger Kadett versuchte, sich über ihn lustig zu machen. „Dafür hatte er sich eindeutig den Falschen ausgesucht", erinnerte sich ein Zeuge. Angeblich trat ihm Harry fest in den Schritt und hatte von da an seine Ruhe.

Die Sicherheit der Nummer drei in der Thronfolge war ein wichtiges Thema für die Leitung der Akademie. Vor seiner

Ankunft waren verstärkte Sicherheitsmaßnahmen eingeführt worden, doch nur einen Monat nach seinem Eintritt wurde die Sicherheitsfrage sehr virulent. Ein Blatt der britischen Regenbogenpresse behauptete, ein Undercover-Reporter sei mit einer Bombenattrappe auf dem Gelände herumgelaufen.

Die ersten fünf Wochen in Sandhurst gelten als besonders hart und anstrengend. Neue Rekruten werden ständig von ihren Unteroffizieren angebrüllt, und es ergießt sich ein wahrer Schwall von Belehrungen und Regeln über sie. Aber Harry wusste, dass man beim Militär lieber keine Widerworte gab, wenn man zurechtgewiesen wurde. Am Anfang stand es auf Messers Schneide, ob Harry, der geborene Rebell, der gern Grenzen überschritt, zurechtkommen würde. Obwohl er „einer von den Jungs" sein wollte, war er es doch gewöhnt, mit „Sir" oder „Ihre Königliche Hoheit" angesprochen zu werden.

Während der ersten Ausbildungsphase war es Kadetten nicht erlaubt, die Basis zu verlassen. Laptops, Handys, Fernsehen und Alkohol waren verboten, und die Radios waren so eingestellt, dass sie nur einen BBC-Sender empfingen. Es war Harry sogar untersagt, ein Foto von seiner Mutter aufzustellen. Seine Tage bestanden aus pausenlosem körperlichen Training, ergänzt durch gebrüllte Befehle und Tadel. Zum Essen blieb wenig Zeit: Die Kadetten mussten die Mahlzeit abbrechen, sobald eine Klingel ertönte. Die Abende vergingen mit eintönigen Pflichten wie dem Putzen der Ausrüstung oder dem Reinigen der Gewehre.

Es gab zwei Gründe für den rauen Start. Zum einen war es eine gute Methode, den Kadetten ihre Angewohnheiten auszutreiben und ihnen neue einzutrichtern. Zum anderen ermunterte es sie, durch gemeinsame Erfahrungen Freundschaften zu schließen. Manche hielten es nicht aus: Wie üblich gingen die Ersten nach nur zwei Tagen, und nach der ersten Woche hatten bereits 15 Prozent aufgegeben. Harry blieb und bewältigte alle physischen Anforderungen. Vielleicht begrüßte er sogar die ihm auferlegte Routine, so wie

damals in Eton, als er dem CFF beigetreten war. Anstatt sich aufzu-
lehnen, stellte er sich den Herausforderungen und schloss Freundschaften. Überdies fand er heraus, dass er gern im Team arbeitete.
2017 erzählte er mir davon: „Wenn du erfolgreich sein möchtest,
musst du ein Teamplayer sein", sagte er. „In der Armee bringen sie
dir bei, dass du ohne die Unterstützung anderer nichts erreichst. Ich
finde das richtig." Dies wurde ein wesentliches Element seines späteren Engagements, der Erfolge seiner Afrika-Stiftung Sentebale und
vor allem der Invictus Games, einer internationalen Sportveranstal-
tung für verwundete und erkrankte Soldaten.

Er sprach auch über seine damalige Gemütsverfassung. „Ich
war an einem Punkt in meinem Leben, an dem ich ein bisschen
Führung gut brauchen konnte." Obwohl er es anfangs schwer
erträglich fand, von einem Unteroffizier angefahren zu werden,
begriff er bald den Sinn dahinter. „Er reizte mich in den richtigen
Augenblicken und gab mir die Kraft, nach vorne zu schauen, das
Selbstvertrauen zu haben, zu wissen, wer ich bin, mich durchzu-
kämpfen und anderen zu helfen."

Das Leben wurde noch härter, wenn seine Truppe Sandhurst
verließ. Schon früh kamen die Offiziersanwärter für eine dreitä-
gige Übung nach Ashdown Forest in Sussex. Die Ausbilder hatten
übersehen, dass es sich dabei um öffentliches Gelände handelte,
und so war es wenig überraschend, dass einige Journalisten und
Fotografen schon auf Harrys Ankunft warteten, um die ersten Bilder von ihm in Uniform zu schießen. Ein Reporter des *Daily Mirror* lief sogar auf ihn zu, als die Kadetten vorbeimarschierten, und
wollte ein kurzes Interview mit ihm führen. Harry war extrem
aufgebracht und platzte heraus: „Das ist kein Spaß hier, kapiert?"
Immer mehr Schaulustige tauchten auf und zeigten auf ihn. Seine
Leibwächter waren nicht beunruhigt, wohl aber seine Ausbilder,
und so wurde die Übung abgebrochen.

Im Fernsehinterview zu seinem 21. Geburtstag bekannte
Harry, wie stark ihn die ersten fünf Wochen gefordert hatten. „In

der ersten Woche lassen sie dich andauernd marschieren in einem grünen Overall, in dem du halb wie ein Gärtner und halb wie ein Gefängnisinsasse aussiehst." Eine Sträflingskugel musste er nicht gerade hinter sich herschleifen, aber „es kommt dem schon sehr nahe", sagte er. Jeder musste bei null anfangen, egal ob es ums Marschieren ging oder darum, wie man sich ordentlich wäscht und rasiert. Er gab zu, dass er „ein bisschen zu kämpfen hatte – aber ich habe es geschafft". Dennoch gab es auch schöne Momente. „Es macht mir Spaß, in einem schlammigen Graben zu rennen und dabei zu schießen. So bin ich nun mal. Ich liebe so etwas."

Dennoch konnte er die royalen Angelegenheiten während seiner Ausbildung nicht vollständig ruhen lassen. In seinem ersten Schuljahr wurde verkündet, dass er zum Staatsrat ernannt worden war, dem die Queen Macht und Funktionen überträgt, wenn sie selbst unabkömmlich oder erkrankt ist. Laut Gesetz gehören zu den Staatsräten der Gatte der Regentin und die vier nächsten Thronfolger über 21 Jahre. Zu ihren Aufgaben gehört es beispielsweise, an Sitzungen des Kronrats teilzunehmen, alltägliche Dokumente zu unterzeichnen und die Referenzen neu ernannter Botschafter des Vereinigten Königreichs entgegenzunehmen.

Nachdem er bereits genug Mut, Kraft und Willen bewiesen hatte, die physischen Anforderungen der Ausbildung zu meistern, musste sich Harry nun auch im Schulischen bewähren. Kadetten mit unterdurchschnittlichen Noten mussten das Schuljahr wiederholen. Er musste Essays über berühmte Schlachten schreiben, sich Grundkenntnisse über internationale Beziehungen aneignen und sowohl Militärrecht als auch die Regeln bewaffneter Konflikte studieren. Darüber hinaus galt es, seinen Standpunkt in Gruppendiskussionen zu vertreten und einen Vortrag vor den anderen Lehrgangsteilnehmern zu halten. Eine Liste von Multiple-choice-Fragen diente den Ausbildern dazu, sich ein Bild von seinem logischen Denken, Allgemeinwissen und vor allem seiner Intelligenz zu machen. Sein Gesamtergebnis war vier von zehn, eines der schlechtesten seines Jahrgangs – es reichte so eben für die Versetzung.

In der Zwischenzeit hatte sich die Presse, weil sie an Harry in Sandhurst nicht herankam, auf Chelsy eingeschossen. Ihr Leben in Kapstadt, wo sie studierte, war unerträglich geworden. Ein Freund des Paares verriet: „Fotografen brachten Peilsender an ihrem Auto an und folgten ihr überallhin. Es war ein ernsthafter Eingriff in ihr Leben." Chelsy äußerte sich zu dieser Tortur erst viel später, als sie 30 Jahre alt war und für ihre neue, faire Schmuckkollektion werben wollte. Im Gespräch mit der *Times* gestand sie 2015, dass es für sie „schrecklich" gewesen sei. „Es war so gnadenlos: verrückt und beängstigend und unbehaglich. Ich fand es sehr schwer erträglich und kam damit nicht zurecht." Besonders schwer war es für sie, weil sie damals noch ein Teenager war. „Ich wollte ein ganz normales Mädchen sein, und es war einfach furchtbar."

Im Fernsehinterview zu seinem 21. Geburtstag sprach Harry ebenfalls über Chelsy und räumte ein, dass sie all dies nur zu erleiden hatte, weil sie mit ihm in Verbindung stand. Er sagte: „Es macht mich wahnsinnig, denn ich bekomme natürlich mit, wie sehr sie sich aufregt, und ich weiß, wer sie wirklich ist. Aber damit beschäftigen wir uns auf unsere Weise, ich kann leider nicht zur Presse gehen und sagen, so ist sie gar nicht, sie ist ganz anders. Das ist mein Privatleben. Ich würde liebend gern jedem erzählen, wie wunderbar sie ist, aber wenn ich das täte, würde ich mich selbst zu verwundbar machen." Trotz der großen räumlichen Distanz versuchten sie, einander so nah wie möglich zu sein, und sie kam, um ihn im St. James's Palace zu besuchen, als er zum ersten Mal frei hatte.

Harry, der für sein Geburtstagsinterview auf einem Mäuerchen vor einer Reihe von Stallgebäuden Platz genommen hatte, wirkte trotz seiner frischen Gesichtsfarbe unbehaglich und ruhelos. Er erklärte, dass er an seinem Geburtstag nicht in Sandhurst selbst sein werde. „Ich werde vermutlich irgendwo bei einer Übung in einem Graben liegen", sagte er, und dass seine Kameraden vermutlich „etwas Geschmackloses unternehmen" würden, um den Anlass zu feiern.

Auf eine Sache am Ende seiner Ausbildungszeit freute er sich besonders, nämlich dass William ihm würde salutieren müssen. Nach seinem Abschluss an der Universität von St. Andrew's sollte William in Harrys Fußstapfen treten und seine Offiziersausbildung in Sandhurst im Januar 2006 beginnen. „Das wird ein Spaß", sagte Harry. „Er ist wild entschlossen, mir nicht zu salutieren, aber in der Armee muss man nun mal die Regeln befolgen." Diese Aussicht konnte ihrer Beziehung aber nichts anhaben. „Wir kommen uns jedes Jahr näher", fuhr er fort, „und es ist sogar so weit gekommen, dass wir uns umarmen, wenn wir uns länger nicht gesehen haben. Er ist der einzige Mensch, mit dem ich wirklich reden kann, und wir verstehen uns blind." Die körperliche Nähe, die sie einst von ihrer Mutter erfahren hatten, war nicht nur Teil ihrer brüderlichen Beziehung geworden, sondern führte auch zu einer emotionalen Lebensauffassung. Vielleicht war es ihnen zu diesem Zeitpunkt noch nicht bewusst, aber ihre Gefühle füreinander läuteten das Ende der aristokratisch-steifen Selbstbeherrschung ein.

Harry betonte auch wiederholt, wie wichtig es für ihn gewesen war, sich während der Ausbildung „normal" zu fühlen, und fügte hinzu, dass es dadurch leichter für ihn war, dass er „sehr gute Freunde" unter den Kadetten hatte: „In meiner Position ist es nicht einfach, Menschen zu vertrauen, aber hier war das anders." Er nannte seine Kameraden „richtig gute Kerle", die ihn „normal" behandelten und „mich jedes Mal unterstützten, wenn wieder irgendein Schrott in der Zeitung stand". Er fühlte sich dadurch „wirklich glücklich". Einer der großen Vorteile an Sandhurst war für ihn die Tatsache, dass „es eine Truppe von Typen gibt, die alle das Gleiche durchmachen, und das Beste daran ist, dass du wie ein ganz normaler Mensch dazugehören kannst". Er hatte sich in den

Kopf gesetzt, an der Front zu kämpfen, und konnte sich vorstellen, „35 bis 40 Jahre in der Armee" zu dienen. Er sollte jedoch allzu bald desillusioniert werden.

Ein paar Monate nach Beginn der Ausbildung sah sich Harry erneut mit Betrugsvorwürfen konfrontiert. In *News of the World* erschien die Schlagzeile: „Harrys Berater hilft bei den Prüfungen in Sandhurst." Es wurde behauptet, Harry habe seinen Privatsekretär Jamie Lowther-Pinkerton bei einem Essay um Hilfe gebeten. Darin ging es um den erfolgreichen Einsatz des Special Air Service während der Belagerung der iranischen Botschaft in London im Jahr 1980. Tatsächlich hatte Harry nach einer Informationsquelle zur Belagerung gefragt. Er schrieb: „Ich muss schnell einen Aufsatz über die Belagerung schreiben. Das meiste habe ich schon, aber wenn Sie irgendwelche Zusatzinformationen haben oder gute Websites kennen, schicken Sie sie mir bitte, bitte, bitte per E-Mail." Da nur Harry und Pinkerton von diesem Austausch wussten, war es ein Rätsel, wie die Zeitung davon erfuhr. Es war der Auftakt einer mehrjährigen Phase, in der William und Harry angesichts der Details aus ihren privaten Telefonaten, die ihren Weg in die Zeitungen fanden, immer häufiger Anlass zu Irritation und Sorge hatten. Es wurde schwierig für sie, ihren Mitarbeitern und sogar engen Freunden zu trauen. Das Geheimnis wurde erst acht Jahre später gelüftet, als während der Abhör-Prozesse 2013 bekannt wurde, dass *News of the World* private Anrufbeantworter der Königsfamilie gehackt hatte.

Harry absolvierte seine letzte Übung in Sandhurst im April 2006 und konnte mit Stolz auf seine Leistungen zurückblicken. Er war dort, anders als in Eton, richtig aufgeblüht. Er hatte bewiesen, dass er ein geborener Anführer war, und fühlte sich wohl mit dem militärischen Ethos von Pflicht und Teamwork. Daher war es umso bedauerlicher, dass ihn die Impulsivität des „bad boy" wieder überkam, nur wenige Tage vor der Abschlusszeremonie, bei der er vor seiner Großmutter, der Queen, aufmarschieren würde.

Die Kadetten hatten während der Ausbildung um 22 Uhr zur Nachtruhe in der Kaserne zu erscheinen. Aber nach Beendigung der letzten Übung war diese Sperrstunde aufgehoben worden, da sich die jungen Männer zum Abschluss nur noch auf die Zeremonie vorbereiten mussten. Harry, vier seiner Kameraden und zwei Leibwächter nutzten die zusätzliche Freizeit und besuchten eine nahe gelegene Bar, um das Ende des zehnmonatigen strengen Drills zu feiern.

Harry war wegen ihrer gemeinsamen Erfahrungen so gelöst und ungehemmt mit seinen Freunden, dass er danach noch mit ihnen in einen Club weiterzog. Um 3 Uhr tauchten sie im Striplokal *Spearmint Rhino* in Slough auf, einer größeren Stadt am westlichen Rand der Region London. Es war naiv von Harry zu hoffen, dass die Türsteher ihn nicht erkennen würden, und innerhalb von Sekunden verbreitete sich die Nachricht im Club, dass Prinz Harry mit ein paar Freunden hereingeschneit sei. Damit hatte er die zweifelhafte Ehre des ersten hochrangigen Royal in einem Lapdance-Club. Am nächsten Tag titelte die *Sun*: „Dirty Harry". Eine andere Boulevardzeitung schrieb von seiner „Nacht der Schande". Die Tänzerinnen dort verlangten 10 Pfund für einen Oben-ohne-Tanz und 20 Pfund für einen Lapdance im Separee. Die attraktive Litauerin Mariella Butkute näherte sich in gelben Hotpants und passendem BH dem Prinzen als Erste, erlebte damit ihre 15 Minuten Ruhm und wurde von der Weltpresse zitiert: „Als ich ihn sah, wusste ich gar nicht, wer er war. Eines der anderen Mädchen sagte, es sei Prinz Harry. Ich ging direkt auf ihn zu und küsste ihn auf beide Wangen. Ich fragte ihn, ob er einen Tanz wolle, aber er lehnte ab, denn er habe eine Freundin, die er sehr liebe." Die Zeitungen unterstellten, dass er sie sehr wohl aufforderte, einige Minuten auf seinem Schoß zu sitzen und mit ihm zu plaudern. Die Männer verließen die Bar nach einer Stunde wieder. Anfragen der Presse zu dem Vorfall wies Prinz Charles' Büro ab.

Einige Tage später, im April 2006, marschierte der 21-jährige Harry in der Abschlusszeremonie als zweiter Lieutenant der Household Cavalry (Gardekavallerie) mit. Zum ersten Mal seit 15 Jahren nahm die Queen die Sovereign's Parade persönlich ab. 220 Absolventen salutierten, doch ihr herzliches Lächeln reservierte sie für Harry, der sie seinerseits anstrahlte. Er hatte seine Berufung gefunden und zum ersten Mal etwas Bedeutendes vor seinem Bruder erreicht. Und Prinz William musste ihm salutieren, genau wie Harry es sich gewünscht hatte.

Ebenfalls bei der Parade anwesend waren der Duke of Edinburgh sowie Prinz William, damals ein einfacher Kadett, ihr Vater und ihre Stiefmutter, die ehemalige Nanny Tiggy Pettifer und Harrys Privatsekretär Jamie Lowther-Pinkerton. Chelsy kam nach London, blieb dem offiziellen Programm jedoch fern, um keine Aufmerksamkeit auf sich zu lenken. Offensichtlich war sie verärgert wegen Harrys Stripclub-Eskapade, hielt sich aber verständlicherweise zurück, als einige Reporter sie um einen Kommentar baten. Sie verbrachten den ganzen Abend auf dem Sandhurst-Ball demonstrativ eng beieinander, ebenso wie William und seine damalige Freundin Kate Middleton. Die extravagante Feier fand in der Sporthalle statt, die mit weißen Blumen und duftenden Kerzen dekoriert war. Es gab auch ein Kasino und mehrere Schokoladenbrunnen. Harry hatte jedoch nur Augen für Chelsy, die umwerfend aussah in einem rückenfreien, eng anliegenden Satinkleid in Türkis. Er war so glücklich, sie zu sehen, dass er sie auf dem Dancefloor leidenschaftlich küsste, während im Hintergrund eine schwungvolle Jazzband spielte. Zusammen bewunderten sie das Feuerwerk, tranken Champagner und aßen Hamburger. Punkt Mitternacht entfernte er, wie es Tradition ist, die Samthüllen von den Rangabzeichen auf seinen Schultern. Stolz präsentierte er den Rang eines zweiten Lieutenants oder auch Fahnenjunkers der Kavallerie, dem niedrigsten Offiziersrang der Armee. Sein Jahresgehalt lag damit bei 22 000 Pfund.

Ebenso stolz war er, als Clarence House verlauten ließ, dass er einen Teil seiner weiteren Ausbildung als Truppenführer eines Panzeraufklärungsverbandes dienen würde. Das beruhigte ihn zumindest vorübergehend, denn es war seine quälende Sorge, dass er nach all der harten Arbeit nicht in ein Kriegsgebiet geschickt werden würde. Er beschrieb seine Gefühle, wie es für ihn typisch war: „Es kommt überhaupt nicht infrage, dass ich mich in Sandhurst durchschlage, um dann zu Hause auf meinem Hintern zu hocken, während meine Jungs da draußen für ihr Land kämpfen." Das Spezialtraining begann im Mai 2006. Es umfasste Teambildung, Übungen für militärische Operationen, Wartung der leichten Panzer und Verantwortung für elf Männer, die alle stets in Kampfbereitschaft sein mussten.

An den seltenen freien Wochenenden fuhr Harry nach London, um in Bars und Clubs zu feiern. Dabei schlug er regelmäßig über die Stränge, wenn er mit seinen Freunden im VIP-Bereich des Boujis in Kensington ungeheure Mengen von luxuriösem Belvedere-Wodka mit Red Bull, Magnumflaschen Champagner oder Cocktails trank. Die Drinks gingen aufs Haus, denn die bloße Anwesenheit des Prinzen hatte eine enorme Werbewirkung für den Club. Er mochte auch das Raffles in Chelsea und eine Kneipe namens Public, an der sein Freund Guy Pelly Anteile besaß. Wenn die Pubs und Clubs schlossen, zogen Harry und seine Freunde weiter zu privaten Partys oder in das Haus Mark Dyers, während Harrys Leibwächter draußen darauf warteten, dass er nach Hause wollte. Die Presse berichtete regelmäßig von seinem zweifelhaften Verhalten und den Frauengeschichten, worüber Chelsy wütend wurde. So kam es, dass es in ihrer Beziehung häufig recht stürmisch zuging.

Unmittelbar nach Abschluss der Ausbildung drängte es Harry, in den Irak zu gehen. Die Organisation des Wie, Wohin und Wann stellte das Verteidigungsministerium vor einige Schwierigkeiten, zumal es in dem Land immer gefährlicher wurde.

Links: Harry und der vierjährige Waise Mutsu Potsane wollen im Mants'ase Children's Home einen Pfirsichbaum pflanzen. Mutsu vergötterte Harry und folgte ihm auf Schritt und Tritt. Heute, 14 Jahre später, sind sie immer noch in Kontakt.

(© John Stillwell/PA Archive/PA Images)

Oben: Harry 2014 in Mokhotlong, Lesotho, zehn Jahre nach seinem ersten Besuch. Die Hirtenjungen, denen er seine Kamera zeigt, sind oft schon als Fünfjährige monatelang allein mit ihren Herden in den Bergen unterwegs, weit entfernt von ihren Familien.

(© Chris Jackson - WPA Pool /Getty Images)

Oben: William und Harry bei einem Wohltätigkeitslauf entlang der Themse. Zusammen mit Prominenten und engagierten Bürgern sammeln sie Spenden für die Organisation Sport Relief.

(© Tim Graham/Getty Images)

Rechts: Harry im britischen Volleyballteam der Kriegsversehrten bei einem Demonstrationsspiel während der Warrior Games in Colorado Springs (USA) im Mai 2013. Sie regten ihn dazu an, die Invictus Games ins Leben zu rufen.

(© Chris Jackson/PA Archive/PA Images)

Links: Harry und seine damalige Freundin Chelsy Davy in der königlichen Loge beim Gedenkkonzert für Diana im Juli 2007 in London anlässlich ihres zehnten Todestages.

(© Samir Hussein/Getty Images)

Rechts: Prinz Charles, Harry und Chelsy im Mai 2010 im Army Aviation Center in Andover. Als Regimentschef verleiht Charles den Absolventen der Pilotenausbildung, darunter auch Harry, das Fliegerabzeichen.

(© Chris Jackson/Getty Images)

Links: Harry und seine damalige Freundin Cressida Bonas in der Wembley Arena im März 2014 in London beim britischen WE Day, einer Benefizveranstaltung zur Förderung von Kindern und Jugendlichen. Kurz darauf trennte sich das Paar.

(© Karwai Tang/WireImage)

Links: Harry als eifriger Tänzer während seines Besuchs bei einem Jugendprojekt in Kingston, der Hauptstadt von Jamaika.

(© POOL - Julian Parker/UK Press via Getty Images)

Rechts: Harry neckt William mit einem afrikanischen Felsenpython bei einem Besuch im Mokolodi Education Centre im Juni 2010 in Botswana, einem der Lieblingsländer Harrys.

(© Chris Jackson/Getty Images)

Links: Bei einem Wettlauf gegen Olympiasieger Usain Bolt in der University of the West Indies auf Jamaika hat Harry die Nase vorn. Er traf den Sprinter während seiner ersten offiziellen Solotour anlässlich des diamantenen Thronjubiläums der Queen 2012.

(© John Stillwell/PA Archive/PA Images)

Rechts: Prinz Seeiso von Lesotho und Harry mit dem Basotho Youth Choir auf der Bühne während des Sentebale Concert im Kensington Palace 2016 in London, mit dem sie das zehnjährige Gründungsjubiläum der Wohlfahrtsorganisation feierten.

(© Jeff Spicer/Getty Images)

Links: Beim Tee mit Michelle Obama im Kensington Palace, Juni 2015. Die damalige First Lady der USA war auf einer weltweiten Promotiontour für ihre Let Girls Learn Initiative.

(© Amanda Lucidon/ The White House via Getty Images)

Rechts: Prinz Harry mit dem Duke und der Duchess of Cambridge sowie deren Kindern Prinz George und Prinzessin Charlotte auf dem Balkon des Buckingham Palace. Anlass ist die Militärparade Trooping the Colour am 11. Juni 2016 zum 90. Geburtstag der Queen.

(© Samir Hussein/WireImage)

Links: Harry bei der Sovereign's Parade der Royal Military Academy Sandhurst im Dezember 2017 in Camberley, die ihn an seine Zeit in Sandhurst elf Jahre zuvor erinnerte. Als Bartträger war ihm das Anlegen einer Militäruniform untersagt.

(© Richard Pohle/AFP/ Getty Images)

Links: William, Kate und Harry als Vorreiter der Kampagne Heads Together, welche die Stigmatisierung psychischer Erkrankungen aufheben will. Sie veranlasste Harry, über seinen eigenen »Fast-Zusammenbruch« und seine unverarbeitete Trauer über den Tod seiner Mutter zu sprechen.

(© Nicky J Sims/Getty Images for Royal Foundation)

Rechts: Harry beim Handballspiel mit Kindern in East London im Juli 2017 im Rahmen der Fit and Fed-Kampagne, welche sich für kostenlose Sportaktivitäten während der Sommerferien einsetzt.

(© Max Mumby/Indigo/ Getty Images)

Links: Bei offiziellen Auftritten sucht Harry stets Kontakt mit älteren, gebrechlichen oder von Behinderungen betroffenen Menschen. Er hat ein Talent dafür, mit Vertretern aller Generationen ins Gespräch zu kommen.

(© Andrew Yates - WPA Pool/ Getty Images)

Rechts: Harry bei der Eröffnungszeremonie der Invictus Games 2017 im Air Canada Centre von Toronto. Aus protokollarischen Gründen durfte die ebenfalls anwesende Meghan Markle nicht neben Harry in der VIP-Loge sitzen.

(© Danny Lawson/PA Wire/
PA Images)

Links: Harry umarmt den Goldmedaillengewinner Maurice Manuel aus Dänemark nach dem Sieg über das britische Rollstuhl-Rugbyteam im Finale während der Invictus Games 2017.

(© Justin Heiman/Getty Images for the
Invictus Games Foundation)

Rechts: Barack Obama und Harry unterhalten sich angeregt während eines Rollstuhl-Basketballspiels bei den Invictus Games 2017.

(© Chris Jackson/Getty Images for the
Invictus Games Foundation)

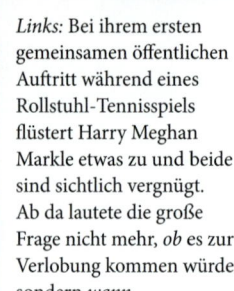

Links: Bei ihrem ersten gemeinsamen öffentlichen Auftritt während eines Rollstuhl-Tennisspiels flüstert Harry Meghan Markle etwas zu und beide sind sichtlich vergnügt. Ab da lautete die große Frage nicht mehr, *ob* es zur Verlobung kommen würde, sondern *wann.*

(© Danny Lawson/PA Wire/
PA Images)

Oben links: Harry im Januar 2017 vor dem Help for Heroes-Zentrum, wo er mit Kriegsveteranen sprach, die ein Toilettenhäuschen aus Holz bauten.

(© Angela Levin)

Oben rechts: Harry im Gespräch mit einem ehemals traumatisierten Rettungshelfer im Emergency Operations Centre des London Ambulance Service im Februar 2017.

(© Angela Levin)

Unten links: Im Oktober 2016 in Nottingham spielt Harry Rugby mit neunjährigen Kindern, die es sehr aufregend finden, einen »echten« Prinzen kennenzulernen.

(© Angela Levin)

Unten rechts: Harry im Community Recording Studio von St Ann's, Nottingham, im Oktober 2016. Es gibt keine Berührungsängste mit den Jugendlichen aus schwierigen Verhältnissen und Trevor Rose, dem Leiter der Einrichtung.

(© Angela Levin)

Links: Harry und Meghan Markle beim offiziellen Fototermin in den Sunken Gardens des Kensington Palace anlässlich der Bekanntgabe ihrer Verlobung am 27. November 2017.

(© Samir Hussein/WireImage)

Oben: Kate, William, Meghan, Harry und Prinz Philip 2017 nach dem Weihnachtsgottesdienst vor der Kirche St Mary Magdalene in King's Lynn, England.

(© Chris Jackson/Getty Images)

Oben: Kaum eine Woche nach der offiziellen Bekanntgabe ihrer Verlobung zeigen sich Harry und Meghan Markle in Nottingham. Während sich Meghan an Harrys stützenden Arm klammert, skandiert die begeisterte Menge ihren Namen.

(© Karwai Tang/WireImage)

Harry war kein gewöhnlicher Soldat, sondern die Nummer drei in der Thronfolge, und seine Wünsche mussten gegen seine Sicherheit aufgewogen werden. Monat um Monat verging, bis ein Sprecher des Verteidigungsministeriums ein Statement veröffentlichte: „Prinz Harrys Einsatz im Irak wird, wie wir immer betont haben, ernsthaft erwogen. Es ist nach wie vor unsere Absicht, Prinz Harry als Truppenanführer im Irak einzusetzen."

Der konservative Abgeordnete Patrick Mercer, selbst ein ehemaliger Armeeoffizier, war der Auffassung, dass Harry wie ein normaler Bürger behandelt werden sollte. Auf BBC Radio 5 sagte er: „Zweifellos verschlimmert sich die Lage, mehr Soldaten werden getötet, und es wäre völlig falsch, wenn wir das Leben eines Royals als wertvoller einschätzen würden denn das eines einfachen Gefreiten. Ich denke, es ist ein großartiges Beispiel für die Bürger des Landes, dass ein Mitglied der königlichen Familie bereit ist zu kämpfen."

Die endgültige Entscheidung, ob Harry in den Krieg ziehen sollte oder nicht, lag bei General Sir Richard Dannatt, dem damaligen Generalstabschef. Er entschied, Harrys Wunsch zu seinem Befehl zu machen, und im April 2007 teilten Verteidigungsministerium und Clarence House mit, dass Harry ab Mai oder Juni im Irak eingesetzt werde:

„Wir bestätigen, dass Prinz Harry noch in diesem Jahr als Truppenführer der Kompanie A des Gardekavallerieregiments im Irak stationiert werden wird. Im Irak wird Fahnenjunker Wales die Rolle eines Truppenführers übernehmen, wobei er eine Gruppe von zwölf Männern in vier Scimitar-Aufklärungsfahrzeugen mit jeweils drei Mann Besatzung leiten wird. Es war eine militärische Entscheidung, ihn zu entsenden, der Hof wurde in die Beratungen einbezogen." Beinahe sofort erfolgte die Reaktion von Abu Zaid, dem Anführer der Brigade Malik Ibn Al-Ashtar, der prahlte: „Wir erwarten den jungen, hübschen, verwöhnten Prinzen mit großer Spannung. Seine Großmutter wird ihn wiederkriegen – aber ohne

Ohren." Der Schiitenführer drohte an, dass die Milizen versuchen würden, Harry zu töten, wenn es ihnen nicht gelänge, ihn zu entführen. Außerdem gab er vor, über Spione zu verfügen, die jeden Aufenthaltsort Harrys nach seiner Ankunft in Erfahrung bringen würden. Besorgniserregend war zudem, dass laut Geheimdienstinformationen ein Scharfschütze, der bereits sechs britische Soldaten getötet hatte, darauf angesetzt worden war, Prinz Harry zu erschießen. Dannatt entschied, dass die Gefahr für Harrys Leben zu groß war, und sagte die Entsendung am 16. Mai 2007 ab, kurz bevor Harrys Männer abreisen sollten. Jamie Lowther-Pinkerton berichtete: „Harry schnappte fast über vor Wut", er „ging aus, um sich volllaufen zu lassen". Es traf ihn hart, dass es nach all seinen ernsthaften Bemühungen während der Ausbildung so aussah, als ob sein Können niemals zum Einsatz kommen sollte.

Sein Großvater hatte kein Mitleid. Dem Duke of Edinburgh hatte es ohnehin nicht gefallen, dass Harry sich für das Heer entschieden hatte anstatt, wie es königliche Tradition war, für die Marine. Seiner Meinung nach war die Marine eine deutlich sicherere Umgebung. Andere beklagten die „Verschwendung öffentlicher Gelder" für die Ausbildung des Prinzen. Harry erwog, das Militär zu verlassen. „Also, wenn ich so viel Ärger verursache, dann sollte ich vielleicht einfach aussteigen, und zwar nicht nur meinetwegen, sondern zum Wohle aller." Das war eher als Drohung denn als Versprechen gemeint, und sein befehlshabender Offizier und militärischer Mentor Edward Smyth-Osbourne kam ihm rasch zu Hilfe. Er sagte Harry: „Du kommst mit mir nach Afghanistan. Ich weiß, dass es mit Irak nicht geklappt hat, aber ich sorge dafür, dass du nach Afghanistan kommst, also halte durch."

Dannatt unterstützte Smyth-Osbournes Angebot und gelobte, Harry an die Front zu bringen. Um einem gewöhnlichen Soldaten einen Kindheitstraum zu erfüllen, hätten sich die obersten Befehlshaber natürlich niemals so eingesetzt. Doch Harry war nun einmal ein hochrangiger Royal, und überdies hatte er trotz akademischer Schwächen das Zeug zu einem hervorragenden Offizier. Nicht zuletzt bestand die Sorge, dass er ernsthaft aus der Spur laufen könnte, wenn er nicht in den Krieg ziehen durfte.

Es wurde der Plan entworfen, Harry im Dezember 2007 nach Afghanistan zu schicken. Er war enorm erleichtert, musste nun aber mehrere Monate abwarten, ob sein Einsatz auch Realität wurde. Das Verteidigungsministerium schlug deshalb eine Zusatzqualifizierung vor und schickte ihn nach Suffield in Kanada, 250 Kilometer südöstlich von Calgary, wo er innerhalb von drei Monaten eine Ausbildung zum Fliegerleitoffizier absolvierte. Dies sollte es ihm erleichtern, an die Front zu gelangen. Harry zeigte recht bald seine Führungsqualitäten und bewies, wie sehr er sich seinen Männern verpflichtet fühlte. Obwohl das Zugangsverbot für homosexuelle Soldatinnen und Soldaten im Jahr 2000 aufgehoben worden war, gab es noch starke Vorurteile unter den Streitkräften. Der Soldat James Wharton, damals 21 Jahre alt und unter Harrys Leitung, wurde im Jahr 2008 von sechs Soldaten aus einem anderen Regiment wegen seiner sexuellen Orientierung konfrontiert und verhöhnt und beleidigt. Er konnte sich der Situation entziehen und suchte Harry auf, um ihm von den Vorkommnissen zu berichten. Harry stellte die Peiniger zur Rede und drohte strenge Disziplinarmaßnahmen an, sollten sie je wieder physische oder verbale Gewalt ausüben. Wharton und er verbrachten mehrere Wochen gemeinsam in ihrem Panzer und tauschten angeblich sogar Einzelheiten darüber aus, wie sie ihre Jungfräulichkeit verloren hatten.

Wenn er nicht im Dienst war, hielt sich Harry gern in der Calgary Cowboys Bar auf, die bekannt war für leicht bekleidete Kellnerinnen. Eine von ihnen erhob gegenüber der *News of the World* schwere Vorwürfe gegen Harry und gab an, sie wolle den Vorfall nutzen, um Model zu werden. Dieser Zeitungsartikel war abermals sehr schmerzhaft für Chelsy, die sich bemühte, den Grund für das Problem auf die Fernbeziehung zu schieben. Sie wollte Rechtsanwältin werden und schrieb sich deshalb für ein Graduiertenprogramm in Jura an der Universität von Leeds ein. Leeds war für Harry aber leider nicht annähernd so attraktiv wie Südafrika. Er verspätete sich eine Stunde, um Chelsy am Flughafen in Leeds abzuholen, und war auch bei ihrer Geburtstagsfeier nicht dabei. Stattdessen fuhr er nach Paris zu einem Rugbyspiel zwischen England und Südafrika. Das eine Mal, das er sie in Leeds besuchte, fühlte er sich unbehaglich mit ihren neuen Freunden. Ihre Beziehung begann zu bröckeln.

Zu dieser Zeit war Harry ohnehin abgelenkt, da William und er beschlossen hatten, anlässlich des zehnjährigen Todestages ihrer Mutter Ende August 2007 ein Gedenkkonzert zu veranstalten. Harry wollte eine Riesenfeier zu ihrem Andenken, gleichzeitig eine Gelegenheit, enorme Spendensummen für wohltätige Zwecke zu sammeln, und konnte schließlich auch William für die Idee gewinnen. Der Queen dagegen erschien ein ruhiges Abendessen im Kreise von Freunden und Familie angemessener. Die Prinzen beharrten jedoch darauf, dass sie alt genug seien, um die Verantwortung für das Erbe ihrer Mutter zu übernehmen, und blieben bei ihrer Entscheidung. Es war aus ihrer Sicht höchste Zeit, die enorm positive Zusammenarbeit ihrer Mutter mit Wohltätigkeitsorganisationen zu beleuchten, was die Familie bislang sträflich vernachlässigt habe. Aus Dianas kleinen Jungen waren Männer geworden, die sie noch immer liebten und verehrten und die nun in der Lage waren, der Welt zu zeigen, wie viel sie ihnen bedeutete.

Geplant war ein Konzert mit Livemusik und Tanz, genau wie sie es gemocht hätte. Die Spendeneinnahmen sollten zu gleichen Teilen Centrepoint, Williams favorisierter Wohltätigkeitsorganisation, Harrys Stiftung Sentebale und dem Diana Memorial Fund zugute kommen. Terminiert war der Event auf den 1. Juli, ihren 46. Geburtstag, und zwar in der neuen Wembley Arena. Dianas Lieblingsband Duran Duran sagte zu. Auf dem Programm stand außerdem ein Auszug aus *Schwanensee*, aufgeführt vom English National Ballet, und Stücke aus den Musicals von Andrew Lloyd Webber. Neben zahlreichen weiteren Künstlern traten Sir Elton John, Lily Allen, Andrea Bocelli und Sarah Brightman auf.

Den Auftakt machte Sir Elton John, der die beiden Prinzen ansagte. Harry und William standen in legeren Jeans, Sakkos und offenen Hemdkragen vor der gigantischen Leinwand, auf der ein riesiges „D" leuchtete. 63 000 Personen füllten das Stadion, weitere 500 Millionen Menschen in 140 Ländern verfolgten das Konzert am Bildschirm. Harry, furchtlos, entschlossen und eindeutig in seinem Element, begann seine Rede mit zwei einfachen Worten: „Hallo, Wembley!" Das genügte, um die Menge von den Stühlen zu reißen und zu Jubel und Applaus zu bewegen.

Aus der Generation der jungen Royals nahmen die Prinzessinnen Beatrice und Eugenie teil, außerdem waren Peter und Zara Phillips sowie Kate Middleton dabei, die nach einer kurzen Funkstille kürzlich wieder mit William zusammengekommen war – und natürlich Chelsy, die neben Harry saß. Dieser nutzte den Event, um eine Nachricht an seine Kameraden in der Kavallerietruppe im fernen Irak zu senden, die die Live-Übertragung verfolgten. Er sagte: „Ich wünschte, ich wäre bei euch. Es tut mir so leid, dass das nicht geht. Passt auf euch auf." Queen Elisabeth sah das Konzert im Fernsehen an und sagte später zu Harry, dass er die richtige Entscheidung für die Gedenkfeier getroffen hatte. Etwas anderes blieb ihr auch nicht übrig. Während ihrer ganzen Regentschaft hatte sie stets betont, wie wichtig es sei, dass die königliche Familie bei wichtigen Anlässen die Medienaufmerksamkeit nutzte, um ihre Beliebtheit zu sichern. Harrys Idee verschaffte den Royals ungeheuren Auftrieb, brachte Geld für gute Zwecke ein und war schlicht eine berührende persönliche Geste von Dianas Söhnen.

In einem Fernsehinterview mit dem amerikanischen Sender NBC anlässlich ihres Todestages verriet Harry, dass sein Bruder und er dauernd daran dachten, wie ihre Mutter gestorben war. Er sagte: „Ich persönlich denke, dass niemand jemals wissen wird, was in dieser Nacht in diesem Tunnel passiert ist. Ich werde nie aufhören, darüber nachzudenken." Harry beschrieb seine Mutter als eine „glückliche, fröhliche, temperamentvolle Person, die sich um so viele Menschen kümmerte. Sie wird so sehr vermisst, nicht nur von uns, sondern auch von vielen anderen, und ich glaube, das sagt schon alles." William fügte hinzu: „Sie hat nie einen Zweifel daran gelassen, das wir das Wichtigste in ihrem Leben waren."

Dann gab Harry einen schmerzlichen Einblick in das, was die beiden hatten bewältigen müssen. „Es ist merkwürdig, denn als sie starb, gab es keinen Moment des Friedens für uns, weil ihr Gesicht ständig auf allen Zeitungen prangte. Während der letzten zehn Jahre hatte ich andauernd das Gefühl, dass sie immer da ist. Sie hat uns beide ständig daran erinnert ... es ist immer noch sehr schmerzhaft, dass wir nie wie andere Kinder die Gelegenheit hatten, mehr Zeit mit unserer Mutter zu verbringen." Er fuhr fort: „Sie war vor der Kamera nicht immer sie selbst. Hinter den Kulissen, wenn sie sich unbeobachtet fühlte, war sie viel natürlicher. Ich weiß nicht, ob ich das sagen sollte, aber sie war eine gute Schauspielerin. Sie hat sich nicht verstellt, um jemand anderes zu sein, im Gegenteil, sie hat versucht, vor der Kamera so normal wie möglich zu wirken, obwohl sie es hasste, gefilmt zu werden."

Dann verriet er, wie sehr es sie mitgenommen hatte, wenn ihr Aussehen kritisiert wurde, und wie sie sich auf William und ihn verlassen hatte, um sie wieder aufzubauen. Als Beispiel nannte er Andeutungen in der Presse, sie habe Cellulite. „Wir mussten sie oft aufmuntern und ihr sagen, dass sie die Beste sei." Er kritisierte die Medien auch für die ausgiebige Berichterstattung über die Untersuchungen zu den Umständen ihres Todes, da es für ihn und William dadurch viel schwerer geworden war, darüber hinwegzukommen. „Wenn du ständig daran erinnert wirst, brauchst du viel länger."

Harry und William legten Wert darauf, dass es nach dem Konzert einen privaten Gedenkgottesdienst an ihrem tatsächlichen 10. Todestag gab. Dieser wurde am 31. August in der Guards' Chapel in der Nähe des Buckingham Palace abgehalten. William hatte die undankbare Aufgabe übernommen, den Sitzplan für die Fayeds, Spencers und die königliche Familie auszutüfteln, keine einfache Aufgabe angesichts des Hin und Her über die Frage, wer wo sitzen sollte. Offensichtlich darum bemüht, seine Führungsqualitäten unter Beweis zu stellen, rief Harry seinen Vater an, ratterte die geplante Sitzordnung herunter und fragte dann: „So. Bist du zufrieden?" Prinz Charles antwortete: „Ich denke schon." Harrys Vorschlag war, William und die Queen nebeneinander in die erste Reihe zu setzen, während er sich zu den Spencers setzen würde.

Im Rahmen des Gottesdienstes hielt Harry eine bewegende Rede, die er selbst geschrieben hatte und die seine Mutter im Namen der beiden Söhne würdigte. Er sagte:

„Das Leben von William und mir teilt sich in zwei Abschnitte. Es gab die Jahre, in denen wir durch die physische Anwesenheit unserer Mutter und unseres Vaters gesegnet waren. Und dann gibt es die Jahre seit dem Tod unserer Mutter. Als sie noch lebte, waren ihre einmalige Lebenslust, ihr Lachen, ihre Freude und Ausgelassenheit selbstverständlich für uns. Sie war ganz einfach die beste Mutter der Welt.

Es ist selbstverständlich, dass wir das sagen, was sonst? Aber wir vermissen sie. Jeden Abend gab sie uns einen Gutenachtkuss. Ihr strahlendes Lächeln empfing uns, wenn wir aus der Schule kamen. Sie konnte sich vor Lachen ausschütten, wenn ihr etwas Albernes einfiel, das sie tagsüber gesagt oder getan hatte. So plötzlich und in so jungen Jahren ein Elternteil zu verlieren, wie auch andere es erleben müssen, ist unbeschreiblich schockierend und traurig. Es war eine Erfahrung, die unser Leben für immer verändert hat, wie es für jeden sein wird, der in dieser Nacht jemanden verloren hat. Heute und in Zukunft ist für uns wichtig, dass wir uns so an unsere Mutter erinnern, wie sie es sich gewünscht hätte – so, wie sie war: lebenslustig, großzügig, bodenständig und vollkommen aufrichtig. Wir beide denken jeden Tag an sie, sprechen über sie und lachen über unsere gemeinsamen Erinnerungen. Sie machte uns und so viele andere Menschen ganz einfach glücklich. Möge man sich immer genau so an sie erinnern."

Vielleicht dachte die Queen während des Gedenkgottesdienstes daran, dass sie sich zum Zeitpunkt von Dianas Tod auf Schloss Balmoral aufgehalten hatte und ihre Rollen als Großmutter und Königin in Einklang bringen musste. Nun war sie mit einer ganz ähnlichen Situation konfrontiert. Als Königin war sie Oberbefehlshaberin der Streitkräfte und hätte einen Einsatz für Harry erwirken können. Aber sie war schließlich auch die Großmutter eines jungen Mannes, den sie beschützen musste, auch wenn er unbedingt in erster Reihe für sein Land kämpfen wollte. Welche Entscheidung sollte sie treffen?

Kapitel 9

Harrys Krieg

Während Harry ungeduldig darauf wartete, das genaue Abreisedatum zu erfahren, traf sich seine Großmutter einige Male mit General Dannatt, um seinen Einsatz in die Wege zu leiten, denn das bedurfte einer Menge Planung und Fingerspitzengefühl. Er musste dorthin entsendet werden, wo Kampfhandlungen stattfanden, er aber keine zusätzliche Gefahr für seine Kameraden darstellte. Es war für die Queen sicherlich nicht leicht, ihren geliebten Enkel in einen gefährlichen Krieg zu schicken. Doch wenn jemand einen Begriff von Pflicht hat, dann sie. Überdies war ihr klar, dass Harry von einer Ablehnung am Boden zerstört gewesen wäre.

Schnell war klar, das man die Rolle der Medien mitbedenken musste, denn selbst wenn Harry inkognito aus dem Vereinigten Königreich abgereist wäre, hätten ihn doch alle in seinem Umfeld stationierten Soldaten sofort erkannt, und die Versuchung, ihre Story zu verkaufen, wäre zu groß gewesen. Die einzige Möglichkeit war eine totale Mediensperre während seines gesamten Aufenthalts in Afghanistan. Beispiele für ein solches Vorgehen waren Entführungen, in welchen Fällen sich die britische Presse schon seit Jahren bereit erklärt hatte, Stillschweigen über laufende Ermittlungen zu bewahren, sofern sie freien Zugang zu allen Informationen und Beteiligten erhielten, sobald die Geisel befreit war. Die Direktoren von Zeitungen, Radio- und Fernsehsendern wurden zu einem Termin eingeladen, bei dem jeweils einem ihrer Journalisten und Fotografen Zugang zu Harry im Kampfgebiet zugesichert wurde, wenn sie einer Nachrichtensperre zustimmten, bis er wieder unbeschadet zurückgekehrt war. Einige der links gerichteten Medien waren von dem Plan nicht begeistert, stimmten aber schließlich zu.

In der Heimat und in Afghanistan wusste nur ein sehr kleiner Kreis über Harrys Einsatz Bescheid, und Dannatt konnte aufatmen, als er der Queen und wenig später auch Premierminister Gordon Brown die guten Nachrichten überbringen durfte. Der Botschafter in Kabul wurde nicht informiert. Verteidigungsminister Des Browne, der ebenfalls eingeweiht war, glaubte nicht, dass das Abkommen mit der Presse halten würde. „Damit kommt ihr niemals davon", sagte er. General Dannatt, die Queen und Prinz Charles wussten jedoch, dass sie es Harry zuliebe zumindest versuchen mussten. Es ist nur schwer vorstellbar, dass sich die Armeeführung so um jemand anders bemüht hätte.

Später sagte Harry: „Die Queen war damals sehr dafür, dass ich ging, und sie war vermutlich erleichtert, dass ich eine Chance bekomme, wirklich das zu tun, was mir wichtig ist. Mit ihr kann man sehr gut darüber sprechen. Für eine Großmutter weiß sie enorm viel übers Militär – aber das gehört ja schließlich auch zu ihrem Beruf."

Ein höherer Offizier erklärte mir den Plan: „Letztes Endes beschlossen wir, Harry nicht die Position eines Truppenführers anzuvertrauen, für die er ausgebildet war, denn dabei ist eine ganze Gruppe von Soldaten involviert, und es ist viel schwieriger, einen geeigneten Moment zu finden, um sie alle gemeinsam auszufliegen. Stattdessen entschieden wir uns dafür, ihn als Fliegerleitoffizier einzusetzen, wofür er in Kanada ausgebildet worden war. Zu diesem Zeitpunkt in seiner Karriere konnte er als Spezialist am besten eingesetzt werden, und dass keine anderen Soldaten involviert waren, gab uns mehr Flexibilität. Es ist viel einfacher, eine Einzelperson in den Kampf auszufliegen. Außerdem ist es eine wichtige, technisch anspruchsvolle Aufgabe."

Der Plan ging auf, und Harry, im Wüstentarnanzug, verließ England still und leise am 14. Dezember 2007 von einer provisorischen Abflughalle des Luftwaffenstützpunkts Brize Norton. Begleitet wurde er von Beamten der Militärpolizei, die ihn während seines Aufenthalts im Basislager schützen sollten, sowie Mitgliedern der Spezialeinheit SAS, die übernahmen, sobald er in den aktiven Dienst wechselte. Der Flug in der C-17 Frachtmaschine nach Kandahar dauerte zwölf Stunden, mit einem kurzen Tankstopp auf Zypern. Sobald sie sich im Luftraum über Afghanistan befanden, legten Harry und die anderen Männer kugelsichere Westen und Helme an. Nach der Landung mussten alle Passagiere rasch zu einem Hercules-Transportflugzeug hinüberlaufen, das sie im Schutze der Dunkelheit zum Camp Bastion, der britisch-amerikanischen Basis im Herzen der Provinz Helmand im Süden des Landes, bringen sollte.

Als das Flugzeug abhob, hatte Harry endlich das Gefühl, dass sich sein Schicksal nun erfüllte, und er die Gelegenheit erhielt, sich und aller Welt zu beweisen, dass er eine sinnvolle Sache erfolgreich durchführen konnte. Der schwierigste Teil der Reise war der Anflug auf die Landebahn, da die Gefahr bestand, vom Boden aus unter Granatenbeschuss zu geraten. Daher ist der übliche Ablauf, dass die Flugzeuge so lange wie möglich in großer Höhe bleiben, um im letzten Moment zu einer kurzen, schnellen Landung anzusetzen.

Nach einer kurzen Einsatzbesprechung wurden sie im Chinook-Hubschrauber zur vorgeschobenen Operationsbasis Dwyer gebracht, einem isolierten Außenposten in der Wüste inmitten der Provinz Helmand, knapp 10 Kilometer von der Front entfernt. Der Stützpunkt war nach einem jungen Offizier benannt, der im Jahr zuvor getötet worden war. Das war genau, was Harry sich gewünscht hatte – keine Privilegien oder Schonung. Das Leben war einfach, und wie die anderen Männer schlief er unter einem Moskitonetz in einem behelfsmäßigen Bunker, der aus mit

Schutt gefüllten, sturmsicheren Drahtkäfigen bestand, mit einem Dach aus Wellblech und Sandsäcken. In seinem Buch *Harry's War* ergänzt Robert Jobson, dass es keine Duschen gab, sondern nur eiskaltes Wasser aus Schläuchen, die in Holzkabinen im Freien aufgehängt wurden. Der Wasserverbrauch war rationiert, deswegen konnte Harry nur etwa alle drei Tage duschen und sich rasieren. Er nutzte die abgerundeten Enden von Raketengehäusen als Rasierschale. Abgefülltes Trinkwasser wurde täglich eingeflogen und war ebenfalls rationiert. Wenn er besonders durstig war, musste er sich mit metallisch schmeckendem, gechlortem Wasser abfinden, oft vermischt mit einem aromatisierten Pulver namens Screech. Es galt, sich an die Bedingungen in der Wüste zu gewöhnen, mit brütend heißen Tagen und eiskalten Nächten, in denen die Temperaturen manchmal auf minus 10 Grad fielen. Rund um die Basis gab es nur flache, unbesiedelte Wüste so weit das Auge reichte. Der einzig lohnende Anblick waren die Glamourgirls in dem Kalender, den Harry mitgebracht und über seinem Bett aufgehängt hatte. Die Mahlzeiten bestanden hauptsächlich aus abgepackter Militärverpflegung und dem, was die Männer in der Umgebung auftreiben konnten. Das Risiko, an Ruhr zu erkranken, war eine dauernde Sorge. Das Frühstück bestand normalerweise aus einer Mischung aus zerbröselten Keksen, Marmelade und Margarine. Als warme Mahlzeit gab es meist entweder Chicken Tikka Masala aus Kochbeuteln oder Eintopf aus Corned Beef und Kartoffeln. Besondere Leckerbissen für Harry waren Erdnüsse und luftgetrocknetes Wildfleisch, die Chelsy ihm per Post schickte. Einmal in der Woche durfte er wie alle anderen das Satellitentelefon für einen maximal halbstündigen Anruf nach Hause benutzen.

Harrys Aufgabe als Fliegerleitoffizier war die Steuerung militärischer Flugmanöver vom Boden aus. Manchmal musste er auch auf Aufständische und Ziele nahe der Basis reagieren. Er sprach stundenlang per Funk mit den Piloten, die ihn nur als „Widow

Six Seven" kannten. Ein Pilot mit besonders scharfen Ohren bemerkte, er habe den Eindruck gehabt, Widow Six Seven habe „eine ziemlich vornehme Aussprache, obwohl er offensichtlich versuchte, das zu kaschieren."

Harry war in seinem Element. Das Adrenalin rauschte und er zog den Tanz auf dem Vulkan den Grautönen vor, aus denen sein Leben bisher bestanden hatte. Vor allem genoss er die Kameradschaft unter den Soldaten und sagte später: „Genau darum geht es, mit den Männern hier zu sein, anstatt in einem Raum voller Offiziere zu hocken. Ich glaube, so normal werde ich nie wieder sein können." Er war auch froh, etwas Wichtiges für sein Land tun zu können.

Ein hochrangiger Militär sagte mir, dass man mit seiner Leistung sehr zufrieden war. „Die anderen Soldaten dort waren eigentlich alle beeindruckt davon, dass er seinem Land dienen wollte, und hätten niemals ausgeplaudert, wo er sich befand. Er war ein junger Soldat, der ehrlich bewundert und respektiert wurde. Er war sich seiner Aufgabe sehr bewusst und trug dazu bei, Leben zu retten."

Manche Tage waren relativ ruhig, aber die allgegenwärtige Gefahr hielt ihn aufmerksam und machte es leichter, sich zu konzentrieren. Wie jeder Soldat in Afghanistan wusste er, dass die größte Gefahr darin bestand, die Basis zu verlassen und auf eine der vielen Landminen zu treten, die die Taliban überall vergraben hatten. Es gehörte zu den täglichen Aufgaben der Soldaten, zu Fuß durch die Dünen nahe der Basis zu marschieren, um die einheimische Bevölkerung ihrer Anwesenheit zu versichern. Den Aufständischen hingegen, die ihre Sprengfallen deponierten, wo immer sie konnten, sollte demonstriert werden, dass die britischen Truppen sie im Blick hatten.

Harry ist kein Mensch, der Dinge halbherzig tut, und dies galt auch beim Militär. Als Offizier setzte er nicht seine Autorität ein, sondern führte durch gutes Beispiel. Er war mutig, manchmal bis zur Tollkühnheit, packte mit an und konnte der

Stimmungsmacher seiner Truppe sein. Aber er widmete sich auch aufmerksam denjenigen unter seinen Männern, die mit der Lage nicht fertig wurden.

An Heiligabend bat Harry darum, zur vorgeschobenen Operationsbasis Delhi versetzt zu werden, an dem eine Einheit von nepalesischen Soldaten im Dienste Großbritanniens stationiert war. Es handelte sich dabei um einen winzigen Stützpunkt am Rande von Gamsir, einer ausgebombten Geisterstadt am südlichsten Zipfel des Nato-Kontrollgebiets in Helmand. In dieser Pufferzone wurde jeder Unbekannte als Gefährdung angesehen. „Ich fragte den befehlshabenden Offizier, ob ich runterkommen und Weihnachten mit den Gurkhas feiern dürfte, denn ich hatte in England einige Zeit bei einer Übung in Salisbury mit ihnen verbracht." Er erhielt die Erlaubnis.

Dieses Erlebnis und die traditionellen Festlichkeiten der Royals in Sandringham hätten unterschiedlicher nicht sein können. Die Queen sorgte allerdings dafür, dass er nicht vergessen wurde, und bevor die Familie sich zum weihnachtlichen Mittagessen niederließ, betete sie für ihren Enkel und seine sichere Heimkehr. Harry hatte währenddessen eine großartige Zeit, fernab aller Formalitäten und Routine. Einer der Gurkhas hatte auf irgendeine Weise eine Ziege für ein nepalesisches Curry beschafft, das als Weihnachtsmahl über dem offenen Feuer zubereitet wurde.

John Bingham war, wie mit Dannatt vereinbart, der einzige Printjournalist, der Harrys Einsatz dokumentieren durfte. Er arbeitete für die Nachrichtenagentur Press Association und traf einige Wochen nach Harry ein. Ausgerechnet in dieser Nacht schossen Aufständische Sprengkörper aus einem gut 450 Meter von der Basis bei Gamsir entfernten Graben. Bingham berichtete: „Der Stützpunkt wurde täglich angegriffen, mit Steinen oder Schusswaffen. Das war keinesfalls für uns inszeniert worden. Harry war im Kriegsgebiet, und Gefahren lauerten überall. Am zweiten Tag kletterten wir auf einen nahe gelegenen Hügel, der als

Aussichtspunkt diente. Die Sache wurde haarig, als auf dem Weg zurück ein Feuergefecht entbrannte. Harry war bereits wieder auf der Basis, als wir heimkehrten, und er lachte nur: ‚Ich sehe schon, Sie haben Kontakt aufgenommen.'"

Bingham berichtete dem Journalisten Duncan Larcombe, Autor des Buches *Prinz Harry: Die Insider Story,* dass er einen Prinzen sah, der sich offensichtlich in einer Umgebung, die nicht weiter von den Nachtclubs Londons entfernt sein konnte, zu Hause fühlte. Hier bestand sein Sozialleben daraus, mit den Gurkhas zusammen zu sein und kleine Tiere zu verspeisen, die sie schlachteten und zu Curry verarbeiteten. Bingham war auch von Harrys Haltung beeindruckt: „Er hatte sich offensichtlich die Mühe gemacht, alle Namen zu behalten, von den Köchen und jüngsten Soldaten bis zu den Hauptmännern und höherrangigen Offizieren. Er machte einen ganz natürlichen Eindruck. Es war kein Thema, dass er zur königlichen Familie gehörte, und er benahm sich einfach wie alle anderen Männer, die ihre Arbeit in einer fremden Umgebung tun."

Harrys engste Begegnung mit dem Tod wurde erst 2016 mit dem Erscheinen des Buchs *Coldstream Guards, 10 Years in Afghanistan, Guardsmen's Stories* enthüllt. Es erzählt die Geschichten von Offizieren und Soldaten, die gegen die Taliban gekämpft hatten. Darin erinnert sich Feldwebel Tom Pal aus der Panzerabwehrtruppe an seinen Zwischenstopp in der vorgeschobenen Operationsbasis Dwyer. „Ich saß da und unterhielt mich mit Prinz Harry über alles Mögliche, als das Camp von einer chinesischen 107-mm-Rakete getroffen wurde … zack, bumm, krach." Sie schlug „atemberaubende" 50 Meter von dem Ort entfernt ein, wo sie gerade saßen. Sie zogen ihre kugelsicheren Westen und Helme an. „Dafür war es ein bisschen spät, aber trotzdem. Während der Zeit unseres Einsatzes war alles ziemlich verrückt. Einige Checkpoints wurden täglich angegriffen. Das war nichts Neues – neu war, dass du neben einem Royal sitzt und mit ihm über Gott und die Welt redest. Und plötzlich ist die Hölle los." Harry, so verriet er später, war „ziemlich mitgenommen".

Einige der Männer waren der Belastung, unter Angriff zu stehen, nicht gewachsen. In solchen Fällen schaltete Harry blitzschnell um, und anstatt Witze zu reißen, wurde er fürsorglich und mitfühlend. Oft riet er jungen Soldaten, an die „Lieben zu Hause zu denken. Du wirst sie wiedersehen. Konzentriere dich auf den wundervollen Moment, wenn es so weit ist, und denk daran, dass sie es auch nicht abwarten können, dich wiederzusehen."

Am 30. Dezember beobachtete Harry auf seinem Bildschirm, wie die Taliban das Feuer auf einen kleinen britischen Beobachtungsposten eröffneten. Daraufhin leitete er ein Flugzeug an einen Ort, wo die Bomben zielsicher abgeworfen werden konnten. Es war ein voller Erfolg. Ein anderes Mal schlug eine vermutlich fehlgeleitete Rakete der Taliban im Haus afghanischer Zivilisten ein. Harry eilte zu Hilfe und tröstete einen Soldaten, als die verkohlten Leichen kleiner Kinder fortgebracht wurden. Wenn die Stimmung einen Tiefpunkt erreichte, machte Harry es sich zur Aufgabe, alle aufzuheitern. Einmal knotete er einen lila-gelben Schlüpfer an den Kühlergrill eines Panzerfahrzeugs. Die Unterwäsche hatte er mit der Post erhalten, aber er wollte nicht verraten, ob sie Chelsy gehörte.

Harry war gerade einmal zehn Wochen in Afghanistan, als die australische Frauenzeitschrift *New Idea* seinen Aufenthaltsort ausplauderte. Später gab die Redaktion an, nichts von der Mediensperre gewusst zu haben. Zunächst griff niemand die Nachricht auf, aber dann druckte der *Berliner Kurier* die Story, dass Harry mit seinem Regiment in Afghanistan sei. Kurz darauf, am 28. Februar, erschien diese Nachricht auf der amerikanischen Nachrichtenwebsite *The Drudge Report*. General Dannatt fühlte sich verraten. „Ich bin sehr enttäuscht, dass ausländische Websites diese Geschichte veröffentlicht haben, ohne sich mit uns abzusprechen", sagte er. Im Rückblick ist es allerdings erstaunlich, dass

Harrys Aufenthaltsort nicht schon viel früher bekannt geworden war. Dannatt hatte seine Vereinbarung nur mit der britischen Presse getroffen – die ausländischen Medien hatten noch nicht einmal davon gewusst, sie war daher alles andere als wasserdicht. Und wie sich zeigte, hätte man sie auch nicht kontrollieren können. Es wurde nun vermutet, dass Harrys Einsatzort vor allem deshalb ausgewählt worden war, weil sich die ausländische Presse für dieses Gebiet nicht interessierte. Dennoch war es ein Risiko und bewies, dass sich hochrangige Militärmitglieder sehr bemüht hatten, Harrys Wunsch zu erfüllen.

Ein Offizier sagte zu mir: „Tatsächlich hätten wir nicht geglaubt, die Sache so lange geheim halten zu können. Wir vertrauten auf die Redlichkeit der Zeitungen, aber in Zeiten der sozialen Medien besteht immer die Gefahr, dass ein Soldat versucht, für ein bisschen Geld mit der Presse ins Geschäft zu kommen. Einige taten das sogar, allerdings kontaktierten sie eine Zeitung, die der Sperre zugestimmt hatte, deshalb drang nichts nach außen. Einen Monat bevor die Geschichte öffentlich wurde, spekulierte die Klatschkolumne einer deutschen Zeitschrift, man habe Prinz Harry schon so lange nicht mehr im Morgengrauen aus einem Nachtclub kommen sehen, er müsse wohl in Afghanistan sein. Wir hielten die Luft an, aber niemand griff es auf."

Als Dannatt von der Veröffentlichung auf *Drudge* erfuhr, rief er die Queen an und sagte ihr, Harry müsse sofort nach Hause geholt werden. Sie stimmte ihm zu und fügte an: „Bitte bringen Sie ihn sicher her." Die Neuigkeit verbreitete sich in Windeseile um die ganze Welt und gefährdete augenblicklich das Leben von Harry und seinen Kameraden, sie wurden zum potenziellen Ziel orchestrierter Selbstmordattentate. Dannatt erteilte sofort den Befehl, den Prinzen aus Helmand heimzuholen. Am Morgen des 29. Februar überwachte Harry Funkgespräche. In einem wurden zwar keine Namen genannt, aber er wurde das Gefühl nicht los, dass es um ihn ging. Kurze Zeit darauf verließ ein Chinook-Hubschrauber, der stets für Notfälle bereitstand, Camp Bastion, eskortiert von einem Apache-Hubschrauber zum Schutz vor Angriffen der Taliban. Sechs von Harrys schwerbewaffneten SAS-Männern flogen ein, während der Apache über ihnen schwebte und der Co-Pilot seinen Finger auf dem Abzug hielt. Harry erhielt die Anweisung, in weniger als einer Stunde seine Sachen zu packen und die Hightech-Ausrüstung zu übergeben. Mit den Militärpolizisten wurde er zum Heck des Chinook geleitet. Die Rampe wurde abgesenkt, und sie kletterten so schnell wie möglich an Bord. Dann hob der Hubschrauber Richtung Kandahar ab. Dort stieg Harry in eine TriStar-Passagiermaschine der Royal Air Force, die ihn nach Brize Norton zurückbringen sollte. Er fragte unentwegt, was los sei, doch es wurde kein Wort gesprochen, bis sie den afghanischen Luftraum verlassen hatten.

Dannatt erklärte, warum er über die kurzfristige Beendigung von Harrys Einsatz nicht enttäuscht war. „Ziel war es, Harry wenigstens 28 Tage lang zu stationieren, das ist der Mindestzeitraum für die Chance auf eine Medaille. Jeder weitere Tag war ein Bonus. Idealer wäre ein sechsmonatiger Einsatz gewesen, insgeheim aber hofften wir, ihn wenigstens für die Hälfte dieser Zeit behalten zu können. Und das wäre uns beinahe gelungen."

Vielleicht waren Harry die Details dieses Plans nicht bekannt. Was er erfuhr, genügte ihm jedenfalls nicht, und er sagte mir ziemlich betrübt: „Ich war sehr verärgert. Die Armee war der beste Ort für mich. Ich hatte das Gefühl, wirklich etwas zu erreichen. Ich habe tiefes Verständnis für Menschen mit allen möglichen Hintergründen und fühlte mich als Teil eines Teams … Außerdem war ich dort kein Prinz. Ich war einfach Harry."

Beinahe zehn Jahre später schilderte er in der Öffentlichkeit, wie es für ihn gewesen war, seine Männer in Afghanistan zurückzulassen. In einem Fernsehinterview mit *Good Morning America* sagte er 2016: „Ich habe alles dafür getan, nach da draußen zu kommen. Alles, was ich wollte, war zu beweisen, dass ich über bestimmte Fähigkeiten verfüge. Während ich wortwörtlich aus meinem Team herausgerissen wurde, dachte ein Teil von mir: ‚Ich bin ein Offizier, ich lasse meine Soldaten zurück, und das ist nicht meine Entscheidung.' Ich war am Boden zerstört. Ich wusste nicht, was mit ihnen geschehen würde. Und plötzlich befand ich mich in diesem Flugzeug, das Verspätung hatte, weil noch der Sarg eines dänischen Soldaten eingeladen werden musste."

Er berichtete von seinem Heimflug. „Während ich dort saß, sah ich durch den vorderen Vorhang drei von unseren Jungs, eingewickelt in Wärmefolie, mit fehlenden Gliedern. Einer der Männer hielt ein kleines Röhrchen umklammert, in dem der Granatsplitter war, den man aus seinem Kopf entfernt hatte. Er lag im Koma, aber umklammerte trotzdem dieses Ding. Und plötzlich dachte ich: ‚Das kriegen die Menschen nie zu Gesicht.' In den zehn Wochen war ich nie mit Verletzungen konfrontiert gewesen. Ich hatte nur davon gehört."

Vor der Landung schwor er sich, in Zukunft alles zu tun, um diesen körperlich und psychisch verwundeten Veteranen zu helfen. Er konnte zu dem Zeitpunkt noch nicht ahnen, dass diese Erfahrung der Keim war, aus dem später einmal die erfolgreichen Invictus Games erwachsen sollten – und wie sehr diese den Blick auf sein eigenes Leben zurechtrückten. Bei der Eröffnungsfeier der Invictus Games in Toronto 2017 beschrieb er, wie ihm während seines Heimflugs bewusst geworden war, „dass es meine Verantwortung ist, die mir zur Verfügung stehende Plattform zu nutzen, um der Welt verständlich zu machen, was Menschen antreibt, die eine Uniform tragen, und sie dafür zu begeistern."

Das Flugzeug landete kurz in Birmingham, wo die Verwundeten in das Militärkrankenhaus in Sally Oak gebracht wurden. Einer von ihnen war der 22-jährige Marinesoldat Ben McBean, der bei einer Explosion eine Kopfverletzung und schwere

Verbrennungen erlitten hatte, er verlor einen Arm und ein Bein. Die Ärzte hatten befürchtet, er könnte seinen Verletzungen erliegen, aber er kam durch. Harry schrieb ihm regelmäßig und sagte, er „fühle sich klein" im Angesicht seines Mutes. Fünf Jahre später bejubelte er McBean, als dieser am Gedenktag zu Ehren der Kriegsopfer und -veteranen einen strapaziösen 50-Kilometer-Lauf zugunsten der Fundraising-Kampagne Poppy Appeal absolvierte. McBean war „schockiert", ihn zu sehen. „Damit hatte ich nicht gerechnet", sagte er. „Harry sagte, ‚Gut gemacht', und dass ich viel Aufmerksamkeit für eine gute Sache geweckt hätte. Und dann schickte er mich weg, damit ich duschen und ein wohlverdientes Bier trinken konnte."

Harry trug bei seiner Ankunft in Brize Norton noch immer seine Kampfuniform voller Wüstensand. Sein Vater und William erwarteten ihn auf dem Landeplatz. Harry wandte sich an seinen Vater und sagte: „Neulich habe ich deine Weihnachtskarte bekommen." Dann warf er sein Gepäck in den Kofferraum eines Wagens, und ohne sich umzuziehen trat er vor die Presse. Zunächst sprach er von den verwundeten Soldaten, die mit ihm geflogen waren. „Sie sind die wahren Helden, nicht ich", betonte er. „Diejenigen, die Glieder verloren haben und nie wieder in der Lage sein werden, ein normales Leben zu führen." Er wurde gefragt, wie er sich fühlte. „Wütend wäre der falsche Ausdruck", antwortete er nicht ganz wahrheitsgemäß, „aber ich bin ein wenig enttäuscht. Ich dachte, ich könnte das zu Ende bringen und mit unseren Jungs zusammen heimkehren." Er dankte den britischen Medien sogar dafür, dass sie „ihre Seite der Abmachung eingehalten haben. Die Presse hat einiges unternommen, damit bestimmte Dinge nicht an die Öffentlichkeit gelangten, was extrem nett war."

Ein Reporter fragte ihn, was er als Nächstes tun würde. William, der wusste, dass dies sicherlich das Letzte war, worüber Harry jetzt nachdenken wollte, wandte sich zum Pressechef des Verteidigungsministeriums, Miguel Head, und legte symbolisch die Handkante an den Hals: Genug. Darauf brach Head das Interview unverzüglich ab. Harry, Charles und William stiegen ins Auto für die kurze Fahrt nach Highgrove. Harry sagte unterwegs kein Wort und zog sich nach der Ankunft sofort ins Badezimmer zurück, wo er über eine Stunde lang blieb und zweifellos zu verarbeiten versuchte, dass ihm wieder einmal etwas weggenommen worden war, das er liebte. Wie sollte er jemals etwas aus sich machen, wenn man ihm nie die Chance dazu gab?

Als er sich wieder besser fühlte, rief er Chelsy an. Er sagte ihr, er habe eine dreiwöchige Pause von der Armee, und wenn sie Zeit hätte, würde er nach Afrika kommen, um sie zu besuchen. Natürlich hatte sie Zeit, und er flog nach Botswana. Sie mieteten ein altes Hausboot, mit dem sie schon einmal unterwegs waren, und fuhren durch das Okavangodelta, ein einzigartiges Gebiet mit einer faszinierenden Tierwelt. Neben Flusspferden, Elefanten, Krokodilen, Löwen, Nashörnern und Affen leben dort über 400 Vogelarten und 70 Fischgattungen. Das Hausboot war alles andere als luxuriös, so kurz nach seiner Rückkehr aus Afghanistan war dies genau das Richtige für Harry. Es gab einen kleinen Kocher für einfache Gerichte, und nachts kletterten sie über eine Leiter in das Zelt auf dem Dach. Es gab keinen besseren Weg, um das bedrückende Leben als Soldat und als Royal zu vergessen.

Ihre Beziehung schien wieder stabiler zu sein, und im Mai bat Harry Chelsy, der Zeremonie beizuwohnen, im Rahmen derer er seine Medaille für besondere Verdienste erhalten sollte. Die Verleihung nahm seine Tante vor, Kronprinzessin und Oberst des Gardekavallerieregiments. Es war Chelsys erste offizielle königliche Verpflichtung. Kurz darauf begleitete sie Harry zur Hochzeit seines Cousins Peter Phillips mit der Kanadierin Autumn Kelly. Die Hochzeit fand in der St George's Chapel in Windsor statt, wo nun 2018 Harry und Meghan vermählt werden. Die Feierlichkeiten boten Harry eine unkomplizierte Gelegenheit, Chelsy der Queen vorzustellen, und man munkelte, dass aus der inzwischen seit vier Jahren bestehenden Beziehung nun womöglich etwas Ernstes würde. Doch bis 2010 blieb es zwischen ihnen ein Hin und Her.

Nichts konnte Harry indessen für längere Zeit ablenken und seine Ruhelosigkeit und Anspannung vertreiben. Es war immer sein Wunsch gewesen, für sein Land zu kämpfen, daran hatten auch die wenigen Wochen in Afghanistan nichts geändert. Er wollte wieder in den aktiven Dienst. Mit General Dannatt, der ebenfalls im Kensington Palace wohnte, dessen Ehefrau Pippa und Jamie Lowther-Pinkerton beriet er, wie eine Rückkehr ermöglicht werden könnte. Dannatt war seit einigen Jahren Befehlshaber der Heeresfliegertruppe und hatte bereits über Harrys Situation nachgedacht. Während manche ranghohe Militärangehörige das oft impulsive Verhalten kritisch sahen, erkannte er in ihm einen unreifen jungen Mann, der mit seinen Dämonen ebenso zu kämpfen hatte wie mit der Allgegenwärtigkeit der Medien und den Übergriffen auf sein Privatleben, die er als Dritter in der Thronfolge über sich ergehen lassen musste. Er war auch überzeugt, dass Harry während seines kurzen Einsatzes Führungsstärke bewiesen und sich den Respekt seiner Männer verdient hatte.

Dannatt bewertete eine Stationierung positiv: „Für mich war es der Inbegriff von Erfolg, nach Afghanistan geschickt zu werden." Dannatt schlug Harry eine Ausbildung zum Hubschrauberpiloten vor. Der war davon zunächst wenig angetan, denn das Training würde zwei Jahre dauern, und er wollte lieber schneller wieder an die Front. Überdies würde er wieder lernen müssen, und selbst dann konnte ihm die Aufnahme verweigert werden, wenn er sich nicht als geeignet erwies. Aber ihm wurde schnell bewusst, dass er keine Wahl hatte: Das Verteidigungsministerium würde es nicht noch einmal riskieren, ihn an die Front zu schicken.

Da er keine weiteren Pläne für den Sommer 2008 hatte, entschloss sich Harry, Dannatts Rat zu folgen. Im Oktober wurde bekannt gegeben, dass Harry wie bereits sein Bruder, Vater und Onkel Militärhubschrauberpilot werden wollte, und er nahm den Wechsel zu den Heeresfliegern in Angriff. In der Zeit zwischen seiner Bewerbung und der endgültigen Zustimmung des Verteidigungsministeriums wollte Harry nicht nur entspannen. Und so stellten William und er sich im Oktober der körperlichen Herausforderung des Enduro, einer Motorrad-Ralleye über 1700 Kilometer zugunsten von Harrys Stiftung Sentebale. Beide Prinzen hatten das Motorradfahren von ihren Leibwächtern gelernt. Harry liebte es, nicht zuletzt, weil ihn mit Helm und Visier niemand erkennen konnte. Einmal war er spontan nach Kent gerast, nur um dort Fish and Chips an der Küste zu essen. Als er sich Canterbury näherte, wurden seine beiden Leibwächter und er von einer Polizeistreife angehalten, weil sie zu schnell gefahren waren. Die Leibwächter zeigten ihre Dienstausweise, aber die beiden Polizisten wollten dennoch ein Verfahren einleiten. Da lüftete Harry das Visier und lächelte die Polizisten an. Wieder einmal bewährte sich sein magisches Talent, Menschen sofort für sich einzunehmen, und die Polizisten entschieden, es bei einer mündlichen Verwarnung zu belassen.

Die Motorrad-Ralleye war eine hervorragende Ablenkung, und kurz darauf erteilte ihm das Verteidigungsministerium grünes Licht für seine Ausbildung zum Hubschrauberpiloten. Sorge bereiteten seine wenig ausgeprägten akademischen Fähigkeiten, Konzentrationsmangel und sporadisches Fehlverhalten. Die Biografin Penny Junor zitiert Oberstleutnant David Meyer in ihrem Buch *Prince Harry: Brother, Soldier, Son* wie folgt: „Als ich erfuhr, dass Harry ein Flieger werden sollte, dachte ich zweierlei. Zuerst: in Ordnung. Und dann: Wir haben unsere Standards und werden für Harry sicher kein Auge zudrücken." Das Hauptproblem war die Motivation. Hatte Harry das nötige Stehvermögen und konnte er mit der Kritik umgehen, die er für seine Leistungen während der Ausbildung unweigerlich einstecken musste?

„Hier ist nicht nur eine rasche Auffassungsgabe gefragt, sondern auch ausgezeichnete Koordination von Auge und Hand", erklärte Meyer. „Es würde sich schnell zeigen, ob er das bis zum Ende durchstehen konnte. Man muss die Motivation haben, jeden Morgen aufzustehen und das Beste zu geben, und am nächsten Tag wieder, und am nächsten und am nächsten, selbst wenn jemand sagt, man ist nicht gut genug … Es ist eine der langwierigsten Berufsausbildungen beim Militär, und niemand macht das mit links. Wir sprechen nicht über einen Flug von einem Flughafen zum anderen, sondern darüber, bei Nacht zu fliegen und zwar in ziemlich feindseliger Umgebung. Es herrscht starke Konkurrenz, daher braucht die Entscheidung den Mut, es einfach zu versuchen."

Als er Harry kennenlernte, änderte er jedoch seine Meinung. „Er kam herein, recht unsicher, wie ich fand, und sehr zurückhaltend. Ich hatte erwartet, dass er stärker auftreten würde, vielleicht auch etwas arrogant und selbstgewiss, aber ich war angenehm überrascht. Ich dachte, das ist ja interessant, dir geht's wie jedem anderen hier. Denn diese Interviews sind nicht leicht, und ich hatte nicht den Eindruck, dass er davon ausging, ohne Probleme durchzukommen."

Die Ausbildung war in drei Abschnitte unterteilt und fand an drei unterschiedlichen Ausbildungsorten statt. Es wurde viel geflogen, dann gab es Wochen, in denen von 9 bis 17.30 Uhr gelernt wurde, hinzu kamen Hausaufgaben für den folgenden Tag. Harry gab alles, und selbst wenn ihm die Arbeit manchmal sterbenslangweilig schien, blieb er doch bei der Stange. Er nahm sogar an einem Kurs über ethnische Diversität beim Militär teil, um sich mit diesem Thema auseinanderzusetzen.

Chelsy, die er über all dem ziemlich vernachlässigte, fühlte sich so einsam, dass sie ihren Beziehungsstatus bei Facebook auf „keine" änderte. Damit schien das Ende einer liebevollen und bereichernden Verbindung gekommen zu sein. Sie war noch auf der Feier zu Charles' 60. Geburtstag eingeladen und blieb auch mit Harry in Kontakt, doch die Glut war erloschen und die Entschlossenheit, zusammenzubleiben, komme was wolle, dahin. Eine Zeit lang arbeitete sie als Anwältin für die Londoner Kanzlei Allen & Overy, kehrte aber 2010 nach Simbabwe zurück und brachte später ihre eigene Schmuckkollektion heraus. Seither betonte sie stets, Harry und sie wollten „gute Freunde" bleiben. Für ihn war die Trennung womöglich einfacher, weil er auf dem Weg zurück in den Krieg war.

In der Defence Helicopter Flying School der Royal Air Force in Shawbury an der walisischen Grenze konzentrierte sich Harry auf die besonderen Anforderungen bei der Steuerung eines Hubschraubers. Von dem Moment an, als er zum ersten Mal flog, stand fest, dass er ein Naturtalent war und endlich seine Berufung gefunden hatte. Ausgerechnet weil man ihn so abrupt aus seinem Frontdienst in Afghanistan gerissen hatte, entdeckte er Qualitäten und Fähigkeiten in sich, von denen er sonst nie erfahren hätte. Endlich ein Silberstreif am Horizont.

Oberstleutnant Meyer vermutet, dass Harrys leichte Legasthenie zu seinem Erfolg beitrug. „Viele Legastheniker sind ausgezeichnete Flieger, das hat mit dem Raumgefühl zu tun und der dreidimensionalen Wahrnehmung, die diesen Menschen anscheinend besonders leichtfällt. Dies muss einhergehen mit ausgezeichneter Koordination von Auge und Hand. Ich selbst war zum Beispiel ein schlechter Schüler, aber ein guter Sportler – so wie Harry –, und wenn Leute über mich sagten: ‚Er ist nicht besonders helle, nein, aber er ist ein verdammt guter Polospieler, ein guter Schütze oder er trifft schnell Entscheidungen: Er ist also ein ziemlich guter Pilot', dann reicht mir das vollkommen. Viele befragten mich zu Harry und sagten: ‚Ach, Sie haben ihn nur durchgeschleust, oder?' Keineswegs. Er hat sich durchgebissen, und das hat er zu einem guten Teil seiner angeborenen schnellen Auffassungsgabe und seinen Grundfähigkeiten zu verdanken. Ich weiß, dass er den theoretischen Teil oft sehr anspruchsvoll fand, aber für mich war das nicht halb so wichtig wie die Frage, ob er am Ende seinen Job ordentlich machen würde. Harrys Klasse hielt unglaublich gut zusammen, und sie scharten sich um ihn. Das war eine seiner Stärken. Er war kein besserer Flieger als die anderen, er verstand einfach den Teamgeist und wie man gemeinsam gewinnen konnte."

Zufällig war auch William, der Rettungspilot werden wollte, zu einer sechsmonatigen Ausbildung nach Shawbury geschickt worden. Anstatt auf der Basis zu leben, beschlossen Harry und er, sich ein kleines Häuschen in der Nähe des Dorfes Clive zu teilen, keine 5 Kilometer entfernt. Diese Übung in Brüderlichkeit wollte die Presse direkt für ein gemeinsames Interview mit den Prinzen nutzen. Eigentlich hatten die beiden dazu keine große Lust, aber sie erinnerten sich an die weisen Worte ihrer Großmutter, dass das Königtum von der britischen Öffentlichkeit gesehen werden muss, um zu überleben. Sie ließen sich eine Art Zwei-Mann-Comedy einfallen, die sie seither oft wiederholt haben. Damit konnten sie eine amüsante Sendung bieten, ohne auf unangenehme Fragen eingehen zu müssen.

Harrys Antwort auf die unvermeidliche Frage, wie sie damit zurechtkämen, ein Häuschen zu teilen: „Das ist das erste und letzte Mal, das kann ich Ihnen versichern." William, für den Kate hingebungsvoll kochte und sogar sein Bad einließ, bestand darauf, er übernehme das Kochen und müsse hinter seinem schlampigen Bruder herräumen. „Er macht den Abwasch und lässt alles in der Spüle stehen." „Oh, Lügen über Lügen", gluckste Harry. William beschwerte sich dann, dass er wegen Harrys lautem Schnarchen nicht schlafen könne. Darauf witzelte Harry: „Jetzt werden alle denken, dass wir uns ein Bett teilen!" Es war unterhaltsam und gleichzeitig offensichtlich, dass die beiden Prinzen die Kontrolle behalten und bohrenden Nachfragen ausweichen wollten. In einem dennoch berührenden Moment gestand Harry: „Prüfungen mochte ich noch nie, und mir war immer klar, dass sie mir schwerer fallen als anderen." Wie zu den Zeiten, in denen er ihrer oft verzweifelten Mutter zu helfen versuchte, zeigte William sofort seine fürsorgliche Seite und überhäufte seinen kleinen Bruder mit Lob. Obwohl sich die Brüder in Charakter und Temperament deutlich unterscheiden, sind sie einander doch eng verbunden – durch ihre einzigartige Position und die Erfahrung, ihre Mutter in so jungen Jahren verloren zu haben. Aber beide gehen ihre eigenen Wege, und als William studierte, sahen sie sich nicht häufig.

Auf die Grundausbildung folgte die fortgeschrittene fliegerische Schulung auf der Armeebasis in Middle Wallop, Hampshire. Sie umfasste 40 Flugstunden und die anspruchsvolleren Aspekte des Fliegens, darunter Nachtflüge, Flüge bei schlechtem Wetter, Notfallübungen und andere komplexe Techniken. In diesem Stadium sollte sich entscheiden, ob Harry einen Lynx- oder Apache-Hubschrauber fliegen würde. Ein Militärexperte sagte mir: „Alle angehenden Piloten werden auf Lynx ausgebildet, und nur die mit besonderen Fähigkeiten dürfen im Apache lernen, da er so komplex ist. Harry hatte die natürliche Gabe dafür."

Harry war fest entschlossen, den Apache-Kampfhubschrauber im Wert von 35 Millionen Pfund zu fliegen, da dies sein Ticket an die Front wäre. Aber es war ihm bewusst, dass das auch vom Bedarf abhing. Er konzentrierte sich so sehr, dass er darüber beinahe seinen 25. Geburtstag vergessen hätte. Es war der Tag, an dem er die erste Rate seines Millionenerbes aus dem Vermögen seiner Mutter erhalten sollte, das zum Großteil aus der Scheidungsvereinbarung stammte. Allein die Zinsen würden ihm komfortable 300 000 Pfund Taschengeld im Jahr bescheren. Vielleicht feierte er seinen Geburtstag nicht, um nicht auf Abwege zu geraten, denn zu diesem Zeitpunkt in seiner Pilotenausbildung war es sicherer, nichts zu trinken. Sein harter Einsatz zahlte sich aus: Meyer konnte ihm mitteilen, dass er die Prüfungen nicht nur bestanden hatte, sondern sogar Zweitbester seiner Gruppe war. Er hatte alle, sich selbst eingeschlossen, überrascht und war nun einer der Elite-Apachepiloten der Luftwaffe.

Im Mai 2010 überreichte Prinz Charles als Ehrenoberst der Luftstreitkräfte Harry und acht weiteren Absolventen die charakteristischen hellblauen Baretts und Abzeichen bei einer Zeremonie in Middle Wallop. Camilla, Duchess of Cornwall, sowie Harrys beide Tanten mütterlicherseits, Lady Jane Fellowes und Lady Sarah McCorquodale, waren ebenfalls anwesend. Auch Chelsy war gekommen, was sofort zu Spekulationen führte, die beiden könnten wieder zusammen sein. Harry hielt eine kurze Rede. „Es ist eine riesige Ehre, in einem Apache lernen zu dürfen, denn das ist ein fantastischer Hubschrauber. Ich muss noch ganze Berge versetzen, wenn ich die Ausbildung bestehen möchte. Ehrlich gesagt wird es, glaube ich, eine der größten Herausforderungen meines Lebens. Ich bin jedoch fest entschlossen, denn ich möchte all jene nicht enttäuschen, die an meine Fähigkeit glauben, diesen Hubschrauber im Kampf zu steuern. Es ist eine wirklich beängstigende Aussicht, aber ich kann es kaum erwarten."

In persönlicher und beruflicher Hinsicht hatte er damit einen Durchbruch erlangt. Harry wurde so ausgiebig belobigt, dass es beinahe den Anschein hatte, als würde er bei der ersten Gelegenheit direkt nach Afghanistan durchgewinkt werden. Tatsächlich aber hatte er noch zwei Jahre lang Trainingseinheiten vor sich, die ihn einerseits nicht richtig auslasteten, ihm aber andererseits zu wenig Zeit ließen, um etwas anderes Sinnvolles zu tun. Mit 25, einem Alter, in dem die meisten in die Welt hinausziehen, besuchte Harry teure Nachtclubs, blieb bis zum Morgengrauen aus und verschlief halbe Tage.

Im April 2011 ging Harry für den ersten Zusatzkurs in die Vereinigten Staaten. In einem „Conversion to role"-Kurs in Arizona und Kalifornien wurden ausgebildete Piloten auf den Kampfeinsatz vorbereitet. Der Schwerpunkt lag auf Flugtraining in besonderer Umgebung, taktische Übungen sowie Fliegen bei Tag und Nacht, in Wüsten- wie in Bergregionen. Zusätzlich gab es Schießübungen mit scharfer Munition. Dann ging es zurück nach Hause für weitere Flugübungen. Am 16. April 2011 wurde verkündet, dass Harry zum Hauptmann befördert worden war. Im Folgenden wurde er gefragt, ob er die Anrede „Hauptmann Wales" statt „Prinz Harry" bevorzugte. „Auf jeden Fall", sagte er. „Mein Vater versucht immer, mich daran zu erinnern, wer ich bin. Aber beim Militär ist es immer sehr leicht, das zu vergessen. Alle tragen die gleiche Uniform und tun die gleichen Dinge. Ich verstehe mich gut mit den Jungs, und ich mag meine Aufgabe. So einfach ist das."

Im Juni 2011 gab Clarence House bekannt, dass Harry nach dem Vorbereitungskurs bereit wäre zum Kampfeinsatz als Apachepilot, auch in aktuellen Krisengebieten wie etwa in Afghanistan. Das war vermutlich ein Zeichen an das Militär, die Dinge endlich in Gang zu bringen. Harry verlor allmählich die Geduld und drohte in einem Interview mit dem amerikanischen Fernsehen, er werde das Militär verlassen, wenn er nicht nach Afghanistan zurückgeschickt werde. „Man kann nicht jemanden ausbilden und ihn dann seine Aufgabe nicht übernehmen lassen. All die Leute, die sagen, ich solle nicht gehen, sind doch albern."

Kapitel 10

Fliegeroffizier Wales

Alle Welt war froh und erleichtert, als Prinz William und Kate Middleton am 16. November 2010 ihre Verlobung bekannt gaben. Sie waren, mit einer kurzen Unterbrechung, seit acht Jahren zusammen. Harry freute sich selbstlos und sagte, er sei „wahnsinnig glücklich", dass William sie endlich gefragt hatte. „Ich kenne Kate seit Jahren, und es ist wunderbar, dass sie nun ein Teil der Familie wird. Ich habe mir immer eine Schwester gewünscht, jetzt habe ich eine."

Die Hochzeit, mit Harry als Trauzeugen, war für Freitag, den 29. April 2011 in Westminster Abbey angesetzt. Mit diesem Ort waren schmerzliche Erinnerungen für William und Harry verbunden, denn 13 Jahre zuvor hatte dort die Trauerfeier für ihre Mutter stattgefunden. Aber nun sollte es auch ein Ort eines glücklichen Ereignisses werden. Die Nacht vor der Hochzeit verbrachten die beiden Prinzen in Clarence House. In den Straßen drängten sich bereits Hunderte von Gratulanten, die sich für die Ereignisse am nächsten Tag beste Plätze sichern wollten. Zur allgemeinen Überraschung und Freude erschienen William und Harry plötzlich um 20.30 Uhr mitten unter ihnen. Zehn Minuten lang scherzten sie mit den Menschen, schüttelten Hände und bedankten sich für ihr Kommen. Es war eine spontane Idee, die sie der Polizei nur fünf Minuten vor ihrem Aufbruch von Clarence House mitgeteilt hatten. Sie zeugte von Williams Wunsch, den Harry mittrug, einen für ihn persönlich so wichtigen Tag mit seinen künftigen Untertanen zu teilen, damit sie sich zugehörig fühlen konnten.

Nach einem Abendessen mit William, Prinz Charles und Camilla begab sich Harry ins nahegelegene Goring Hotel, das Kates Eltern für einige Tage in Beschlag genommen hatten. Es war eine gute Gelegenheit, ein wenig zu feiern, und er blieb in der Hotelbar, bis er um 3 Uhr morgens von einem der Balkone des Hotels auf das Pflaster sprang und sich dabei den Knöchel verletzte. Ein Freund sagte, er habe ihn von dem Sprung abhalten wollen, aber Harry meinte, so gehe es viel schneller als über die Treppen. Der Freund fügte hinzu, Harry habe „angegeben" und sei „sturzbetrunken" gewesen.

Von einer Alkoholfahne oder einem verletzten Knöchel war ein paar Stunden später nichts zu bemerken, als er mit seinem Bruder in der Westminster Abbey eintraf. Beide sahen tadellos aus in ihren Uniformen. Harry trug die prächtigen Farben der Heeresfliegertruppe. Es war eigens ein Täschchen eingenäht worden, in dem er die Ringe sicher verstauen konnte. William trug die Festuniform eines Oberst des Infanterieregiments der Irish Guards. Auf dem Weg zur Abtei erzählte William seinem Bruder, dass er nur eine halbe Stunde geschlafen habe, weil die Menschenmenge draußen endlos gesungen und gerufen hatte und er überdies so aufgeregt war. Wenn es darauf ankommt, ist auf Harry Verlass, und er wusste genau, was er tun musste, um seinem Bruder an einem der wichtigsten Tage in seinem Leben zu helfen. Damit konnte er William auch zeigen, wie dankbar er ihm dafür war, dass er all die Jahre über für ihn dagewesen war. Er vermutete, dass der schwerste Moment für seinen Bruder die Minuten sein würden, während derer er in der Abtei auf Kates Ankunft warten müsste, und so schritt er langsam mit ihm den Gang zum Altar hinunter und in einen Privatraum, wo er ihn beruhigte, bis sie hörten, das Kate eingetroffen war.

Sie sah umwerfend aus, in einem Kleid aus Satin und Spitze mit enganliegender Korsage, einer drei Meter langen Schleppe und einem Schleier aus elfenbeinfarbenem Seidentüll, festgesteckt mit einer Tiara, die ihr die Queen als Leihgabe überlassen hatte.

Sie hatte vier kleine Brautjungfern und zwei Pagen. Ihre Schwester Pippa, deren Popo über Nacht zur Sensation wurde, war die Trauzeugin. 1900 Gäste waren zum Gottesdienst in die Westminster Abbey gekommen, und über zwei Milliarden Menschen weltweit sahen zu, wie der Zweite in der Thronfolge Großbritanniens ein bürgerliches Mädchen seiner Wahl heiratete.

Die Zeremonie war bis ins letzte Detail durchgeplant, und davon abgesehen, dass William ein wenig damit zu kämpfen hatte, Kate den Ring auf den Finger zu stecken, verlief alles einwandfrei. Das strahlende Brautpaar fuhr anschließend in einer offenen Kutsche zum Buckingham Palace, wo die Queen einen Empfang für 650 Gäste gab. Dort traten Prinz William und Kate auf den Balkon, und als sie sich sanft auf die Lippen küssten, brachen 500 000 Gratulanten vor den Toren in Jubel aus, während über ihren Köpfen die Flugzeuge der Royal Air Force zu Ehren des neuen königlichen Paares eine Staffel flogen. Das anschließende Abendessen mit Disco für etwa 300 Freunde und Verwandte richtete Prinz Charles aus. Da Queen Elizabeth und Prinz Philip die Feierlichkeiten bereits verlassen hatten, verpassten sie Harrys Rede als Trauzeuge. Er hatte sie zuerst am Telefon Chelsy in Südafrika vorgelesen. Obwohl sie nicht mehr zusammen waren, war auch Chelsy zur Hochzeit eingeladen worden. Auf ihren Vorschlag hin entfernte er einige der anzüglicheren Anekdoten einschließlich einem Hinweis auf Kates „Wahnsinnsbeine", da sie nicht glaubte, dass man sich in diesem Umfeld über Herrenwitze amüsieren würde. Die endgültige Version musste Harry ohnehin bei Hofe vorlegen.

Nach allgemeiner Aussage war Harry in absoluter Bestform und trieb den Gästen mit seinen Scherzen Tränen in die Augen. Er neckte William freundlich mit Anekdoten aus ihrer Kindheit und Späßen über seine früheren Freundinnen und seinen fortschreitenden Haarausfall. Er bezeichnete ihn außerdem als „den perfekten Bruder" und wiederholte, Kate sei „die Schwester, die ich mir immer gewünscht habe". Die Rede enthielt auch bewegende Worte im Gedenken an Diana. Anschließend übernahm Harry die Rolle des Conférenciers und stellte die übrigen Redner mit amüsanten Einzeilern vor, darunter auch Kates Vater Michael Middleton und William selbst. Die Frischvermählten tanzten bis tief in die Nacht und verließen die Feier um 3 Uhr. Harry hatte noch nicht genug und nahm alle, die Lust hatten, in einem Shuttle mit ins Goring Hotel. Die After-Party ging bis 5 Uhr, dann war es auch für Harry Zeit, ins Bett zu gehen.

Sollte er sich zu irgendeinem Moment gefragt haben, wie Chelsy sich gefühlt haben mochte, als William und Kate ihr Ehegelöbnis sprachen, so berichtete ein Freund später, dass der Anblick der schieren Dimension und des Prunks der Feierlichkeiten Chelsy überzeugte, dass sie mit ihrer Trennung die richtige Entscheidung getroffen hatten. Obwohl sie viel gemeinsam hatten, erkannte sie deutlich, dass es nicht funktionieren konnte, da sie aus grundverschiedenen Welten kamen und vor allem weil ihr die eigene Privatsphäre heilig war.

Es könnte jedoch sein, dass die Hochzeit Harry dazu anregte weiterzuziehen, und ein paar Wochen später begann er, mit der hübschen Blondine Florence Brudenell-Bruce auszugehen, einer Schauspielerin, die als Model angefangen hatte. Die beiden kannten einander seit Jahren, und sie war durchaus als feste Freundin geeignet. Sie genoss es, im Rampenlicht zu stehen, und ihr Vater, ein Weinhändler, hatte das Elitecollege Eton besucht – doch ihre Beziehung dauerte nur eine Saison. Aus dem Umkreis von Florence, die von ihren Freunden nur Flee genannt wird, hörte man, sie habe schnell bemerkt, dass Harry anderen Frauen nachschaute und ein geübter Schürzenjäger war. An einer solchen Beziehung hatte sie keinerlei Interesse.

Harry sprach in einem amerikanischen Fernsehsender darüber, wie schwer es war, eine geeignete Freundin zu finden, und wie er daher für den Augenblick entschieden habe, seiner Arbeit den Vorrang gegenüber der Liebe zu geben. Er räumte auch ein, dass die Reaktion der Medien ihm schon „heftige Paranoia" verursache, wenn er nur mit einem weiblichen Wesen spreche. „Ich unterhalte mich mit einem Mädchen, und im nächsten Moment heißt es, sie sei meine Freundin, und alle belagern sie", grollte er. „Wenn ich eine Freundin finde, werde ich alles tun, um dafür zu sorgen, dass wir uns miteinander wohlfühlen, bevor die unvermeidliche, allumfassende Invasion ihres Privatlebens beginnt." Genau dies gelang ihm mit Meghan Markle, und so konnten sie die Anfänge ihrer Beziehung ein halbes Jahr lang geheim halten.

Er versuche, so fuhr er in dem Interview fort, die Schuld nicht zu sehr bei sich selbst zu suchen. „Ehrlich gesagt hatte ich in letzter Zeit nicht so viele Gelegenheiten, auszugehen und Leute zu treffen. Momentan konzentriere ich mich sehr auf meine Arbeit. Aber wenn jemand in mein Leben schlüpft" – mit diesen Worten beschrieb er später auch, wie er Meghan kennengelernt hatte –, „dann ist das absolut fantastisch. Wenn die Leute sich nach der Arbeit in der City oder wo auch immer entspannen wollen, gehen sie mit ihren Freunden in den Pub. Ich tue das nicht mehr so oft, denn für mich ist das keine Entspannung. Ich weiß nie, wem ich in die Arme laufe oder ob jemand versucht, ein Selfie mit mir zu erhaschen. Ich habe wenig Privatsphäre."

In Wahrheit hatte Harry viel Übung darin, ebenso pflichtbewusst wie rebellisch zu sein, und er hatte keinerlei Probleme, Freundinnen für kurze Abenteuer zu finden. Langzeitbeziehungen waren aufgrund der royalen Anforderungen und des großen Medieninteresses dagegen sehr viel schwieriger.

Die nächste Feierlichkeit war das diamantene Thronjubiläum der Queen im Jahr 2012. Der Tag, an dem sich ihre Krönung in der Nachfolge ihres Vaters, George VI., zum 60. Mal jährte, lag im Juni, doch das ganze Jahr über reisten hochrangige Mitglieder des

Königshauses in die Länder des Commonwealth, um Ihre Majestät zu repräsentieren und den Anlass zu würdigen. Harry wünschte sich, die Karibik zu besuchen, und so schickte ihn die Queen nach Belize, auf die Bahamas und nach Jamaika. Erstmals reiste er allein im Auftrag der Royals, und einige Personen bei Hofe hatten Zweifel daran, dass er sich angemessen verhalten würde. Konnte man darauf vertrauen, dass er nicht über die Stränge schlagen und sich betrinken, und vor allem, seine Großmutter nicht beschämen würde? Eine einzige unbedachte Bemerkung konnte desaströse Folgen haben. Verstärkt machte man sich Gedanken um seine Reise nach Jamaika, denn die Premierministerin des Inselstaates, Portia Simpson Miller, war eine leidenschaftliche Republikanerin und hatte gerade dazu aufgerufen, Jamaika in eine unabhängige Republik umzuwandeln. Sie forderte außerdem, dass Queen Elisabeth II. als Staatsoberhaupt abgesetzt werde, und verlangte von Großbritannien eine Entschuldigung für die Versklavung ihrer Vorfahren. Harrys Verhalten und ihre Reaktionen darauf waren der genauesten Beobachtung durch Politiker wie Angehörige des Hofes ausgesetzt und konnten nachhaltige diplomatische Auswirkungen haben.

Harry nahm seine erste Reise sehr ernst, bereitete sich gründlich darauf vor und ließ sich vom Auswärtigen Amt sowie der Queen zu möglichen Stolperfallen beraten. Vor Ort erwies er sich der Situation dann mehr als gewachsen. Er zeigte sich von seiner besten Seite, ließ die Menschen seine Herzlichkeit spüren und den natürlichen Sinn für Humor entdecken, bewies seinen untrüglichen Instinkt dafür, stets das Richtige zum richtigen Zeitpunkt zu sagen, und alle fühlten sich in seiner Gegenwart wohl. Es war, als nutze er endlich sein Charisma.

Das wurde besonders deutlich, als er mit dem Olympiasieger Usain Bolt, dem schnellsten Sprinter der Welt, zusammentraf. Diese Begegnung war auch ein Beispiel für Harrys Vorliebe, Risiken einzugehen und Grenzen zu überschreiten. Er forderte Bolt zu einem Wettlauf heraus und besiegte ihn sogar, indem er ihn beim Start ablenkte und dann wie der Blitz über die Ziellinie schoss. Geradezu frech nahm er dann auch noch Bolts berühmte Siegerpose ein. Kein anderer Royal hätte auch nur im Traum an so etwas gedacht oder es gar in die Tat umgesetzt. Die Reisen der Royals sind von größter Bedeutung, denn wenn sie positiv verlaufen, können sie dazu beitragen, internationale Beziehungen zu verbessern und den Handel auszubauen. Hätte Bolt, der Held seines Landes, sich über diesen Streich geärgert, wäre die ganze Reise umsonst gewesen. Doch die Jamaikaner waren begeistert, und Harrys Auftritt füllte am nächsten Tag mehrere Seiten der britischen Zeitungen.

Die größte Herausforderung für ihn begann, als sein Autokonvoi vor der Residenz des Generalgouverneurs hielt, wo er die Premierministerin treffen sollte. In der Zeit, die ich mit ihm verbracht hatte, war mir aufgefallen, dass er den Wagen stets mit ausgestreckter Hand verließ, um seine Gastgeber sogleich zu begrüßen. Dieses Mal, vielleicht instinktiv, lächelte er bloß, als er auf die Premierministerin zuging. Mit dieser kleinen Geste sprach er womöglich ihre mütterliche Seite an, so wie es ihm bei Frauen aller Altersgruppen gelingt. Portia Simpson Miller strahlte ihn an, und im nächsten Augenblick zog sie ihn zu einer warmherzigen Umarmung an sich und küsste ihn auf die Wange. Während sie dann Arm in Arm ins Haus gingen, schaute Harry einen Augenblick lang mit charmantestem Witz in die Kameras, als wollte er sagen: „Sie ist mein Date für heute Abend." Die 65-Jährige strahlte vergnügt. Später tanzte sie enthusiastisch mit ihm, worüber sich die Royals zu Hause sehr freuten.

An seinem letzten Tag auf Jamaika besuchte Harry eine morgendliche Strandparty im Montego Bay Resort, wo deutlich jüngere Schönheiten versammelt waren, unter ihnen die aktuelle Miss Jamaika. Es wurde gesungen und getanzt, und Harry war zu sehen, wie er die Zeilen aus Bob Marleys Hit „Three little birds" mitsang, das einer der Musiker auf der Geige spielte.

Harry nahm viele glückliche Erinnerungen mit, und als Geschenk brachte er seinem Bruder und sich selbst je eine Flasche 30 Jahre alten jamaikanischen Rum mit. Für das Vereinigte Königreich war die Reise eine diplomatische Glanzleistung. Der *Daily Telegraph* sprach von einem „beeindruckenden royalen Debüt", das Harry „unzählige neue Fans" eingebracht habe, und stellte fest, so würden „auch die Verbindungen zu den ehemaligen Kolonien wieder gestärkt. Dieser Prinz hat seine Position gefunden." Das war nicht nur eine große Erleichterung für seine Familie, die hochrangigen Mitglieder des Hofes und des Militärs, sondern Harrys Beliebtheit schoss auch weltweit in ungeahnte Höhen. Er war offensichtlich charismatisch und hatte ein Händchen für die Öffentlichkeit, aber zu diesem Zeitpunkt konnte er dies nur sporadisch zeigen. Innerlich, so sagte er mir, hatte er immer noch mit der Vergangenheit und dem Verlust seiner Mutter zu kämpfen.

Zusammen mit Prinz William und Kate übernahm Harry auch eine tragende Rolle bei den Olympischen Spielen in London im Jahr 2012. Die Spiele wurden am 27. Juli mit einer zuvor völlig undenkbaren Showeinlage unter der Leitung von Regisseur Danny Boyle im eigens errichteten Olympiastadion in Stratford, East London, eröffnet. Während der Eröffnungsfeier zeigten riesige Leinwände im Stadion plötzlich den Schauspieler Daniel Craig, der als Geheimagent James Bond im Buckingham Palace ankommt und dort über rot ausgelegte Korridore zum Arbeitszimmer der Queen marschiert. Von ihrem Schreibtisch aufblickend, schaut sie in seine Richtung und grüßt ihn reserviert: „Guten Abend, Mr. Bond." Zusammen, ihre Corgis im Gefolge, verlassen sie den Palast und gehen zielstrebig auf einen wartenden Hubschrauber zu. Augenblicke später war das laute Geräusch eines Westland-Hubschraubers zu vernehmen, der über dem Stadion schwebte. Und zum größten Erstaunen aller Zuschauer, einschließlich der anwesenden Royals, die nicht eingeweiht waren – manche sagten später, Harry habe seine Großmutter überredet, mitzuspielen – sprang eine Person, exakt gekleidet wie die Queen und raschen Schrittes gefolgt von „Mr. Bond", mit einem Fallschirm in die Arena. Hier zeigte sich, dass Harry seine Vorliebe für Späße aller Art offenbar nicht nur von seiner Mutter, sondern auch von seiner damals 86-jährigen Großmutter geerbt hatte. In einem Interview mit der BBC-Sportreporterin Sue Barker nannte er die Queen später eine „wahnsinnig tolle Person".

Die drei jungen Royals, allesamt sportbegeistert, waren bei den Spielen häufiger zugegen als erwartet, um die britischen Teams anzufeuern. Harry war besonders daran gelegen, den Wettkampf seiner Cousine Zara Philips zu verfolgen, die für das britische Reitteam eine Silbermedaille gewann. Diese Leistung machte sie zur ersten Olympiasiegerin der königlichen Familie. Harry war begeistert. „Wir Cousins sind sehr, sehr stolz", sagte er und fügte lächelnd hinzu: „Jetzt wissen wir auch, warum wir sie nie zu Gesicht kriegen: Sie reitet ständig." Harry ist weniger kritisch gegenüber seiner Familie als William und ist als Friedensstifter bekannt.

Harry gab zum Besten, er habe auf Usain Bolt als Sieger des 100-Meter-Laufs gewettet, denn „ich darf ja nicht teilnehmen". Dann sprach er in ernsterem Ton über die positive Wirkung des Sprinters auf die Jugend: „Es gibt Kinder auf Jamaika, die mit dem Laufen angefangen haben, einfach weil sie ihn bewundern. Er ist ein großartiges Vorbild für sein Land, seine Nation und die ganze Welt. Wir hoffen, dass diese Olympischen Spiele nachfolgende Generationen dazu ermutigen, Sport zu treiben, anstatt nur vor dem Computer zu hocken und Online-Spiele zu spielen."

Es fiel Harry zu, die Royals bei der Schlussfeier der Spiele zu repräsentieren, da William bereits zu seiner Tätigkeit als Rettungspilot in East Anglia zurückgekehrt war. Damit wurde seine inzwischen weithin anerkannte Fähigkeit gewürdigt, Verbindungen zu Menschen aufzubauen, obwohl er nicht oft das Wort an ein Milliardenpublikum weltweit richtet. Er sagte, die Spiele würden

„für lange Zeit in den Herzen und Seelen vieler Menschen auf der ganzen Welt in Erinnerung bleiben. Ich gratuliere allen Sportlern, die teilgenommen haben. Sie haben uns gezeigt, dass es nur wenige Grenzen für menschliches Streben gibt." Er fügte hinzu, dass der Geist der Olympischen Spiele eine „großartige Kraft für positiven Wandel" darstelle und dass er die „Fantasie der Welt beflügelt" habe.

Das Jahr 2012 war für Harry auch in persönlicher Hinsicht denkwürdig, denn seine Cousine Prinzessin Eugenie machte ihn auf einem Sommerfest in Hampshire mit einer hübschen blonden jungen Dame bekannt: Cressida Bonas, eine Enkelin von Edward Curzon, 6. Earl Howe, und Tochter von Lady Mary Gaye Georgiana Lorna Curzon. Sie hatte wie Harry eine bewegte Kindheit durchlebt. Ihre Eltern ließen sich scheiden, als sie fünf Jahre alt war. Sie war eine talentierte Tänzerin und studierte mehrere Jahre an der Royal Ballet School, bevor sie ein Sportstipendium für das Prior Park College in Bath erhielt. Von dort wechselte sie an die Stowe School, die auch Chelsy besucht hatte, und wie diese ging sie von dort an die Universität von Leeds, allerdings um Tanz und nicht Jura zu studieren.

Als Harry sie kennenlernte, arbeitete sie als Model, wünschte sich aber sehnlichst, Schauspielerin zu werden. Harry war sofort hingerissen und machte den für ihn ungewöhnlichen Schritt, sich schon nach zwei Wochen mit ihr in der Öffentlichkeit zu zeigen, nachdem sie sich im Juli 2012 auf der Premiere des Batman-Films *The Dark Knight Rises* getroffen hatten. Kurz darauf flogen sie nach Necker, Sir Richard Bransons private Karibikinsel, um den 21. Geburtstag von dessen Sohn Sam zu feiern.

Bedauerlicherweise war Harry nicht verliebt genug. Im Monat darauf flog er mit einigen Freunden nach Las Vegas, betrank sich und nahm eine Gruppe von 25 Leuten, die meisten davon ihm unbekannte Mädchen, mit in seine Luxussuite im 34. Stock des Encore Hotels. Es gab drei große Schlafzimmer, einen Fitnessraum, Butler-Service, einen Whirlpool, einen 72-Zoll-Fernseher und einen Billardtisch. Irgendjemand schlug eine Runde Strip-Billard vor, bei dem jeder Spieler, dem es misslingt, eine Kugel einzulochen, ein Kleidungsstück ablegen muss.

Da Harry nur Badehosen getragen hatte, musste er sich schon beim ersten Fehlschuss bis auf ein afrikanisches Halskettchen und seine Rolex ausziehen. Eines der leicht bekleideten Mädchen knipste ihn mit ihrem Handy, einmal allein und einmal mit einer nackten jungen Frau in den Armen, und verkaufte die Fotos für 10 000 Pfund an die amerikanische Showbiz-Website TMZ. Die britische Presse griff die Story auf, nutzte aber zunächst etwas züchtigere Bilder von Harry zur Illustration. Die Schlagzeilen waren allerdings wenig dezent: „Harry greift nach den Kronjuwelen", „Zorn im Palast über Harrys Nacktfotos" und „Harrys Nacktgerangel". Die *Sun* ging so weit, die entscheidenden Fotos von Harry auf der Titelseite abzudrucken. Die Schlagzeile dazu lautete: „Hier ist es! Das Nacktfoto von Harry, das Sie aus dem Internet kennen."

Harry räumte ein, dass er einen Fehltritt begangen hatte, warf der Presse aber Übergriffigkeit vor: „Ich mag mich selbst, meine Familie und viele andere Menschen enttäuscht haben. Aber letzten Endes war ich dort in einer privaten Umgebung, und jedermann sollte Anspruch auf eine gewisse Privatsphäre haben. Wahrscheinlich war es typisch für mich, dass ich mich zu sehr wie ein Soldat und zu wenig wie ein Prinz benehme. So einfach ist das." Er fühlte sich ungerecht behandelt. „Die Zeitungen wussten, dass ich davor stand, nach Afghanistan zu gehen, deswegen fand ich die Art und Weise, wie sie mit mir umgingen, absolut inakzeptabel." Er fügte hinzu: „Manche Leute mahnen mich: ‚Denk dran, wer du bist, also sei wachsam.'"

Laut verschiedener Artikel fand Cressie, wie Cressida häufig genannt wird, die gesamte Episode eher amüsant. Einige Soldaten demonstrierten ihre Unterstützung für Harry, indem sie sich auszogen und eine Formation bildeten, wobei ihre Gewehre ihre unteren Regionen verdeckten, und das Bild online stellten. Sein Benehmen schmälerte auch nicht seine Beliebtheit bei vielen jungen Leuten. Die meisten waren der Ansicht, sein Privatleben gehe nur ihn etwas an und er solle tun dürfen, worauf er Lust habe.

Solche Aufgeschlossenheit kann man von hochrangigen Vertretern des Militärs nicht erwarten, insofern waren sicher einige Überzeugungskünste vonnöten, um zu verhindern, dass dieser „Fehlgriff" seine Karriere beendete. Lord Dannatt verriet später: „Einen Moment lang dachte ich in der Tat: ‚Du meine Güte, das ist so unnötig und gemessen an seinem jüngsten Verhalten eher untypisch. Enttäuschend. Ein Offizier erscheint nicht ohne Kleider in der Öffentlichkeit – Abschnitt 64, unwürdiges Benehmen.'"

Zu seiner großen Erleichterung erfuhr Prinz Harry bald, dass er am 7. September nach Afghanistan fliegen sollte. Er kehrte ins Camp Bastion zurück als Teil der 100-köpfigen Staffel 662, 3. Regiment, Heeresfliegertruppe und begann seinen viermonatigen Kampfeinsatz als Co-Pilot und Schütze eines Apache. Wenn er auf ähnliche Erfahrungen gehofft hatte wie bei seinem ersten Einsatz, wurde er bitter enttäuscht.

Anders als bei seiner ersten Stationierung hatten die Behörden keine Mediensperre verhängt, da er die meiste Zeit ohnehin im Hubschrauber verbringen würde, weit entfernt von bedrohlichen Aufständischen. Bald wurde jedoch klar, dass dies ihn nicht gegen finstere Morddrohungen schützte. Drei Tage nach seiner Ankunft wandte sich der Sprecher der Taliban, Sabiullah Mudschahid, mit folgendem Statement an die Medienagentur Reuters: „Wir setzen alles daran, ihn loszuwerden, entweder durch Mord oder durch Entführung. Wir haben unsere Anführer in Helmand beauftragt, alles in ihrer Macht Stehende zu unternehmen, um ihn zu eliminieren." Aber es sollte noch schlimmer kommen. Zu dieser Zeit war Camp Bastion eine weitläufige, wehrhafte Basis unter britischer Führung, fast eine kleine Stadt und angeblich uneinnehmbar. Nur eine Woche nach Harrys Ankunft gelang es einer

Horde von 19 Taliban jedoch, in das Camp vorzudringen, obwohl es durch einen knapp zehn Meter hohen Drahtzaun und mit dreifachem Stacheldraht gesichert war. Sie waren ausgerüstet mit Panzerfäusten, Granatwerfern und automatischen Waffen und griffen das Flugfeld auf dem Stützpunkt an. Zwei amerikanische Marines wurden getötet und fünf Hubschrauber zerstört oder beschädigt, bevor Nato-Soldaten unter britischer Führung beinahe alle Angreifer töteten, einer wurde gefangen genommen. Ein Sprecher der Taliban sagte im Folgenden, ein amerikanischer Amateurfilm, der den Propheten Mohammed beleidigte, habe sie dazu provoziert, das Camp anzugreifen. Außerdem sei ihnen bekannt, dass sich Prinz Harry dort aufhalte.

Verteidigungsminister Philip Hammond teilte mit, dass Prinz Harry an einen sicheren Ort verbracht worden war, als der Angriff begann, während die Nato erklärte, er habe sich „zu keinem Zeitpunkt in Gefahr befunden". Doch nichts wünschte sich Harry weniger als in Watte gepackt zu werden. Er hasste es, ein Promisoldat zu sein. Er sagte mir, er wollte immer nur „als einer der Jungs behandelt" werden, es muss ihn also sehr verärgert und verunsichert haben, dass man ihn als Royal herausgegriffen und in Sicherheit gebracht hatte.

Als Co-Pilot eines Apache hatte Hauptmann Wales zwei zentrale Aufgaben. Zum einen musste er den Truppen am Boden Luftdeckung geben und den Feind bei einem Angriff orten und ausschalten. Zum anderen musste er mit einem speziellen medizinischen Luftfahrzeug zu einem verwundeten Soldaten am Boden fliegen und aus der Luft beschützen, bis dieser medizinisch versorgt werden konnte. Diese Kombination genügte Action Man Harry aber nicht, wenn er sie mit seinen Erfahrungen aus dem ersten Einsatz verglich, und er fühlte sich von den täglichen Manövern ausgeschlossen. Im Dienst musste er in höchster Einsatzbereitschaft abwarten, sodass er bei Bedarf innerhalb von sieben Minuten in der Luft sein konnte. Harry sagte, dass dadurch ganze Tage vergehen konnten, in denen er „im Zelt saß, auf dem Computer und der Playstation spielte oder Filme schaute und darauf wartete, gerufen zu werden".

Harry hatte einem Interview während seines Einsatzes für Fernsehen und Presse zugestimmt, unter der Bedingung, dass die Berichte nicht vor seiner Heimkehr erschienen. In einem Interview beschrieb er in faszinierenden Einzelheiten, was geschah, sobald er zum Einsatz gerufen wurde. „Am meisten hat man davon, wenn man viel zu tun hat", sagte er. „Bis zu siebeneinhalb Stunden täglich darf man fliegen. Wir flogen neulich sieben Stunden und zehn Minuten, was wirklich kraftraubend ist. An anderen Tagen ist man manchmal acht- bis zehnmal im Zelt und wieder zurück, fliegt mal hier eine halbe Stunde, dort 45 Minuten und so weiter … Aber sobald wir einen Notruf erhalten, laufen wir so schnell wie möglich zum Hubschrauber – ungefähr sechseinhalb, sieben Minuten war das Schnellste, was wir geschafft haben. Bevor bestimmte Dinge nicht erledigt sind, kann man nicht abheben, und sobald man dann die Freigabe aus der Zentrale bekommt, startet man so schnell wie möglich. Denn wer weiß, was für eine Situation einen dort erwartet.

Jedesmal, wenn man zum Hubschrauber rennt, kriegt man diesen Adrenalinrausch, aber vor Ort muss man sich dann ein bisschen bremsen. Denn wenn das Adrenalin durch die Adern rauscht und man sich hetzt, übersieht man leicht etwas. Natürlich ist der Druck sehr hoch, wenn wir losziehen, um die Amerikaner zu unterstützen oder wenn es einen verwundeten Soldaten am Boden gibt."

Der Prinz räumte ein, bei einigen Einsätzen auf Taliban geschossen zu haben, um die Bodentruppen zu unterstützen oder verletzte afghanische oder Nato-Soldaten zu bergen, und fügte an, er habe dabei seinen Auftrag erfüllt. „Wenn du feuerst, vibriert der ganze Boden, und wenn du eine Rakete zündest, erzittert der ganze Hubschrauber. Wenn da draußen Typen sind, die unseren Leuten was antun wollen, sollten wir sie ausschalten, denke ich. Ein Leben nehmen, um eines zu retten. Jeder hat eine bestimmte Menge an Munition verschossen." Auch er selbst war unter Beschuss geraten. „Klar, du wirst angegriffen."

Harrys Eingeständnis, militante Taliban getötet zu haben, ging um die Welt. Es machte ihn auch zum Ziel für terroristische Anschläge und ist einer der Gründe, warum er nach wie vor von schwer bewaffneten Sicherheitsbeamten bewacht wird. Hätte er dieser Frage ausweichen können, wäre die permanente Bewachung, die ihn zunehmend frustrierte, vielleicht nicht nötig gewesen.

Er fügte hinzu, dass der Hubschrauber die meiste Zeit über vor allem der Abschreckung diente. „Die Jungs [aufständische Kämpfer] erkennen den Klang und die Form des Fliegers, deswegen denken sie: ,Okay, die sind da oben, also unternehmen wir lieber nichts.'" Er sprach auch darüber, wie ungern er sich im Camp aufhielt. „Ich hasse es, da festzusitzen. Ich wäre viel lieber draußen mit den Jungs auf Patrouille. Für mich persönlich war der letzte Job viel besser. Natürlich mögen viele Männer den Luxus und Komfort von Bastion Camp, aber es ist komisch, hier drin festzustecken und so wenig davon mitzubekommen, was draußen los ist."

Während seines ersten Einsatzes war sein königlicher Stand nie ein Problem gewesen. Nun war das anders. Es verärgerte ihn, wenn er bemerkte, dass gelangweilte Soldaten, die keinen Dienst hatten, ihre Zeit damit verbrachten, ,Such-den-Harry' zu spielen. Einmal fragten zwei Mädchen der Royal Air Force, ob sie ein Foto mit ihm machen könnten. Er lehnte ab und ging weg.

Seine Verärgerung ging aber noch weiter: „Es ist wirklich nervig, mit Hunderten von Leuten in die Kantine zu gehen, die mich hemmungslos angaffen. Was ich an diesem Standort nicht mag, ist, dass viele mich nicht kennen und mich als Prinz Harry ansehen, nicht als Hauptmann Wales. Das ist richtig frustrierend.

Daher wäre ich viel lieber draußen auf Patrouille, fort von all dem Trubel hier."

Er wusste, dass seine negativen Äußerungen, ein Apache-Pilot zu sein, nicht gut ankommen würden. „Es klingt verwöhnt, wenn ich vor diesem 35 Millionen Pfund teuren Ding stehe – aber ich hoffe, dass meine Freunde und Familie zu Hause verstehen und genau wissen, wovon ich spreche." Seine Verstimmung war tatsächlich etwas taktlos, nicht zuletzt, weil es den britischen Steuerzahler über eine Million Pfund gekostet hatte, ihn zum Hubschrauberpiloten auszubilden – und diese Befähigung setzte er gerade einmal vier Monate lang ein.

Zu meiner Überraschung erzählte mir ein Militärangehöriger, dass Harrys kurze Zeit in Afghanistan von den Verantwortlichen dennoch nicht als Verschwendung angesehen wurde. „Alles in allem war es eine gute Investition. Er erschien, um Königin und Land zu dienen, und flog seine Stunden wie jeder andere Pilot in Afghanistan. Auch für die gewöhnlichen Truppen war es wunderbar, ihn dort zu sehen. Und er ist seither ab und zu einen Hubschrauber geflogen."

Auch Harry blies nicht nur Trübsal. In einer anderen Sendung, die für die Truppen in Afghanistan ausgestrahlt wurde, war er voll des Lobes für das Militär. „Über unsere Streitkräfte wird oft gesagt, sie bestünden aus durchschnittlichen Menschen, die Überdurchschnittliches leisten", begann er. „Nun, ich glaube das nicht. Durchschnittliche Menschen laufen nicht los, um einen verwundeten Kameraden aus tödlichem Granatenhagel und schwerem Maschinengewehrbeschuss zu retten. Durchschnittliche Menschen werden nicht von ihrer Einheit als ‚Fels' bezeichnet, an dem sich alle festhalten können. Durchschnittliche Menschen hangeln sich nicht unter monsunartigen Bedingungen über ein Drahtseil, um 13 Menschen, einen nach dem anderen, zu retten. Und durchschnittliche Menschen setzen auch nicht ihr Leben für weit entfernte Völker wie die Afghanen aufs Spiel, die unsere Hilfe brauchen und dadurch jetzt ihr Land von Grund auf verändern." Man kann nur mutmaßen, wie viel er sich auf seine eigenen Taten zugute hielt, doch sein Mut und seine Haltung machen zweifellos auch ihn alles andere als „durchschnittlich".

Am 21. Januar 2013 wurde Harrys Rückkehr nach Hause bekanntgegeben. Als er aus seinem ersten Einsatz abgezogen wurde, war er wütend und enttäuscht gewesen. Dieses Mal fühlte er sich verloren und wusste nicht recht, was er als Nächstes tun sollte. Auf dem Rückweg sagte er in einem ITN-Interview auf Zypern: „Normal für mich? Ich habe keine Ahnung mehr, was normal bedeutet. So richtig wusste ich das noch nie." Seine Offenheit unterstrich, dass ihm der Sinn nicht nach den Witzchen stand, mit denen er sich in der Vergangenheit immer aus der Affäre gezogen hatte. Seine Heimkehr bedeutete für Harry nicht nur das Ende seiner Militärlaufbahn. Er musste auch darüber nachdenken, was er in Zukunft mit seiner Zeit anfangen sollte, und in Verbindung mit seinem unbewältigten Zorn zog ihn diese Gefühlslage immer weiter abwärts und führte zu den psychischen Problemen, über die er 2017 öffentlich sprach. Er hatte nicht nur physisch das Leben beim Militär genossen. Die Armee war seine Ersatzfamilie geworden. Er vertraute seinen Kameraden und fühlte sich geborgen. Als ihm diese Zugehörigkeit innerhalb eines Augenblicks geraubt wurde, verlor er auch das Gefühl, zu einem Team zu gehören, verlor die ungezwungene Kameradschaft, die aus gemeinsamen Erfahrungen entsteht, und den schwarzen Humor, den er so mag. Das Militär war für ihn ein Refugium geworden, weit weg von seiner öffentlichen Rolle.

Sobald Harry sicher nach England zurückgekehrt war, herrschte in höheren Militärkreisen beträchtliche Nervosität, wie die arabische Welt auf seine Stationierung in Afghanistan reagieren würde. Ein Sprecher berichtete mir: „Kaum war Harry wieder hier, wurden alle nur erdenklichen Twitter-Kanäle der arabischen Welt beobachtet, um die Reaktion zu sehen. Wir rechneten fast damit, dass ein Dschihad gegen das Haus Windsor ausgerufen werden würde. Aber zur allgemeinen Überraschung war beinahe jeder Twitter-Kanal voll des Lobes für den Prinzen, der sich gegen ein Leben in Luxus und Müßiggang entschieden hatte und es vorzog, sein Leben für sein Land aufs Spiel zu setzen. Darauf reagierten die Menschen sehr positiv, und in manchen Ländern wurde sogar das eigene Königshaus scharf dafür kritisiert, so wenig zu tun. Niemand hätte damit gerechnet, dass Harry Lob aus der islamischen Welt erhalten könnte."

Harry verließ die Armee nicht sofort. Der Kensington Palace verkündete, er werde die Funktion eines Stabsoffiziers im Hauptquartier für den Großraum London übernehmen. Diese Aufgabe bedeutete, dass er nach wie vor für die Armee arbeitete, seine aktive Militärkarriere aber so gut wie beendet war. Stattdessen würde er bei der Koordinierung von „bedeutenden Projekten und Gedenkveranstaltungen" mitwirken. Diese Aufgabe entsprach überhaupt nicht seinem Temperament und seinen Fähigkeiten, und die ganze Idee war von vorneherein in etwa so sinnvoll, wie einen Tiger zum Vegetarier machen zu wollen.

In einem etwas wirren Interview mit Sky TV während eines Besuchs in Neuseeland im Mai 2015 wurde er gefragt, wie schwer es ihm falle, die Armee zu verlassen. Er antwortete: „Das ist ein Scheideweg. Ich bin jetzt in derselben Position wie viele in meinem Alter oder meinem Rang, und viele der Jungs, die mit mir angefangen haben, sind inzwischen aus den unterschiedlichsten Gründen aus der Truppe ausgeschieden. Wenn wir weiterziehen … ich denke, es kommt mehr Verantwortung auf einen zu, und indem ich etwas mehr von dieser königlichen Rolle übernehme, bin ich nicht mehr in der Lage, eine Karriere zu verfolgen, wie viele andere Soldaten, und mehr Verantwortung, zum Beispiel in der Fliegerei, zu übernehmen. Deswegen habe ich während der letzten sechs bis zwölf Monate versucht, die richtige Balance zu finden, bevor ich aufgehört habe, und das wurde sehr schwer. Je höher man im Rang aufsteigt, umso unweigerlicher steuert man auf einen Schreibtisch-Job zu."

Mir gegenüber äußerte er, dass es für ihn unbefriedigend wäre, am Schreibtisch vor einem Bildschirm zu sitzen und seine militärische Qualifikation auf diese Weise einzusetzen. „Ich werde ganz unruhig, wenn ich zu lange am Computer festsitze", sagte er. Er ist ein praktisch veranlagter Mensch und zieht das Handeln vor. Einen Vorteil hatte es aber, zu Hause zu sein: Er konnte die Beziehung zu Cressida wieder aufnehmen. Während der nächsten zwei Jahre wurde das Paar häufig gemeinsam bei Veranstaltungen fotografiert, etwa beim Musikfestival in Glastonbury und bei einer Hochzeit der High Society. Sie folgten auch der Einladung der Prinzessinnen Eugenie und Beatrice, sie und ihre Eltern, den Duke und die Duchess of York, auf einen Skiurlaub in den exklusiven Schweizer Skiort Verbier zu begleiten. Obwohl die Scheidung von Prinz Andrew und Sarah Ferguson 20 Jahre zurücklag, sind die beiden noch befreundet.

Harry, der seine Zuneigung gern öffentlich zeigt, küsste Cressida hemmungslos im Restaurant oder beim Warten am Skilift. Ein Moment der Turtelei wurde von einem französischen Fotografen eingefangen und ging um die Welt. Harry hatte sich offensichtlich wieder verliebt. Später schloss sich Cressida Harry an, um ein Rugbyspiel in Twickenham, London, anzusehen, und im März 2014 überredete er sie, eine erste öffentliche Verpflichtung mit ihm wahrzunehmen. Es handelte sich um ein Konzert, das die Wohltätigkeitsorganisation Free The Children am WE Day in der Wembley Arena veranstaltete und das junge Menschen ermutigen sollte, anderen zu helfen. In seiner Ansprache vor 12 000 zumeist kreischenden Schülerinnen und Schülern aus 400 Schulen beschrieb Harry ehrenamtliche Arbeit als „die coolste Sache der Welt". Wieder sah man ihn, wie er Cressida küsste und umarmte, und für die Kommentatoren konnte dieses Verhalten in der Öffentlichkeit nur bedeuten, dass die beiden kurz vor der Verlobung standen.

Stattdessen trennten sie sich nur einen Monat später. Die Agentur Press Association berichtete, das Paar habe sich für getrennte Wege entschieden, damit Cressida sich auf die Schauspielerei konzentrieren könne. Für Harry war die Übergriffigkeit der Presse ein Grund für das Ende ihrer Beziehung. Ingrid Seward, eine Freundin von Cressidas Mutter, verriet im Folgenden auf einem Literaturfestival in Henley, die 27-jährige Cressida habe im privaten Kreis erzählt, sie habe sich wegen der ständigen negativen Kommentare getrennt, die jedes Mal ausgelöst wurden, sobald sie zusammen gesehen worden waren. „Sie sagte, es sei einfach furchtbar gewesen, denn jedes Mal, wenn sie eine Straße entlanglief, hörte sie, wie sich Leute kritisch über sie äußerten." Cressida war auch verzweifelt über die Kommentare in den sozialen Medien.

Für Harry muss es erschütternd gewesen sein, dass die Aufmerksamkeit, mit der er als Royal leben musste, wieder einmal zum Ende einer wichtigen Beziehung geführt hatte. So erklärt sich auch seine Wut, als 2016 seine Beziehung zu Meghan Markle bekannt wurde und die Weltpresse sie und ihre Familie belagerte.

Kapitel 11

Höhen und Tiefen

Ab 2013 fiel es Harry immer schwerer, mit allem fertig zu werden. Zwar gelang es ihm, nach außen hin Haltung zu bewahren und seine royalen Verpflichtungen zu erfüllen. Aber innerlich verlor er jeden Halt. Erst 2017 gab er zu, dass die vergangenen Jahre ein echter Kampf gewesen waren, dass er seine Gefühle zwei Jahrzehnte lang unterdrückt hatte und erst 28 Jahre alt werden musste, um sich Hilfe zu suchen.

Er fühlte sich gefangen in seinem öffentlichen Leben und litt unter dem Verlust seiner Mutter. Er brauchte dringend jemanden, mit dem er darüber reden konnte. Aber es war schwierig, einen Vertrauten zu finden, der ihm eine emotionale Stütze sein konnte.

Sein Vater, der mit Camilla Parker Bowles glücklich war und sich ein neues, besseres Leben aufgebaut hatte, schien ihm nicht der richtige Ansprechpartner zu sein. Harry freute sich für ihn. Aber wie konnte er ihm sein Herz ausschütten und erzählen, wie sehr er seine Mutter vermisste und sich nach ihrer Liebe sehnte, wenn er doch wusste, wie sie unter Camilla gelitten hatte? Auch der Queen und Prinz Philip wollte er sich nicht anvertrauen, da sie gegenüber der charismatischen, aber von Problemen geplagten Schwiegertochter gemischte Gefühle hegten und außerdem der Ansicht waren, man müsse seine Emotionen unter Kontrolle haben. Und das traf auf Harry – wie auch auf seine Mutter – nicht zu.

Hinzu kam, dass es ihm nach seinem aktiven Dienst in der Armee schwerfiel, sich neue Ziele zu setzen. Denn er hatte ja gehofft, Militärkarriere zu machen. Rechnet man zu all diesen

Zwängen und Enttäuschungen auch noch seinen labilen Gemütszustand dazu, kann man nur sagen: Er hat sich tapfer geschlagen. Er kam seinen Pflichten nach, absolvierte seine erste Solo-Tour durch die Karibik mit Bravour, engagierte sich für die Olympischen Spiele in London, flog Apache-Kampfhubschrauber in Afghanistan, baute eine Beziehung mit Cressida Bonas auf und stellte sich den Folgen seines Ausrutschers in Las Vegas.

Er hat mir erzählt, dass der Verlust seiner Mutter sich ernsthaft auf sein privates wie berufliches Leben auswirkte und ihn in ein „totales Chaos" gestürzt habe. Außerdem betonte er gegenüber dem *Daily Telegraph*, dass seine psychischen Probleme nicht die Folge seines Afghanistan-Einsatzes seien. „Ich kann sicher sagen, dass es nichts mit Afghanistan zu tun hat", erklärte er. „Ich musste nicht mitansehen, wie mein bester Kumpel in die Luft gejagt wird, und ihm beide Beine abbinden. Zum Glück und Gott sei Dank gehöre ich nicht zu denen, die diese Erfahrung gemacht haben."

Er litt auch unter Panikattacken. „Jedes Mal, wenn ich irgendwo mit vielen Menschen in einem Raum war, was oft vorkam, bekam ich Schweißausbrüche. Mein Herz raste – bum, bum, bum, bum –, und ich kam mir vor wie eine Waschmaschine. Ich dachte: ‚Oh Gott, ich muss sofort hier raus. Moment, nein, ich kann hier nicht raus, ich muss es überspielen.'"

Rückblickend erkennt man, dass es schon länger kleine, aber deutliche Anzeichen dafür gegeben hatte, dass etwas nicht in Ordnung war. Dass er mit dem Tod seiner Mutter nicht fertig geworden war und nicht wusste, wie er mit seiner Trauer umgehen sollte. Ein Therapeut erklärt dazu: „So etwas kann dazu führen, dass jemand nach außen hin abweisend und aggressiv wird, gleichzeitig sein Selbstwertgefühl verliert, ängstlich und deprimiert ist." „Manchmal", erinnert sich jemand, der Harry gut kennt, „hat er seine royalen Termine wie ein wandelndes Phantom absolviert. Er war weit entfernt von dem Harry, den jeder kennt." Die Veränderung war so stark, dass sogar die *Washington Post* während seines einwöchigen offiziellen USA-Besuchs im Mai 2013 feststellte, Harry habe wohl seinen Übermut verloren und sei „wohlerzogen bis zur Schmerzgrenze".

Es war seine erste Reise in die Vereinigten Staaten nach dem berüchtigten Ausflug nach Las Vegas, wo man ihn bei einer Runde Strip-Billard nackt abgelichtet hatte. Falls er gehofft hatte, dieser Zwischenfall würde unerwähnt bleiben, so wurde er enttäuscht. Governor Chris Christie, der Harry die Schäden des Wirbelsturms Sandy zeigen sollte, der kurz zuvor über New Jersey gefegt war, spielte im Vorfeld darauf an. „Glauben Sie mir, niemand wird sich nackt ausziehen, wenn ich den Tag mit Prinz Harry verbringe." Etwas versöhnlicher fügte er hinzu: „Der Prinz hat sich für sein damaliges Benehmen bei mir entschuldigt. Viele junge Leute machen Fehler. Ich freue mich sehr, dass er kommt und die Schäden mit eigenen Augen sehen und helfen will."

Harrys Hauptanliegen bei dieser Reise war es, sich für die Rehabilitierung verletzter amerikanischer und britischer Soldaten einzusetzen. Doch mancherorts wurde er wie ein Popstar empfangen. Die Woche begann mit dem Besuch einer Ausstellung auf dem Capitol Hill, organisiert vom HALO Trust. Die Nichtregierungsorganisation kümmert sich um die Beseitigung von Landminen und lag seiner Mutter, die als Schirmherrin fungiert hatte, seinerzeit sehr am Herzen. Senator John McCain begleitete Harry, und als die beiden den Ausstellungsraum im Russell Senate Office Building betraten, wurden sie von „Hunderten von schreienden Frauen" empfangen. Sie waren so laut, dass die Sicherheitskräfte sie aufforderten, den Saal zu verlassen. Harrys weibliche Fangemeinde machte sich die ganze Woche über immer wieder bemerkbar.

Auf die Frage, was Harry von seiner Rolle als Superstar hielt, antwortete McCain: „Er schien ein wenig … verlegen ist nicht das richtige Wort, aber … Ich bin sicher, dass ihm das hier nicht zum ersten Mal passiert ist."

Etwas später an dem Tag glänzte Harry mit einem laut der amerikanischen Fernsehsendung *Today* „unglaublich charmanten Auftritt" bei einem Muttertags-Tee im Weißen Haus, zu dem First Lady Michelle Obama eingeladen hatte. Als Harry hereinkam, rief Mrs. Obama „Überraschung!", und die Mütter und Großmütter, viele davon Angehörige von US-Soldaten, waren erst verblüfft, dann überwältigt und umringten ihn begeistert.

Des Weiteren legte Harry auf dem Nationalfriedhof Arlington Kränze am Grabmal des unbekannten Soldaten und für die im Irak und in Afghanistan Gefallenen ab. Er besuchte verwundete Veteranen im Walter Reed-Militärkrankenhaus, wo er auch die hauseigenen Werkstätten zur Prothesenherstellung besichtigte. Er ließ sich die „sozial und wirtschaftlich benachteiligten" Viertel New Yorks zeigen und nahm an einem eleganten Dinner der American Friends von der Royal Foundation teil, vor denen er eine kurze Rede hielt. Er fand gefühlvolle Worte für die Auswirkungen von Aids auf die Kinder in Afrika und bekam anschließend Rinderfilet mit Blattsalaten, grünen Erbsen und Babykarotten serviert. Er spielte als Kapitän einer Polo-Mannschaft in Connecticut ein Wohltätigkeitsmatch, dessen Erlös seiner in Afrika tätigen Stiftung Sentebale zugutekam. In Colorado besuchte er das Team der britischen Streitkräfte, das erstmals an den Warrior Games teilnahm. Das jährliche Sportevent soll dazu beitragen, dass versehrte Mitglieder der US-Streitkräfte trotz ihrer Einschränkungen ihre körperlichen Fähigkeiten unter Beweis stellen können. Organisiert wird es vom Nationalen Olympischen Komitee der Vereinigten Staaten, und an der fünften Ausgabe nahmen über 200 Männer und Frauen teil, erstmals auch aus Großbritannien.

Die Tapferkeit und Entschlossenheit dieser Sportler hinterließen bei Harry einen bleibenden Eindruck, ähnlich wie der Anblick der mit HIV infizierten Waisenkinder bei seinem ersten Besuch in Lesotho. Es könnte vielleicht für ihn ein Weg sein, mit der Armee in Kontakt zu bleiben, wenn er diesem Event durch seine royale Unterstützung zu mehr Popularität verhelfen würde.

„Ich wollte das im großen Stil machen", sagte er mir bei unserem Treffen. „Ich möchte, dass die Menschen hier zuschauen und dann ihre Einstellung gegenüber verwundeten Militärangehörigen ändern." Kaum jemand wird leugnen können, dass ihm das gelungen ist. Umso erstaunlicher war, dass er seine Lobrede auf die Warrior Games ohne den sonst üblichen Enthusiasmus hielt. Er sprach monoton, mit ausdrucksloser Miene, und seufzte mehrmals kurz auf, als ob es ihn große Anstrengung kosten würde. Vielleicht waren das kleine Hinweise auf seine damalige schlechte Verfassung. Als Erstes erklärte er, dass sein Interesse an den Warrior Games im Jahr zuvor erwacht sei, und fügte leicht zynisch hinzu: „Ich war in Washington, um im Vorgarten des Botschafters einen Baum zu pflanzen, so wie das meine Familie immer wieder gern tut." Dort hatte er ehemalige Soldatinnen und Soldaten getroffen, die gerade von den vierten Warrior Games zurückkehrten, und ihnen versichert, wie sehr er es bedauerte, dass er die Spiele verpasst hatte. Er erzählte auch von seinen Erlebnissen in Helmand, von mutigen Menschen wie von Verwundeten, die unter den „verheerenden Folgen und Verletzungen, die ihr Leben verändern", zu leiden hatten.

Das Treffen gab ihm den Anstoß dazu, in Großbritannien ein ähnliches Sportevent ins Leben zu rufen. Wenn Harry eine Idee hat, geht er völlig darin auf und will schnellstmöglich Resultate sehen. Deshalb wandte er sich sofort nach seiner Rückkehr an den damaligen Bürgermeister von London, Boris Johnson, an das Organisationskomitee der Olympischen und Paralympischen Spiele in London und an das Verteidigungsministerium und überzeugte sie von seinem Anliegen. Am 6. März 2014 kündigte er „seine" Spiele für den 10. bis 14. September an. Das machte einen unglaublichen Kraftakt erforderlich, aber Harry setzte sich mit Leib und Seele dafür ein und stand sechs Monate später stolz mit Premierminister David Cameron, Prinz Charles, William und Kate bei der Eröffnungszeremonie im Londoner Olympiapark. Die Spiele wurden Invictus Games getauft – *invictus* ist Lateinisch und bedeutet „unbesiegt", was Harry für sich selbst noch nicht ganz behaupten konnte.

Der ehemalige Offizier David Wiseman, der 2009 durch eine Kugel der Taliban verletzt wurde und bei der Organisation der Spiele eine tragende Rolle spielte, erzählte mir: „Prinz Harry engagiert sich unglaublich für die Männer und Frauen in Uniform und weiß seine Popularität zu nutzen, um ihre bemerkenswerten Leistungen ins Rampenlicht zu rücken. Ich kenne niemanden, der das besser könnte."

Rund 300 Sportler aus 13 Nationen nahmen an den Spielen teil, die von der BBC übertragen wurden. Für viele Veranstaltungen wurden die Wettkampfstätten der Olympischen Spiele von 2012 genutzt. Die Invictus Games waren ein großer Erfolg. Dass neben den sportlichen Höchstleistungen auch der Spaß nicht zu kurz kam, dafür sorgte schon Harry. Neben den Gold-, Silber- und Bronzemedaillen wurde auch eine Medaille für die reine Teilnahme vergeben, sodass jeder einzelne Sportler geehrt wurde. Harry war begeistert: „Sport ist auf jeden Fall der beste Weg, um Körper und Geist zu heilen. Und es geht ganz einfach: Man setzt sich ein Ziel, verbannt alle negativen Gedanken, konzentriert sich auf die Herausforderung, die vor einem liegt, und lernt dabei wieder, den eigenen Körper einzusetzen."

Das ist natürlich einfacher gesagt als getan, und ein Soldat, der unter einer posttraumatischen Belastungsstörung leidet oder Gliedmaßen verloren hat, wird durch einen sportlichen Erfolg nicht automatisch wieder zu dem Menschen, der er war. Aber er gewinnt dadurch an Selbstvertrauen, und das hilft ihm, sein neues Leben aufzubauen. Zahllose Ex-Soldaten waren Harry für sein Engagement zutiefst dankbar. Mike Goody, der in Afghanistan ein Bein verloren hatte, nahm als Schwimmer an den Spielen

2014 und 2016 teil und sprach aus, was viele fühlten: „Harry war einfach legendär. Er war überall. Er hat buchstäblich alles angekurbelt, alles gestemmt, alle auf Trab gebracht und uns wirklich Mut gemacht."

Auch privat gab es aufregende Ereignisse. Am Montag, dem 22. Juli 2013 um 16.24 Uhr wurde George Alexander Louis geboren. Williams und Kates erstes Kind kam in der Privatstation Lindo Wing des St Mary's Hospital in Paddington zur Welt, so wie auch schon Harry und sein Bruder William. Nun stand der kleine Prince George of Cambridge in der Thronfolge an dritter Stelle und verdrängte Harry auf Platz vier. Anlässlich einer Londoner Fotoausstellung über die Arbeit seiner Stiftung Sentebale sagte der 28-jährige Onkel ein paar Tage später, er habe seinen neugeborenen Neffen in den Armen gewiegt, als dieser sich bei seinem Besuch „die Augen ausweinte". Harry fand es „fantastisch, einen neuen Familienzuwachs zu haben", und scherzte: „Ich hoffe nur, mein Bruder weiß, wie teuer meine Dienste als Babysitter sind." Auf die Frage, was seine Aufgaben als Onkel seien, antwortete er: „Sicherzustellen, dass er eine gute Erziehung bekommt, ihn vor allen Gefahren zu beschützen und dafür zu sorgen, dass er Spaß hat. Den Rest überlasse ich den Eltern."

Bei einem zweitägigen Aufenthalt in Sydney und Perth anlässlich des 100. Jahrestages der Ankunft der Royal Australian Navy wurde Harry ähnlich frenetisch gefeiert wie schon zuvor in New York. Premierminister Tony Abbott begleitete ihn und entschuldigte sich öffentlich dafür, dass viele Australier Monarchiegegner seien. Angesichts der Menschenmenge, die zu Harrys Empfang gekommen war, würde man das allerdings nicht vermuten, fügte er hinzu. „Am heutigen Tag fühlt sich jeder als Monarchist", sagte er.

Seit jeher liebt Harry extreme sportliche Herausforderungen. Er ist Schirmherr der gemeinnützigen Organisation Walking With The Wounded. Nachdem er eine erfolgreiche Expedition zum Nordpol 2011 wegen der Hochzeit seines Bruders frühzeitig abbrechen musste, nahm er im Winter 2013 an einem Trek über mehr als 300 Kilometer zum Südpol Teil. Sein Team bestand aus britischen Ex-Soldaten und -Soldatinnen mit körperlichen oder kognitiven Beeinträchtigungen. Ein jeweils ähnliches Team startete für die Vereinigten Staaten und für das Commonwealth. Ursprünglich war die Veranstaltung als Wettkampf geplant, aber aufgrund des „schwierigen Geländes" ließ man den Konkurrenzgedanken fallen. Das britische Team reiste am 17. November nach Kapstadt und weiter zur antarktischen Forschungsstation Nowolasarewskaja, um sich zu akklimatisieren, das eigentliche Rennen begann am 30. November. Man ging davon aus, dass die Teams zwischen 15 und 20 Kilometer pro Tag zurücklegen und insgesamt gut fünfzehn Tage brauchen würden. Die Temperaturen fielen bis auf -45 Grad Celsius, die Windgeschwindigkeit erreichte 80 Stundenkilometer. Jeder Teilnehmer zog einen Schlitten, der 70 Kilogramm und mehr wog. Ed Parker, der Expeditionsleiter und Mitbegründer von Walking With The Wounded, sagte: „Wir wussten natürlich, dass es nicht leicht werden würde, aber genau das macht diese Herausforderung ja so spannend. Unser Ziel war es, zu zeigen, dass junge Männer und Frauen aus unseren Streitkräften trotz Verletzungen Großes erreichen können. Wir kamen hierher mit dem Vorsatz, den Südpol zu erreichen, und das haben wir getan. Es ist ein unglaubliches Gefühl." Kurz vor dem Ziel äußerte sich Prinz Harry in einem Voice Blog: „Der Wind hat sich gelegt, was angenehm ist. Wir erreichen den Südpol am Freitag, dem 13., für manche ein Unglückstag, für uns ein Glückstag." Er fügte hinzu, dass alle Teilnehmer „guter Laune", aber wohl auch „ein wenig erschöpft" seien. Die erfolgreiche Expedition machte Harry zum ersten Mitglied der königlichen Familie, das den Südpol erreicht hatte. Er fand lobende Worte für alle Teilnehmer, aber ganz besonders für seinen Teamkollegen Unteroffizier Duncan Slater aus Muir of Ord, der 2009 in Afghanistan beide Beine verloren hatte, als sein Fahrzeug von einem Amateur-Sprengsatz in die

Luft gejagt worden war. „Für ihn ist ein Lauf zum Südpol keine wirkliche Herausforderung, und er konnte ihn deshalb einfach genießen. Ich denke, jeder zu Hause wird schon allein die Tatsache, dass er sich unter diesen Bedingungen ohne Beine fortbewegen konnte, als eine unglaubliche Heldentat ansehen."

Ein weiteres Beispiel für die nachhaltigen Kontakte Harrys zu Ex-Soldaten ist Kirstie Ennis, eine junge, blonde Amerikanerin, die mit den Marines in Afghanistan als Bordschütze im Einsatz war. Im Juni 2012 machte der Hubschrauber mit Unteroffizier Ennis an Bord aus unbekannten Gründen eine Bruchlandung. Sie konnte von Glück sagen, dass sie überlebt hat, doch Gehirn, Gesicht und Wirbelsäule waren schwerst geschädigt, dazu kamen Verletzungen am linken Bein und an den Schultern. Harry lernte sie 2015 kennen, als einzige weibliche Teilnehmerin an einer über 1500 Kilometer langen 72-Tages-Wanderung vom Norden Schottlands bis zum Buckingham Palace. Mit der Veranstaltung warb Walking With The Wounded für Spenden. Für Kirstie war es eine große Herausforderung – drei Jahre zuvor hatten die Ärzte ihr gesagt, sie würde nie mehr laufen können. Die Wanderung hatte sie noch mit beiden Beinen absolviert und den Termin für die Amputation des verletzten Beins extra verschoben, um teilnehmen zu können.

Harry stieß an mehreren Orten entlang der Route zu den Wanderern, worüber sie sich sehr freute. „Er scheint sehr engagiert und überzeugt zu sein", stellte sie fest. „Er wollte meine Geschichte hören, und ich hatte das Gefühl, ihm alles erzählen zu können, einen wirklichen Zuhörer zu haben. Es kam mir vor, als ob ich mit einem Freund unterwegs sei oder mit einem Bruder. In dieser Hinsicht ist das Militär eine Familie. Es ist eine Bruderschaft. Es wollte wirklich etwas heißen, dass Harry mit uns gewandert ist. Ich habe ihm von meiner Zeit im Camp Bastion erzählt, denn wir haben zur gleichen Zeit am selben Ort gedient. Er ist so normal, und man kann gut mit ihm auskommen. Er ist auch sehr umgänglich, und wenn Leute vorbeikamen und ‚Hi' sagten, nahm er sich Zeit für sie, besonders, wenn es sich um Kinder handelte. Und man konnte sehen, wie sehr die sich darüber freuten."

Kirstie erinnerte sich auch noch daran, wie das Wanderteam frotzelte, er solle es nur wagen, nach 25 Kilometern über Knieschmerzen zu klagen. „Am Schluss hinkte er und jammerte ein bisschen, aber leise, weil er wusste, dass wir ihm Bescheid sagen würden", lachte sie.

Für das sechsköpfige Team waren die bis zu 30 Kilometer langen Tagesmärsche eine riesige Herausforderung. Aber dass Harry sie streckenweise begleitete, habe ihnen Mut gemacht, erklärte Kirstie. „Es war nicht einfach. Durch meine Verletzungen habe ich permanent Schmerzen, sie belasten mich körperlich und mental. Ich habe mich nie so behindert gefühlt wie auf dieser Wanderung. Es war wirklich hart. Ich fand es super, dass Prinz Harry uns streckenweise begleitet hat."

Unterwegs erfuhr sie, dass sie in die US-Nationalmannschaft für die Invictus Games 2016 in Orlando aufgenommen worden war. „Die Zusage für die Nationalmannschaft erreichte mich, während ich mit Prinz Harry durch Norfolk wanderte. Er war richtig stolz auf mich und freute sich sehr. Er findet es toll, wenn Veteranen über sich hinauswachsen und ihre Behinderungen überwinden. Das ist sein Ding, das kann man wirklich sehen." Kirstie nahm an Ruder- und Schwimmwettkämpfen und Outdoor-Veranstaltungen teil. Ihre Wandergruppe erreichte den Buckingham Palace im Oktober 2015. Dort erwartete sie Prinz Harry, um ihnen zu ihrer erstaunlichen Leistung zu gratulieren. Im folgenden Monat wurde Kirsties Bein amputiert, zunächst bis zum Knie. Dann machte eine Infektion einen zweiten Eingriff erforderlich und ein weiteres Stück wurde abgenommen. Harry blieb mit ihr in Verbindung, sowohl während des Krankenhausaufenthalts wie auch danach.

„Ich sehe in ihm nichts anderes als einen Freund. Ich weiß, dass er sich um mein Wohlergehen Gedanken macht und dass er wirklich für jeden Anteilnahme empfindet." Prinz Harry lobte seinerseits ihre „absolut unglaubliche" Courage.

2014 absolvierte Harry mehrere offizielle Kurzbesuche, darunter in Estland, Italien, Brasilien, Chile, Belgien, Oman und Abu Dhabi. Außerdem flog er nach Lesotho, um sich vor Ort um seine Stiftung zu kümmern. Zu den wichtigsten Ereignissen des Jahres gehörte die Enthüllung des Folkestone Memorial Arch in Kent am 4. August zur Erinnerung an den Beginn des Ersten Weltkrieges 100 Jahre zuvor. Am 14. November eröffnete er stellvertretend für den Duke of Edinburgh das 86. Field of Remembrance der Kriegsveteranen-Organisation Royal British Legion vor der Westminster Abbey und nahm drei Tage später als Repräsentant der Queen an einem Gedenkgottesdienst im Luftwaffenstützpunkt Kandahar in Afghanistan teil.

Im Januar 2015 wurde bekannt, dass sich Harry um die Unterstützung verwundeter Armeemitglieder kümmern würde, und zwar im Rahmen einer Initiative des Verteidigungsministeriums und in Zusammenarbeit mit der gemeinnützigen Organisation Help for Heroes sowie der Royal British Legion. Ziel dieses Vereins ist, die auf die individuellen Bedürfnisse der Verwundeten abgestimmten Rehabilitationsmaßnahmen zu gewährleisten. Durch seine Arbeit und die Gespräche mit betroffenen Männern und Frauen erfuhr er viel über die psychische wie körperliche Situation dieser Menschen und begriff, wie wichtig es ist, sich aussprechen zu können.

Nach zwei Jahren hatte Harry genug davon, rein administrative Tätigkeiten für das Militär auszuführen. Dass er am 13. März 2015 in der Londoner St Paul's Cathedral einen Gottesdienst zu Ehren der in Afghanistan gefallenen britischen Soldaten besuchte, mag seine Unzufriedenheit noch verstärkt haben. Kurz darauf hieß es aus dem Kensington Palace, Harry werde die Armee im Juni verlassen, aber zuvor noch vier Wochen lang die Australian Defence Force unterstützen und die königliche Familie bei militärischen Anlässen vertreten.

Er flog nach Sydney und reiste gleich weiter nach Canberra, wo er einen Kranz am Grabmal des unbekannten Soldaten ablegte. Dann meldete er sich offiziell zum Dienst bei General Mark Binskin, dem Oberbefehlshaber der australischen Streitkräfte. Er überreichte ihm einen Brief seiner Großmutter, in dem sie andeutete, dass sie sich Sorgen um Harry machte und Binskin darum bat, ein Auge auf ihn zu haben – das alles wohlverpackt in ausgesucht höfliche, einer Queen würdige Formulierungen. Sie erwähnte, wie erfreut sie sei über den „militärischen Auftrag meines Enkels, Prinz Harry", und fügte hinzu: „Ich weiß, dass Hauptmann Wales von seiner Zeit mit den australischen Soldaten sehr profitieren wird, und ich danke Ihnen dafür, dass Sie ihn in Ihren Reihen aufnehmen."

Harry nahm an Übungen der australischen Elitetruppe SAS in Perth teil, flog in Darwin und Sydney als Co-Pilot einen Black Hawk-Militärhubschrauber und trainierte mit den Waffentauchern der Royal Australian Navy in Sydney Harbour Strategien zur Terrorabwehr. Es gab Kritik, dass er seine Zeit mit Dingen verschwende, die er nie mehr brauchen würde und ihm den Abschied von der Armee nur erschwerten. Oder dass es ihm im Grunde nur ums Vergnügen ginge.

Unterbrochen wurde sein Dienst durch einen Kurzbesuch in der Türkei, wo er zusammen mit seinem Vater an einer Feier zum Gedenken an die verhängnisvolle Schlacht von Gallipoli 1915 teilnahm, bei der Zehntausende von Soldaten der Entente fielen, also auch aus Australien und Neuseeland.

Während seines Australienaufenthalts äußerte sich Harry betont optimistisch: „Nach einem Jahrzehnt Militärdienst ist es mir wirklich schwergefallen, den Abschied einzureichen. Dass ich die Gelegenheit hatte, einige sehr anspruchsvolle Aufgaben zu erfüllen und dabei viele fantastische Menschen kennenzulernen, betrachte ich als ein unglaubliches Glück. Aber alles Gute hat irgendwann ein Ende, und ich stehe an einem Scheideweg meiner militärischen Karriere. Ich wäge meine Perspektiven für die Zukunft ab und sehe spannende Möglichkeiten. Eine Phase meines Lebens geht zu Ende, aber es wird sofort ein neues Kapitel aufgeschlagen. Darauf freue ich mich sehr." Ein Mitglied des königlichen Dienstpersonals deutete mir gegenüber an, dass Harry sich noch nicht sehr weit von besagtem Scheideweg entfernt habe.

Kurz vor seinem Abflug nach Neuseeland am 2. Mai erreichte ihn die frohe Botschaft von der Geburt des zweiten Kindes von William und Kate, Charlotte Elizabeth Diana. Dadurch rückte Harry in der Thronfolge von Platz vier auf Platz fünf. Auf die Frage, ob ihm das etwas ausmache, antwortete er ohne Zögern: „Der Grund für meinen fünften Platz sind mein Neffe und meine Nichte, und die wollte ich niemals missen. Sie sind das Tollste überhaupt." Mit der Geburt von Williams und Kates drittem Kind wird Harry auf Platz sechs rutschen.

In einem Interview von Sky TV wurde Harry nach Charlotte, seinen Zukunfts- und vor allem nach seinen Heiratsplänen befragt. Doch wenn er nicht zu viel preisgeben will, ist Harry ein Meister der höflichen, aber schwammigen Formulierungen: „Es kommt der Augenblick, in dem man denkt, jetzt ist es Zeit, sesshaft zu werden. Oder auch nicht. Aber in beiden Fällen denke ich, man kann es nicht erzwingen. Es wird passieren, wenn es passieren soll. Natürlich wäre ich glücklich, wenn ich Kinder hätte. Aber dafür muss man einen Prozess durchlaufen. Ich hoffe, ich komme auch alleine zurecht. Es wäre schön, jemanden an meiner Seite zu haben, mit dem ich den Druck teilen kann. Aber wissen Sie, diese Zeit wird kommen, und was immer auch passiert, passiert."

Geschickt umging er auch die Frage, wie er zunehmende royale Verpflichtungen mit neuen Plänen vereinbaren will: „Es stehen ein paar Sachen auf der Liste, aber ich möchte nicht spekulieren", sagte er. „Hauptsache, meine Familie weiß, dass sie mir hinsichtlich meiner Entscheidungen vertrauen kann. Egal, was es ist, es wird mir sicher erlauben, etwas zurückzugeben. Das gehört für mich dazu. Königliche Aufgaben sind großartig, aber wir beide, William und ich, haben das Bedürfnis, uns etwas zu verdienen. Wir wollen mit normalen Menschen zusammenarbeiten, um auf dem Teppich zu bleiben und nicht die Motivation zu verlieren. Ich will etwas finden, das mir eine feste Basis gibt." Eine Lohnsteuerkarte hat Harry bislang noch nicht. Aber dann sagte er noch etwas, das sehr der Erklärung ähnelt, die Diana dem damals knapp Vierjährigen kurz nach ihrer Trennung von Charles gab: „Ich muss mein Leben so akzeptieren, wie es ist, und in vielerlei Hinsicht bin ich sehr privilegiert."

Zum Zeitpunkt von Charlottes Taufe am 5. Juli in der Kirche St Mary Magdalene von Sandringham, wo die Queen einen Landsitz hat, befand sich Harry auf einer Afrikareise, was ihm ein schlechtes Gewissen bereitete. „Was bin ich für ein schlechter Onkel!", sagte er zu Simson Uri-Khob, dem Leiter der Organisation Save the Rhino in Afrika, mit dem er in Namibia unterwegs war. Gemeinsam gingen sie im 25 000 Quadratkilometer großen Naturschutzgebiet von Palmwag auf Ausschau nach Löwen, Elefanten, Nashörnern und Leoparden. „Ich sollte eigentlich dort sein, aber heute bin ich hier, und das ist gut so." Er erklärte, dass er diesen Erkundungstrip auch für William übernommen habe und dass er „eine Menge neuer Informationen mit nach Hause bringe, die ich mit meinem Bruder auswerten will, damit wir eine Strategie für einen verstärkten Einsatz in Afrika entwickeln und die Schaffung neuer Naturschutzgebiete fördern können." Das war, so sagte er, „etwas, das mir unheimlich wichtig ist, und ich lerne sehr viel".

Im Herbst wohnte er, wie schon oft, der Verleihung der WellChild Awards bei, mit denen Kinder und Jugendliche mit außergewöhnlichen Gesundheitsproblemen für ihren Mut ausgezeichnet werden. Schirmherr Harry zeigte sich äußerst charmant: „In diesem Raum sind buchstäblich die mutigsten Kinder

Großbritanniens versammelt", sagte er. „Zu sehen, wie diese Kinder und Jugendlichen sich mit Entschlossenheit, positivem Denken und natürlich Humor den Herausforderungen stellen, raubt mir jedes Mal den Atem."

Ein Schlüsselerlebnis war kurz vor Weihnachten 2015 ein Besuch des Mildmay Mission Hospital in East London anlässlich seines 150-jährigen Bestehens und der 6 Millionen Pfund teuren Renovierung. 1991 hatte Lady Di im Middlesex Hospital einem HIV-Patienten die Hand gegeben und damit die Einstellung der Menschen zu Aids radikal verändert. Sie wollte die Krankheit unbedingt von ihrem Stigma befreien. Damals war Mildmay das erste Hospiz für Aidspatienten, bis heute steht es in punkto Betreuung von HIV-Fällen an erster Stelle. Bei seinem Besuch erfuhr Harry, dass seine Mutter 17 Mal hier gewesen war, davon aber nur dreimal in offizieller Mission.

Er traf eine Patientin, die mit HIV geboren worden war und sich daran erinnerte, wie sie vor 24 Jahren als Zweijährige im Great Ormond Street Hospital auf Dianas Schoß gesessen hatte. „Der Schoß deiner Mutter war so kuschelig, und ich habe mich an sie geschmiegt", erzählte sie Harry. Mit einem wehmütigen Lächeln antwortete er: „Das habe ich auch so in Erinnerung." Seinem Gesicht war abzulesen, wie emotional diese Begegnung für ihn war.

Kerry Reeves-Kneip, der für Fundraising und Kommunikation zuständige Direktor des Krankenhauses, lobte Harry in den höchsten Tönen und verglich ihn mit seiner Mutter. „Man hatte fast das Gefühl, ihn zu kennen, weil er so nett zu allen war und sich jeder in seiner Gegenwart wohlfühlte", sagte er.

Doch das Jahr 2015 endete auf einem Misston. Harry wurde vorgeworfen, nicht genug für die königliche Familie zu tun. Es hieß, die Queen, fast dreimal so alt wie Harry, sei in diesem Jahr mehr Verpflichtungen nachgekommen als William, Kate und Harry zusammen. Dabei darf man allerdings nicht vergessen, dass William als Hubschrauberpilot Einsätze für die East Anglian Air Ambulance flog, Kate im Mai ein Kind bekommen hatte und Harry nach seinem Abschied von der Armee um die Jahresmitte sechs Wochen in Afrika für verschiedene Naturschutzprojekte im Einsatz war. Dennoch, die Zahlen sprachen für sich: Die Queen konnte 306 Auftritte in Großbritannien und 35 im Ausland verbuchen, Prinz Harry, der Duke und die Duchess von Cambridge brachten es zusammen auf 198 Einsätze im In- und 94 im Ausland. Dafür, dass sich Harry so rar gemacht hatte, gab es gute Gründe, und schon bald sollte er den Mut fassen, darüber zu sprechen. Die Kritik nahm er sich jedenfalls sehr zu Herzen und stellte 2016 mit knapp 100 000 Reisekilometern zu offiziellen Terminen im Ausland alle anderen Mitglieder des Königshauses in den Schatten.

Kapitel 12

Heads Together

Jahrelang fühlte sich Harry „bei mehreren Gelegenheiten am Rande eines totalen Zusammenbruchs". Er wusste, dass irgendetwas nicht stimmte, aber: „Ich kam einfach nicht darauf, was es eigentlich war. Anstatt mich damit auseinanderzusetzen, steckte ich den Kopf in den Sand und ließ zu, dass meine Umgebung mich fertig machte." Er war sich auch bewusst, dass er immer aggressiver wurde. 2017 gestand er dem *Daily Telegraph*, wie sehr ihn das bedrückte. „Ich fing an zu boxen, weil jeder sagte, boxen sei gut für mich, es sei ein wirklich ideales Mittel, um Aggressionen abzubauen. Das hat mich gerettet, denn ich war drauf und dran, jemanden zusammenzuschlagen. Dass ich jemanden schlagen konnte, der Boxpads trug, hat die Sache sehr erleichtert."

Er hat seine Ängste lange Zeit geheim gehalten. „Ich war ein typischer 20-, 25- oder 28-Jähriger, lief herum und sagte: ‚Das Leben ist super', ‚Alles bestens.'" Anderen konnte er helfen, bei sich selbst versagte er. William wollte er mit seinem Psychotrauma nicht belasten. „Sie wissen doch, wie das ist mit einem großen Bruder", sagte er zu mir. Mit Kates Hilfe hatte William einige seiner eigenen Ängste aufgearbeitet. Kinder zu haben, hatte ihm ebenfalls neue Perspektiven eröffnet, er konnte die Art von Vater und Ehemann werden, die er sich wünschte. Es hat eine ganze Weile gedauert, bis Harry erkannte, dass sein Bruder ein guter Ansprechpartner sein könnte. Sie sahen sich nicht sehr oft, aber gelegentlich schaute Harry in dessen Apartment im Kensington Palace vorbei und ließ sich von Kate bekochen. Sein Lieblingsessen war Grillhähnchen, ein Gericht, das er prompt mit Meghan an dem Abend zubereitete, als er ihr den Heiratsantrag machte.

Mit der Zeit fühlte sich Harry immer schlechter und ließ schließlich etwas von seinen Problemen heraus. „Ich fing an, darüber zu reden, und plötzlich kam die ganze unverarbeitete Trauer an die Oberfläche. Ich erkannte, dass es sehr viele Dinge in mir gab, an denen ich arbeiten musste."

Das war schon ein erster Schritt, aber er war noch nicht bereit, Hilfe in Anspruch zu nehmen, obwohl ihm William dazu riet. „Für mich persönlich war mein Bruder – der Gute – eine riesige Hilfe. Er sagte immer wieder: ‚Das ist nicht gut, das ist nicht normal, du musst mit jemandem über all das reden, das ist in Ordnung.'" Harry hörte nicht auf ihn. „Die Zeit war noch nicht reif. Man muss das ernsthafte Bedürfnis verspüren, und man muss außerdem den richtigen Gesprächspartner finden."

Die meisten Menschen würden es in so einer psychischen Verfassung kaum schaffen, morgens aus dem Bett zu kommen und schon gar nicht, sich als Vertreter der königlichen Familie öffentlich zu präsentieren. Harry stand oft spät auf, und viele seiner Auftritte in der Öffentlichkeit wurden mit Bedacht für den Nachmittag angesetzt.

Sein Bruder wie auch enge Freunde drängten ihn, professionelle Hilfe zu suchen. „Sie sagten: ‚Du musst dich wirklich damit auseinandersetzen. Es ist nicht normal, zu denken, all das macht mir nichts aus.' Ich wollte einfach nicht wahrhaben, in welcher Situation ich war, aber schließlich zog ich den Kopf aus dem Sand und hörte auf den Rat der anderen. Ich beschloss, meine Rolle für etwas Nutzbringendes einzusetzen." Harry war 28 Jahre alt, als er Williams Rat ernst nahm. „Ich bin ein paar Mal hingegangen [zu einem Therapeuten], mehr als ein paar Mal, und es ist super."

Für jemanden, der seine persönlichen Gefühle stets verschwiegen hatte, erforderte dieses Eingeständnis sehr großen Mut. Den brachte Harry dank einer Kampagne auf, die weit über sein eigenes Problem hinausging: Heads Together ist ein Ableger der Royal

Foundation, die er mit William und Kate zusammen ins Leben gerufen hat, sie setzt sich dafür ein, das Tabu psychischer Erkrankungen zu brechen. Für das auf zwei Jahre angelegte Projekt waren alle drei bereit, über ihre eigenen Probleme zu sprechen. Kate bekannte, dass Mutterschaft „zuweilen einsam machen kann", und beschrieb die „steile Lernkurve", die ihr das erste Baby bescherte. William räumte ein, dass er nicht genug über seine Ängste und Gefühle geredet habe, vor allem in Bezug auf seine Mutter. Aber die größten Schlagzeilen machte Harrys Eingeständnis, dass er unter psychischen Problemen gelitten und professionelle Hilfe in Anspruch genommen hatte.

Er hoffte, dass seine Offenheit andere dazu animieren würde, sich ebenfalls zu öffnen. Während unseres Gesprächs im Kensington Palace sagte er, dass er darauf achte, nicht zu viel von sich preiszugeben. „Zu meinem eigenen Schutz habe ich nur gerade so viel gesagt, um ein Beispiel zu geben, bin aber nicht ins Detail gegangen. Aus dem, was ich erzählt habe, kann niemand schließen, was genau das Problem war, wie lange es bestand und welche Art von Hilfe ich bekam."

Er erklärte, dass seine Arbeit im Londoner Personnel Recovery Unit, wo ihm versehrte, verletzte und kranke Armeemitglieder von ihren schweren psychischen Störungen erzählten, ein neues Verständnis in ihm geweckt habe. „Ich weiß, dass es unglaublich gut tut, über seine Probleme zu reden. Indem man sie verschweigt, macht man sie nur noch schlimmer, nicht nur für sich selbst, sondern auch für alle anderen, denn man wird dann für sie zum Problem."

Er gab zu, dass der Heilungsprozess lange dauerte, sagte aber, dass er jetzt das Gefühl habe, „am richtigen Platz" zu sein, und fügte hinzu: „Ich habe die Erfahrung gemacht, dass man, sobald man darüber zu sprechen beginnt, erkennt, dass man Teil einer ziemlich großen Gruppe ist." Er sah, dass auch seine Freunde damit beschäftigt waren, „ihre eigenen Probleme zu verstehen und zu lösen".

„Ich kann den Leuten nicht deutlich genug empfehlen, solche Gespräche zu führen. Denn sie werden überrascht sein, erstens darüber, wie viel Unterstützung sie bekommen, und zweitens, wie viele Menschen nur darauf warten, dass man sich ihnen öffnet."

Seine Offenbarung hat auch die öffentliche Meinung beeinflusst. In der Folge verzeichnete die gemeinnützige Organisation für psychische Probleme, Mind, bei den Anrufen auf ihrer Hotline einen Zuwachs von 38 Prozent. Calm, ein Forum speziell für Männer, erhielt doppelt so viele Klicks auf der Website. Im Oktober 2017 konnte Harry stolz verkünden, dass sich das Verteidigungsministerium und die Royal Foundation gemeinsam dafür einsetzen, geistige Gesundheit und Leistungsfähigkeit zu einem Kernpunkt aller Ausbildungen und Trainingsprogramme im Verteidigungssektor zu machen.

Harrys Zeit beim Militär hatte ihm auch körperlich viel abverlangt. „Ich habe tatsächlich etwas medizinische Hilfe für meinen Körper bekommen, der in den letzten zehn Jahren bei der Armee praktisch ruiniert worden war." Dennoch versicherte er mir: „Ich habe jetzt aufgetankt und bin voller Energie, liebe die gemeinnützige Arbeit, finde es toll, Menschen zu begegnen und sie zum Lachen zu bringen. Die Arbeit macht William und mir wirklich Spaß, und wir hoffen, dass wir der britischen Öffentlichkeit unser Geld wert sind. Manchmal habe ich immer noch das Gefühl, in einem Goldfischglas zu leben, aber das fällt mir jetzt leichter. Ich habe auch immer noch diesen Hang zur Unartigkeit, was ich gut finde, denn dadurch habe ich einen Draht zu den Leuten, die sich selbst in Schwierigkeiten gebracht haben."

Seine eigenen Erfahrungen ermöglichen es ihm, Empathie für andere zu empfinden, die psychische Probleme haben oder aus zerrütteten Familien kommen. Solche Menschen bei gemeinnützigen Aktivitäten zu treffen, hilft ihm wiederum, weiter an sich selbst zu arbeiten. „Dank des Prozesses, den ich durchlaufen habe, bin ich jetzt fähig, meine Arbeit, aber auch mein Privatleben wirklich ernst zu nehmen. Ich kann mich mit all meinen Kräften für

Dinge einsetzen, die wirklich etwas bewirken und von denen alle anderen auch profitieren."

Harry betonte mir gegenüber auch, wie gern er Menschen umarmt. Das habe er von seiner Mutter. „Jeder braucht das ab und zu, in den Arm genommen zu werden. Und ich bin jemand, der das einfach gut kann", erklärte er und lachte. Eine Eigenschaft, die bei seiner Mutter zweifellos „ein stolzes Lächeln" hervorgerufen hätte. Er sei ein leidenschaftlicher, emotionaler Mensch. „Ich habe ein unglaublich großes Herz und will den Menschen das zeigen. Ich habe genug Leidenschaft in mir, um etwas davon abzugeben. Dadurch kann ich auf Menschen zugehen, die in Schwierigkeiten stecken." Lächelnd fuhr er fort: „Manchmal werde ich zu leidenschaftlich und dadurch ungeduldig, weil sich nichts bewegt. Das hat mir früher Probleme bereitet, denn ich finde es furchtbar, wenn Leute ewig um den heißen Brei reden, statt endlich etwas zu tun."

Was er damit meinte, wurde mir klar, als ich ihn ein Jahr lang immer wieder einmal bei Auftritten in ganz Großbritannien begleitete. Im Oktober 2016 traf ich ihn in Nottingham. Dort fühlt er sich zu Hause, weshalb er die Stadt kurz nach der Bekanntgabe ihrer Verlobung auch für den ersten royalen Auftritt mit Meghan auswählte.

Zuerst machten sie vor dem nationalen Eissportzentrum halt, wo sich rund 30 neunjährige Jungen und Mädchen von der Chetwynd Primary Academy versammelt hatten. Während sie warteten, begannen die Jungen, mit Rugbybällen auf Ziele zu werfen, während die Mädchen plauderten. „Seid ihr aufgeregt?", fragte ich sie. „Ja", strahlte eine von ihnen. „Denn er ist ein echter Prinz, von königlicher Abstammung, und wir haben noch nie so jemanden getroffen." Harry hatte immer wieder gesagt, wie sehr er sich danach sehne, „etwas anderes als Prinz Harry" zu sein. Aber das

Beispiel dieser Mädchen zeigt, dass er viele Dinge eben genau deswegen erreichen kann, weil er ein Prinz ist.

Die königliche Limousine samt Motorradeskorte fuhr pünktlich vor, und wie üblich sprang Harry aus dem Wagen wie ein freigelassenes Rennpferd. Das vermittelt den Eindruck, dass er sich wirklich darauf freut, den wartenden Menschen zu begegnen, egal, um wen es sich handelt. Eine weitere Angewohnheit von ihm ist, sich voll und ganz auf die einzelne Person – und das muss durchaus nicht der Anführer oder Organisator einer Gruppe sein – zu konzentrieren. Er schaut sie an, hört aufmerksam zu und ist immer verständnisvoll. Es mag eigentümlich klingen, aber ich habe immer wieder erlebt, wie nur ein paar Worte von ihm einen verängstigten, deprimierten oder leidenden Menschen mit neuer Hoffnung erfüllten.

Zunächst unterhielt er sich mit den Erwachsenen, die das Projekt „Full Effect" in die Praxis umsetzten. Er legt keinen Wert darauf, dass man einen Knicks oder eine Verbeugung vor ihm macht, und tatsächlich tat das auch kaum jemand. Sehr schnell wandte er sich dann den Kindern zu, machte Witze und hielt die Jungs mit dem Rugbyball auf Trab, wie ein hochmotivierter Entertainer. Die Kinder waren begeistert. „Wir arbeiten mit Grundschulkindern", erklärte einer der Organisatoren. „Denn viele von ihnen werden schon als Siebenjährige von Drogendealern zum Wachestehen eingesetzt. Wenn sie auf die weiterführende Schule kommen, ist es schon zu spät."

Anschließend ging Harry zu einer Gruppe mit 16- bis 24-Jährigen von „Coach Core", einem weiteren Projekt der Royal Foundation, das Jugendliche dieser Altersgruppe zu Sporttrainern ausbildet. Einige von ihnen kümmerten sich um die Grundschulkinder. Die meisten dieser Jugendlichen stammen aus schwierigen Familien und hatten bisher kaum eine Perspektive. Oft kamen sie mit der Schule nicht zurecht, in einigen Fällen hatte schon seit Generationen kein Familienmitglied mehr eine regelmäßige Arbeit. Folglich hatte niemand den Jugendlichen beigebracht, morgens zu einer bestimmten Zeit aufzustehen oder pünktlich zu einem Termin zu erscheinen.

Diesen Teufelskreis wollte Harry durchbrechen, und er erwies sich sowohl als aufmerksamer Zuhörer wie auch als motivierender Redner. „Ich bin überzeugt, dass die Tätigkeit als Trainer euer Leben verändern kann", sagte er zu ihnen. Die Teenager erzählten ihm ihre Geschichten. Einer sagte, da seine Eltern und Großeltern nie gearbeitet hätten, sei er davon ausgegangen, dass auch er nie einen Job haben würde. „Aber", verriet er Harry, „ich liebe diese Tätigkeit. Ich hätte nie gedacht, dass Arbeit solchen Spaß machen kann." Ein anderer meinte, dass die Ausbildung zum Trainer seinem „Leben zum ersten Mal eine Struktur gegeben hat". Interessiert hörte sich Harry alles an und sagte dann: „Es ist eine tolle Sache für euch, aber ihr dürft nicht unterschätzen, was für einen Einfluss ihr auch auf die Kinder habt, die ihr trainiert. Ihnen etwas beizubringen bedeutet, dass ihr nach Hause gehen könnt und wisst, ihr habt etwas wirklich Wichtiges getan." Dann fügte er noch einen Satz hinzu, der auch für ihn selbst Gültigkeit hatte, wie er mir anvertraute: „Ihr Jungs müsst daran glauben, dass ein Leopard die Flecken auf seinem Fell verändern kann."

„Ich finde es großartig, wenn Leute über sich selbst hinauswachsen und es schaffen", sagte er mir. „Ich glaube, dass jeder alles tun kann, wenn er es nur will. Es kommt nur darauf an, dass man genug Leidenschaft aufbringt. Ich glaube auch, dass man im Team arbeiten muss. In vielem erkenne ich mich in diesen Jungs wieder. Sie brauchen eine Gelegenheit, um sich selbst zu beweisen, dass sie wichtig sind."

Es war ganz offensichtlich, dass er am liebsten den ganzen Tag mit diesen Jugendlichen geredet hätte. Die bürokratische Seite des Projekts interessierte ihn weit weniger. Aber bei jedem Besuch wurde auch Zeit eingeplant, um mit den Organisatoren technische Details zu besprechen. Geduldig setzte er sich hin und stellte ihnen höflich Fragen, auf die sie enthusiastisch antworteten, um ihn dann mit Daten und Fakten förmlich zu überschütten. Gelegentlich begann er mit einem Fuß auf dem Boden zu klopfen und ein dunkler Schatten huschte über sein Gesicht. Dann schnitt er eine allzu detailreiche Erklärung einfach ab, um zum Kern einer Fragestellung zu kommen und praktische, innovative Lösungen vorzuschlagen. Offensichtlich hatte er seine Hausaufgaben gemacht und reagierte etwas gereizt, wenn andere nicht so klar dachten und präzise formulierten wie er.

Unser nächstes Ziel war das Community Recording Studio im Russell Youth Centre, das in einem notorisch schwierigen Viertel liegt. Leiter des Tonstudios ist der unvergleichliche Trevor Rose, den ich schon im Zusammenhang mit Meghans erstem offiziellen Besuch erwähnt hatte. Seit 2013 schaute Harry regelmäßig bei ihm vorbei. Er fühlt sich zu Menschen hingezogen, die am Rand der Gesellschaft leben, und nutzt seine eigenen Erfahrungen als Außenseiter, um ihnen zu helfen. Was er ihnen sagte, hätte auch ein Therapeut nicht besser ausdrücken können.

Bei unserem Besuch war das Jugendzentrum voll von meist schwarzen Kids, deren schwierige Lebensumstände in ihren Gesichtern bereits Spuren hinterlassen hatten. Trevor erklärte: „Dieser Ort ist ein sicherer Hafen, auch für Kinder, die von der Schule geflogen oder aus Jugendgruppen und Sportvereinen ausgeschlossen worden sind. Viele haben Gewalt erlebt, wurden zu Hause hinausgeworfen und haben mit Alkohol- und Drogenproblemen zu kämpfen, mit mangelndem Selbstvertrauen und Selbstbewusstsein, und dazu kommen noch die normalen Schwierigkeiten der Pubertät. Nach einiger Zeit hier bei uns erzählen viele, dass sie missbraucht wurden, und können es zulassen, dass wir zu helfen versuchen. Lange Zeit gab es für sie hier keine Clique, zu der sie sich zugehörig fühlen konnten, außer der Drogenszene. Es war wichtig, ihnen Alternativen zu bieten und ihr Selbstvertrauen aufzubauen, damit sie der nächsten Generation helfen können. Wir arbeiten mit Musik und Theater, sie können hier alle möglichen Instrumente ausprobieren, vom Schlagzeug bis zur Bratsche. Wir wollen, dass sie sich hier engagieren, anstatt in Gangs und Kriminalität. Am Anfang hatten wir nur dieses Tonstudio, aber dank Harry bieten wir mittlerweile eine immer größere Auswahl außerschulischer Aktivitäten mit ähnlichen Zielen an."

Harry hat eine ganz besondere Beziehung zu Trevor und ist so begeistert von dessen Projekt, dass er ihn Meghan vorgestellt hat und in den letzten vier Jahren zusammen mit anderen, die mit Problemkindern arbeiten, mehrmals in den Buckingham Palace eingeladen hat. Trevor und einige der Jugendlichen aus dem Community Recording Studio standen auch ganz oben auf der Gästeliste, als Harry am 27. Dezember 2017 die Ausgabe von *Today* im BBC Radio 4 moderierte.

„Dass ein Prinz sich für sie interessiert, bedeutet den Kindern wirklich sehr viel", erläuterte Trevor. „Er ist gar nicht so, wie man sich einen Prinzen vorstellt. Er kommt unglaublich gut mit den Kids klar, will nicht nur Hände schütteln, Hallo sagen und ein Foto machen. Ihm geht es um eine langfristige Wirkung, nicht darum, etwas königlichen Glitter zu verstreuen und wieder wegzueilen. Er will ein Teil ihres Lebensweges sein." Kurze Pause. „Ich glaube, das gibt auch seinem eigenen Leben eine Perspektive."

Vor Harrys Ankunft schienen die Teenager noch sehr cool zu sein. Ein königlicher Besuch? Da zuckten sie nur mit den Schultern und meinten „Na und?" Trevor erklärte ihr Verhalten so: „Wenn man mit jungen Menschen arbeitet, die gefährdet sind, weiß man, dass sie sich schwertun, anderen zu vertrauen. Aber wenn Harry hereinkommt, erkennen sie sofort, dass er ein ‚guter Typ' ist."

Damit hatte er es auf den Punkt getroffen. Harry schüttelte unzählige Hände, schlug den Jungs auf den Rücken, nahm die Mädchen in den Arm und machte Witze. Es war, als ob jemand einen Schalter umgelegt hätte, und innerhalb von Minuten war er umringt von den ach-so-coolen Kids, die ihn um ein Selfie anbettelten, wozu er natürlich sofort bereit war. Ein Mädchen erzählte mir, dass sie „jede Menge Selbstvertrauen" gewonnen hätte, seit sie ins Studio ginge. Eine andere sagte: „Das hat mir geholfen,

Kontakte aufzubauen und auf andere zuzugehen. Alleine hätte ich das nie geschafft."

Ich fragte Trevor, ob es ihm im Buckingham Palace gefallen habe. Er lachte laut auf und hob den Blick zur Decke. „Was Essen angeht, bin ich eigen. Und da saß ich nun, mit sieben oder acht Messern und Gabeln vor mir, und dachte ‚Und nun?' Aber als ich ein paar Minuten lang überlegt hatte, was ich mit dem Besteck anfangen sollte, kam Harry zu mir herüber und meinte: ‚Das Essen ist nicht dein Ding, oder? Ich besorge einen schnellen Wagen und wir fahren zu einem chinesischen Take-away.' Damit war das Eis gebrochen, irgendwie wusste er genau, was ich dachte. Am liebsten hätte ich gesagt: ‚Klar, Mann, das machen wir', aber stattdessen erwiderte ich nur: ‚Beim nächsten Mal, Harry.'"

Genau so leicht wie mit Jugendlichen kommt Harry auch mit ehemaligen Soldatinnen und Soldaten in Kontakt, besonders wenn sie körperliche oder psychische Probleme haben. Ich begleitete ihn bei einem Besuch im Rehabilitationszentrum von Help for Heroes im Tedworth House in Wiltshire. Dort werden ehemalige Militärmitglieder betreut, die an den Folgen von Kampfeinsätzen leiden. Ihre körperlichen Verletzungen sind oft bereits ausgeheilt, aber sie nehmen die Angebote von Hidden Wounds in Anspruch, die von psychologischer Hilfe über Motivationskurse bis Weiterbildung gehen. Lebenserfahrung und Instinkt helfen Harry, die richtigen Worte zu finden, um mit ihm völlig unbekannten Menschen über ihre Verfassung zu reden. Das gelingt selbst professionellen Therapeuten oft erst nach langen Annäherungsversuchen. Harry ist in dieser Hinsicht ein Naturtalent. Seine einzige Ausbildung war ein zweitägiger Kurs im London District Personnel Recovery Unit, als er 2015 die Armee verließ.

Im Tedworth House wirkte Harry sehr locker und gleichzeitig überaus mitfühlend. Er wiederholte, wie sehr er die Kameradschaft und den schwarzen Humor der Soldaten vermisse. „In der Zivilbevölkerung wird dieser Humor oft nicht verstanden, aber vieles in der Armee könnte ohne ihn gar nicht funktionieren, und zur Genesung gehört er unbedingt dazu."

Es war ein kalter, aber sonniger Tag, und eine kleine Gruppe von Männern war draußen damit beschäftigt, Streben für eine Tür zurechtzusägen. Sie arbeiteten neben einem Lagerfeuer, das nicht nur wärmte, sondern auch zur Zubereitung des Mittagessens (Chili con carne und Folienkartoffeln) diente. Unter anderem unterhielt sich Harry mit dem 34-jährigen Mike Day, der früher beim Infanteriebataillon 4 Rifles eine Scharfschützenkompanie geleitet hatte. 2009 war er in Afghanistan von einer Granate getroffen worden. Die Folgen waren ein gebrochenes Rückgrat und Granatsplitter in Kopf und Rumpf. Schon mit seiner ersten Frage traf Harry den wunden Punkt: „Worunter leidest du am meisten?" Day überlegte kurz. „Ich bin nicht mehr ich selbst", sagte er leise.

Es war ein sehr bewegender Moment, und ich spürte einen Kloß im Hals. Aber Harry ließ sich nicht aus der Ruhe bringen. „Worum wir mit am härtesten kämpfen müssen ist zu leben, statt nur zu existieren", sagte er verständnisvoll. Day nickte. „Mit Holz zu arbeiten und zu sägen ist eine gute Therapie", erklärte er. „Niemand sagt uns, was wir zu tun haben, wir arbeiten einfach drauflos, im Team. Ich komme jeden Monat für vier Tage hierher, und jedes Mal kommt das Positive in mir zum Vorschein."

Harry sagte: „Es ist so wichtig, seine mentale Ausgeglichenheit zurückzuerlangen. Anstatt nur zu 50 oder 60 Prozent zu funktionieren, kommt man damit auf 80 oder 90 Prozent und wird für andere erträglicher." Er beugte sich hinunter und begutachtete die Strebe, an der Day arbeitete. „Schau dir nur an, was du bereits erreicht hast. Wirklich toll. Ich dachte, ich wäre ein ganz passabler Zimmermann, aber dagegen bin ich nichts!"

Ein anderer Veteran erklärte Harry, das Zentrum habe ihm das Leben gerettet. „Ich wusste nicht, was ich mit meinem Leben anfangen sollte, für mich war die Armee alles gewesen. Dank der Aufenthalte hier habe ich Landarbeiten und den Umgang mit der

Kettensäge gelernt, das kann ich in meinen Lebenslauf schreiben, und es hat mich weitergebracht. Sonst sondere ich mich eher ab, aber hier erlebe ich Kameradschaft."

Harry war in seinem Element, und sein Begleitteam, mit ständigem Blick zur Uhr, hatte es nicht leicht, ihn loszueisen. Im Garten wartete John Geden, ein ehemaliger Offizier der Militärpolizei. Help for Heroes hatte ihm den Mut gegeben, eine Imkerei aufzumachen, die mittlerweile gut lief. Um sich zu revanchieren, bot Geden hier nun Imkerkurse an. „Ich litt unter posttraumatischen Belastungsstörungen", sagte er, „hatte aber Schwierigkeiten, das zuzugeben. Wer das nicht selbst mitgemacht hat, kann das nur schwer verstehen. Ich kam schließlich ins Krankenhaus, und dort erzählte mir jemand von Help for Heroes. Ich dachte, es hätte keinen Zweck hierherzukommen, weil ich davon ausging, es gäbe hier nur körperlich Versehrte. Ich wusste nicht, dass sich das Zentrum auch um mentale Probleme kümmert. Die ersten drei Tage war ich so überwältigt, dass ich mit niemandem ein Wort wechselte und fast ständig weinte. Aber meine Sicht auf die Dinge hat sich total verändert."

Harry stimmte ihm zu. „Diese psychischen Störungen sind so überwältigend und lähmend für Menschen, die alles dafür tun, nach einer körperlichen Verletzung wieder auf die Beine zu kommen. Das Stigma, das posttraumatischen Belastungsstörungen anhaftet, ist ein Riesenproblem. Ich möchte nochmal betonen, dass sie keine tickende Zeitbombe sind. Psychische Krankheiten können geheilt werden, wenn man sich früh genug mit ihnen auseinandersetzt. Wir müssen die Allgemeinheit auf dieses Thema aufmerksam machen, und am einfachsten geht das, indem man darüber redet." Das war ein typisches Beispiel dafür, wie Harry seine eigenen Erfahrungen – bevor er damit an die Öffentlichkeit ging – nutzte, um anderen zu helfen. „Am besten ist es, sich selbst zu helfen, sich die richtigen Gesprächspartner zu suchen und mit ihnen darüber zu reden. Viel mehr Menschen sollten so einen Felsen haben, auf dem sie ihre Emotionen abladen können." Geden überreichte Harry ein Glas seines

Honigs. „Wollen Sie mir das wirklich schenken?", fragte Harry.
„Vielen Dank. Ich werde mir den Honig morgen früh auf den Toast
streichen." Offensichtlich war dieser Besuch für ihn ganz besonders
beeindruckend. „Uns verbindet die Uniform", sagte er mir. „Uns
verbindet die Ausbildung. Manche von uns verbindet auch Afghanistan. In diesen Jungs erkenne ich viel von mir wieder. Sie sehnen
sich nach einer Möglichkeit, sich zu beweisen und zu zeigen, wer sie
sind." Mehr als einmal sagte mir Harry, dass es sein Wunsch sei,
„etwas wirklich Wichtiges" für die Gesellschaft zu tun. Das scheint
ihm mit den Ex-Soldaten offensichtlich zu gelingen. Nur ist es sehr
von Nachteil, dass seine Besuche meistens nicht viel länger als eine
Stunde dauern. Ein Mitarbeiter seines Begleitteams erklärte, der Terminkalender eines Royals sei übervoll und der Zeitplan oft sehr eng.
Als ich mich mit Harry im Kensington Palace unterhielt, fragte ich
ihn, ob ihn dieses straff durchgetaktete Programm nicht störe. „Ich
werde manchmal sehr ungeduldig, wenn es ewig dauert, bis etwas
passiert", räumte er ein. Ich habe meine Zweifel, ob solche Kurzbesuche ihm auch nur annähernd die Befriedigung verschaffen können
wie sein Dienst in der Armee.

Die Themen Traumata und Depressionen waren auch Harrys
Hauptanliegen bei einem Besuch der Notrufzentrale des Londoner
Ambulance Service. Hier gehen täglich rund 5000 Hilferufe ein,
Krankenwagen werden zu Einsätzen im gesamten Großraum London ausgesendet. Harry kam hierher, um einen weiteren Ableger
von Heads Together vorzustellen: Time To Talk Day. Wieder einmal
schöpfte er aus seinen Erfahrungen als Hubschrauberpilot, um mit
den Fahrern und Rettungssanitätern warm zu werden. Er erzählte
ihnen, dass er oft verletzte Soldatinnen und Soldaten ausgeflogen
hatte. „Du landest, übergibst sie und wirst per Funk zum nächsten
Einsatzort geschickt", erinnerte er sich. „Aber du erfährst nie, ob
dieser Typ oder dieses Mädchen überlebt hat."

Viele glauben, dass Männer und Frauen, die im Rettungsdienst
arbeiten, mit der Zeit eine innere Distanz aufbauen zu dem, was

sie tagtäglich erleben. Aber die Leute hier waren alles andere als abgeklärt. Kurz nach seiner Ankunft wandte sich Harry an einige Rettungssanitäter: „Es ist unglaublich, mit was ihr Tag für Tag konfrontiert seid. Ihr wisst nie, was euch erwartet. Ihr könntet angegriffen oder beschimpft werden, alles ist möglich. Es ist unmenschlich, zu glauben, das würde euch nichts ausmachen. Ich bewundere euch."

Danach unterhielt er sich ausgiebig mit dem vierfachen Vater Dan Farnworth. Der Rettungssanitäter aus Blackpool litt seit einem besonders aufreibenden Einsatz – es ging um ein vergewaltigtes Kind, das später starb – an posttraumatischer Belastungsstörung. Farnworth erzählte, wie ihn das in ein „wirklich schwarzes Loch" gezogen hatte und er sich nicht traute, das zuzugeben, aus Angst um seine Anstellung. Harry nickte verständnisvoll. „Es ist wirklich wichtig, sich auszusprechen. Wenn du deine Sorgen Wochen, Monate oder Jahre lang für dich behältst, werden sie zum Problem. Das ist keine Schwäche, es ist ein Zeichen von Stärke, hinzugehen und darüber zu reden, um es dann hinter sich zu lassen. Ich weiß, dass viele das nicht tun, weil sie ihren Job nicht riskieren wollen. Aber sie riskieren ihn trotzdem, weil sie mit der Situation nicht mehr fertigwerden."

Während seiner öffentlichen Auftritte ist Harry extrem aufmerksam, immer auf der Hut vor möglichen Fußangeln. Das zeigte sich zum Beispiel, als er zu einer Liege in einer Ecke der Rettungsstation geführt wurde, um mit einem Masseur zu sprechen. Der knetete gerade einen korpulenten Sanitäter durch, welcher ziemlich viel Fleisch zeigte. Harrys Augen weiteten sich, und er drehte sich auf dem Absatz um. „Da gehe ich nicht hin", sagte er. „Ich weiß nur zu gut, was die Fotografen aus dieser Szene wieder machen."

Zweifellos ist Harry ein Experte darin, Menschen zu ermutigen, offen über ihre Ängste zu reden. Aber es macht mich auch traurig, dass so ein junger Mensch so oft auf vergangene Erlebnisse zurückgreifen muss und sein momentanes Leben dahinter etwas verblasst. Sich seinen „Alltag" zu schaffen, bleibt deshalb ein Hauptanliegen. „Zum Glück bin ich nicht ganz von der Realität abgeschnitten. Aber nicht alle verstehen, dass ich mich auch als Prinz in sie hineinversetzen kann."

Zu Harrys Highlights 2016 gehörte ein Dokumentarfilm über sein zehnjähriges Engagement für seine Stiftung Sentebale in Afrika. Mit Popsängerin Rihanna unterzog er sich am Welt-Aids-Tag auf Barbados einem HIV-Test, um auf die Krankheit aufmerksam zu machen. Vorher hatte er die Queen sowie Präsident Obama und dessen Gattin Michelle dazu gebracht, sich für die Invictus Games in Orlando, Florida, einzusetzen, mit dem Ergebnis, dass ein kurzes Video gedreht wurde, das scherzhaft auf die Konkurrenz zwischen den Vereinigten Staaten und Großbritannien anspielt. Harry und seine Großmutter sind großartige Schauspieler. Mit hochgezogenen Augenbrauen mokiert sich die Queen über Präsident Obamas Siegerambitionen. „Ich wollte sie nicht dazu drängen, mitzumachen", sagte Harry. „Als Oberbefehlshaberin der Armee ist sie mein Boss. Aber vier Jahre nach ihrem spektakulären Hubschrauberauftritt bei den Olympischen Spielen fand ich das passend. Und wenn man es sich erlauben kann, die Amerikaner etwas auf den Arm zu nehmen, warum nicht?"

Später verriet Harry der Zeitschrift *Hello!*, dass die Queen bei dem Dreh „großen Spaß" gehabt habe. „Man konnte fast sehen, wie sie dachte: ‚Warum, zum Teufel, werde ich nicht öfter gebeten, so etwas zu tun?' Sie hat so ein unglaubliches Talent, dass sie nur einen einzigen Take brauchte. Ich dagegen zitterte vor Lampenfieber, war nervöser als alle anderen."

Das Video bewies aber auch, dass die Queen für ihren Enkel fast alles tun würde, und das beruht auf Gegenseitigkeit. „Ich bete meine Großmutter an", sagte er mir. In ihrem neunten Lebensjahrzehnt hat sie ihre öffentlichen Auftritte reduziert und Charles, William und Harry gebeten, sie häufiger zu vertreten. Harry erzählte: „Die Queen war fantastisch, sie hat es uns überlassen, uns auszusuchen, was wir tun wollten. Sie meinte, wir sollten uns Zeit lassen und alles genau überdenken. Ich bewundere die Queen sehr und konnte gar nicht anders, als ihr etwas von ihrer Bürde abnehmen. Auch wenn es mich daran gehindert hat, eine eigene Karriere aufzubauen." Im Sommer 2017 hat Harry als alter Rugbyfan die Schirmherrschaft über die Rugby Football Union und die Rugby Football League übernommen. Er deutete auch an, dass er sich dadurch künftig mehr für den Sport einsetzen werde und außerdem gern ein weltweites Projekt anstoßen würde, das jungen Menschen die Natur wieder näherbringt und sie für Umweltfragen sensibilisiert.

In einem Interview anlässlich der Eröffnung der Invictus Games in Orlando versuchte Harry, sein Image als Playboy zu demontieren, und gab sich betont seriös. Er warf den sozialen Medien vor, sie führten dazu, dass Kinder vereinsamen, sich nur noch mit ihren digitalen „Freunden" beschäftigen und weniger spielen oder Sport treiben. „Es macht mir Sorgen, dass die Mehrheit heute glaubt, all ihre Freunde existierten in ihrem Handy."

Er erinnerte sich, wie er als Kind im Garten mit Zinnsoldaten spielte, und fügte hinzu: „Ich hatte Fantasie. Heute heißt es nur: ‚Hier hast du einen iPod, ab mit dir!' Alles wird für dich kreiert, du musst nur noch auf Knöpfe drücken. Das macht mir Sorgen." Er erwähnte auch, dass ihm die Kürzung des Verteidigungsetats nicht gefalle und er sich mit seinem Vater „oft darüber unterhalte".

Vielleicht ist es jemandem aufgefallen: Nach den Invictus Games wirkte Harrys Gang plötzlich energiegeladener, und auf seinem Gesicht lag ein optimistisches Lächeln. Der Grund dafür? Er hatte sich Hals über Kopf verliebt! Nachdem er seine Dämonen ans Licht geholt und weitgehend bezwungen hatte, war er bereit. Meghan Markle trat in sein Leben.

Kapitel 13

Der Meghan-Effekt

Am 31. Oktober 2016 berichtete der *Sunday Express*, dass sich Harry heimlich mit einer schönen Amerikanerin treffe. Sie sei Schauspielerin, geschieden, Feministin, setze sich für die Menschenrechte ein und heiße Meghan Markle. Als aus dem Kensington Palace keine Dementi kamen, zogen die übrigen Medien nach. Nur Stunden später postete Meghan ein witziges Foto auf Instagram, das zwei verliebte Bananen in Löffelchenposition zeigte. Mit Filzstift aufgemalt zeigte „Sie" lange, geschwungene Wimpern, „Er" dagegen ein sehr zufriedenes Lächeln. Dazu zwei Worte und ein Küsschen: „Schlaf gut, x". Anscheinend sehnte sich Meghan danach, endlich aller Welt mitzuteilen, dass sie mit dem weit und breit begehrtesten Junggesellen liiert war. Aber vorerst begnügte sie sich mit dieser originellen Andeutung.

Was Prinz Harry, damals Thronfolger in fünfter Position und stets bemüht, sein Privatleben vor der Presse zu schützen, von seinem Auftritt als Banane hielt, lässt sich nur mutmaßen. Aber wenn man verliebt ist, sieht man vieles plötzlich anders.

Das Foto war das erste von vielen weiteren Posts auf Meghans Website, die sie „The Tig" nannte, nach ihrem Lieblingswein Tignanello. Mit Wort- und Bildbeiträgen legte sie Spuren, die auf ihr Leben schließen ließen. Immer mehr Follower und auch die Presse versuchten sich mit Interpretationen und bemühten sich eifrig zu ergründen, inwiefern sie mit Harry zusammenhingen.

Die Frau, die sein Herz erobert hatte, war definitiv anders als die vielen Blondinen, mit denen er seit seiner Teenagerzeit etwas angefangen hatte. Aber sie entsprach auch nicht gerade der Idealvorstellung einer Schwiegertochter für das britische Königshaus. Ihre Herkunft ist nicht eben royal, doch sie hat einen soliden Background, der es ihr sicher erleichtern wird, die Sitten und Gebräuche einer Herrscherdynastie zu erlernen. Und sie hat viel mit Harry gemeinsam.

Rachel Meghan Markle wurde am 4. August 1981 geboren (den Vornamen Rachel legte sie in ihrer Teenagerzeit ab). Wie Harry musste sie mit einer komplizierten und belastenden Familiensituation fertig werden, es gab Geldprobleme und Auseinandersetzungen, die jede Soap Opera in den Schatten stellen. Beharrlich arbeitete sie daran, ihr eigenes Leben aufzubauen. Eine Freundin sagte: „Ich glaube, Meghan war sehr berechnend in der Art und Weise, wie sie mit Menschen und Beziehungen umging. Sie ist eine Strategin beim Aufbau ihrer Freundeskreise."

Meghans Vorfahren väterlicherseits stammten aus England, Irland und den Niederlanden und waren im 18. Jahrhundert nach Amerika gekommen. Ihr 1,90 Meter großer Vater, Thomas Wayne Markle, machte sich als Beleuchter für Film und Fernsehen einen Namen. Er ist heute über 70 Jahre alt, liebt Junkfood und lebt zurückgezogen in einem Haus am Meer in Mexiko. Trotz erfolgreicher Berufsjahre musste er im Juni 2016 Insolvenz anmelden, nachdem seine Kreditkartenabrechnung ein Minus von 33 736 US-Dollar aufwies, dem ein Guthaben von 223 Dollar gegenüberstand.

Aus seiner ersten Ehe hat er zwei Kinder: Samantha und Thomas jr., 16 und 14 Jahre älter als Meghan. Zu ihrer Halbschwester, zweimal geschieden, drei Kinder, hat Meghan seit fast einem Jahrzehnt keinen Kontakt mehr. Nach dem Bekanntwerden von Meghans Beziehung mit Prinz Harry soll sie im November 2016 einige gehässige Bemerkungen gemacht haben, behauptete aber später, man habe sie falsch zitiert. Mit Scott Rasmussen, ihrem zweiten Ex-Mann, hatte Samantha im Jahr 2000 Konkurs angemeldet.

Meghans Halbbruder Thomas war ebenfalls schon zweimal verheiratet und hat zwei Söhne. Anfang 2017 wurde er laut Polizeibericht verhaftet wegen Bedrohung seiner damaligen Freundin mit einer Schusswaffe und unrechtmäßigem Waffengebrauch. Die Beamtin Jill Elardi von der Polizeiwache Josephine County bestätigte diese Information und fügte hinzu: „Er wird dafür vor Gericht kommen." Bis zur Drucklegung dieses Buches war allerdings noch kein Urteil gefallen. Thomas gab zu, Alkoholprobleme zu haben. Mit 100 267 Dollar Schulden musste auch er 2013 Insolvenz anmelden.

Meghans Mutter Doria Ragland, gut 60 Jahre alt und laut Meghan eine „freigeistige Therapeutin", ist die Ururenkelin eines Sklaven, der auf den Baumwollplantagen im Südosten der USA arbeitete. Sie war 20 Jahre alt und arbeitete als Aushilfe bei dem Fernsehsender ABC TV, als sie Thomas kennenlernte, damals Mitte 30. Die beiden heirateten 1979 in Pennsylvania, trennten sich, als Meghan zwei Jahre alt war, und ließen sich knapp vier Jahre später wegen „unüberbrückbarer Differenzen" scheiden.

Danach nahm Doria verschiedene Stellen an, um sich über Wasser zu halten, unter anderem auch als Stewardess – eine Erfahrung, die sie mit der Mutter der Duchess of Cambridge, Carole Middleton, teilt. 2003, als Meghan gerade am Anfang ihrer Laufbahn als Schauspielerin stand, war auch Doria zahlungsunfähig. Mit einem Guthaben von knapp 17 000 Dollar konnte sie ihre Kreditkartenschulden von rund 60 000 Dollar nicht mehr decken. Heute lebt sie in Los Angeles in einem bescheidenen Häuschen, das sie von ihrem 2011 verstorbenen Vater Alvin geerbt hat.

Meghan ist Dorias einziges Kind und soll ein fröhliches kleines Mädchen gewesen sein, das von beiden Elternteilen geliebt wurde. Ihr Vater finanzierte die private Schulbildung, zunächst im Little Red Schoolhouse in Hollywood, wo schon Liz Taylor und Judy Garland die Schulbank gedrückt hatten, später im Immaculate Heart, einer exklusiven katholischen Mädchenschule, die 16 000

Dollar pro Jahr kostete und an der Meghan ihren Abschluss mit Bestnoten machte. Sie war dort Schulsprecherin und spielte in Theateraufführungen regelmäßig die Hauptrolle – was wohl auch daran lag, dass sich ihr Vater dann bereit erklärte, für die Beleuchtung zu sorgen. So sahen es jedenfalls einige Eltern ihrer Mitschülerinnen.

Durch ihre Arbeit war Meghans Mutter häufig unterwegs, und so verbrachte das Mädchen viel Zeit in einer Mietwohnung in Hollywood mit ihrem Vater, der sich liebevoll um sie kümmerte und nach der Schule in die Fernsehstudios mitnahm, wo er arbeitete. So erwachte ihre Leidenschaft für die Schauspielerei.

Doria und deren Mutter Jeanette, die in ärmlichen Verhältnissen in Cleveland, Ohio, aufgewachsen war, hatten klare Vorstellungen davon, wie Meghan, die sie „Flower" (Blume) nannten, erzogen werden sollte. Ähnlich wie Harrys Mutter Diana war es Doria wichtig, ihr Kind mit den Realitäten des Lebens zu konfrontieren. Dafür ist ihr Meghan dankbar. „Meine Mutter hat mich zu einer Weltbürgerin erzogen, die der manchmal harten Realität ins Auge blickt. Ich muss ungefähr zehn Jahre alt gewesen sein, als wir die Slums von Jamaika besuchten. So große Armut hatte ich bis dahin noch nie gesehen, und meine braunen Augen waren nass vor Tränen und nahmen alles in sich auf." Auch diese Empathie teilt sie mit Harry.

Ihre Mutter hielt sie dazu an, gesund zu leben und sich fit zu halten. Schon als sie sieben Jahre alt war, machten die beiden zusammen eine Art Mutter-Kind-Yoga. Als Meghan 13 wurde, schickte Doria sie regelmäßig zur Kosmetikerin.

Wann immer Meghan unter Diskriminierung zu leiden hatte, suchte sie Trost bei ihrem Vater. Er ermutigte sie, auf ihre ethnische Abstammung stolz zu sein. Mit sieben Jahren wünschte sie sich zu Weihnachten ein Barbie-Familienset. Ihr Vater kaufte zwei Sets, eines mit schwarzen und eines mit weißen Puppen. Meghan erinnert sich noch ganz genau, dass ihre Puppenfamilie aus „einer schwarzen Mutter, einem weißen Vater und je einem schwarzen und einem weißen Kind" bestand. „Mein Vater hatte die beiden Sets so kombiniert, dass sie meine eigene Familie widerspiegelten."

2015, ein Jahr bevor sie Harry kennenlernte, schrieb Meghan darüber, was es bedeutete, eine schwarze Mutter und einen weißen Vater zu haben. „Meine gemischte Abstammung hat vielleicht eine Grauzone geschaffen, was meine Selbstwahrnehmung betrifft, mit je einem Fuß auf beiden Seiten der Trennlinie. Inzwischen finde ich das gut so. Ich sage, wer ich bin, woher ich komme und dass ich stolz darauf bin, eine starke, selbstbewusste Frau mit unterschiedlichen Wurzeln zu sein." Meghan fügte noch hinzu, dass ihre Mutter auch „die Welt um mich herum so arrangierte, dass ich das Gefühl hatte, dass ich nicht anders bin, sondern etwas Besonderes."

Als Teenager hatte Meghan das starke Bedürfnis, benachteiligten Menschen zu helfen, was eine Freundin auf den Einfluss der Prinzessin von Wales zurückführt. „Sie hat Prinzessin Dianas gute Taten immer bewundert", erinnert sie sich. „Auf den Schulen, die wir besuchten, gab es viele Kinder, denen es schlechter ging als uns. Meghan sammelte Spielzeug, Geschenke und Kleidung für sie." Sie begann auch schon früh, sich für die Gleichberechtigung von Frauen zu engagieren. Mit elf Jahren sah sie in der Schule im Fernsehen einen Werbespot für Spülmittel, der sie dazu bewegte, sich „unbewusst und irgendwie zufällig" für die Rechte der Frauen einzusetzen. Der Werbespot verkündete, dass „Frauen in ganz Amerika mit schmutzigen Töpfen und Pfannen kämpfen", erinnerte sich Meghan. „Die Jungs in meiner Klasse riefen: ,Ja genau, Frauen gehören in die Küche!' Mein kleines sommersprossiges Gesicht wurde rot vor Wut." Sie schrieb einen Protestbrief an den Hersteller Procter & Gamble sowie an mehrere prominente Frauen, darunter Hillary Clinton, die damalige First Lady. Von ihnen wurde sie unterstützt, sie trat im Fernsehen auf, und nach ein paar Monaten wurde das Wort „Frauen" in dem Werbespot durch „Menschen" ersetzt. Darauf ist sie bis heute stolz, die Geschichte erwähnt sie gern.

Nach der Schule besuchte sie die Northwestern University in Evanston, Illinois. In ihrer Familie war sie die erste Studentin. Vier Jahre später, 2003, schloss sie ihr Studium mit einem Bachelor of Science an der School of Communication ab, ihre Hauptfächer waren Theater und Internationale Studien. Der bekannte britische Historiker Dr. David Starkey zeigte sich beeindruckt und sagte mir: „Das ist eine äußerst renommierte Universität, und ich bezweifle, dass Harry dort angenommen worden wäre."

Anschließend versuchte Meghan knapp zehn Jahre lang, eine Schauspielkarriere aufzubauen. Über diese Zeit schrieb sie: „Ich war nicht schwarz genug für die schwarzen und nicht weiß genug für die weißen Rollen." Um über die Runden zu kommen, arbeitete sie als freiberufliche Kalligrafin. Bis heute liebt sie alles Handgeschriebene.

Als Schauspielerin schien es nicht vorwärts zu gehen, dafür steuerte sie in ihrem Liebesleben mit voller Kraft voraus. 2004 begann ihre Beziehung mit dem vier Jahre älteren Trevor Engelson, einem aufstrebenden Filmproduzenten aus reichem jüdischem Elternhaus. Nach sieben Jahren heirateten die beiden am 10. September 2011 in Ocho Rios auf Jamaika. Die Hochzeit wurde mit einer viertägigen Megaparty am Strand gefeiert. Im knappen gelben Tupfen-Bikini und Baseballcap machte Meghan beim Schubkarrenrennen und anderen Partyspäßen eine gute Figur. Auch das ist eine Gemeinsamkeit mit Harry: Beide wissen, wie man ausgiebig feiert.

Ihre hartnäckigen Bemühungen, als Schauspielerin Fuß zu fassen, erbrachten kurz vor der Hochzeit erste Erfolge. Sie ergatterte die Rolle der Rachel Zane, einer attraktiven, intelligenten New Yorker Angestellten in der Anwaltsserie *Suits* im amerikanischen Kabelfernsehen. Die Serie wurde in Toronto gedreht und bereits für mehrere Filmpreise nominiert. Das lange Warten hatte sich gelohnt. Neben dem beruflichen Erfolg verschaffte die Rolle Meghan Zutritt zu Kreisen, in denen auch Politiker verkehrten. Die kanadische Presse riss sich darum, ihre Ansichten über Rassismus, Emanzipation und andere Themen abzudrucken. Einziger Wermutstropfen war die Tatsache, dass ihr Mann Trevor durch seine Arbeit an Los Angeles gebunden war, während Meghan in Toronto drehte. Jeder begann sein eigenes Leben zu leben, und nach zwei Jahren ging die Ehe in die Brüche. Schuld daran, so eine Freundin, sei die Tatsache, dass Meghan neben ihrer anstrengenden Arbeit einfach zu oft zwischen Los Angeles und Toronto hin- und herfliegen musste, jedes Mal knapp 3500 Kilometer. Die 5700 Kilometer, die Toronto von London trennen, scheinen ihr allerdings nichts auszumachen.

Im August 2013 wurde Meghan aufgrund „unüberbrückbarer Differenzen" geschieden. Sie bekommt keine Alimente. Ihre Rolle in *Suits* brachte sie auf die Idee, sich selbst zu vermarkten. Schnell hatte sie sich über Instagram und ihre Website The Tig eine beachtliche Gemeinde von Followern aufgebaut. Ihre Kernbotschaft war: „Ich wollte nie eine Lady sein, die speist. Ich wollte immer eine Frau sein, die arbeitet." Bereits 2014 hatte sie ihre Website so ausgebaut, dass sie einen perfekten Eindruck ihrer vielfältigen Interessen und Talente vermittelte. Ihre Posts deckten ein breites Spektrum ab, von Ratschlägen für ein selbstbestimmtes Leben über gemeinnützige Arbeit bis hin zu Rezepten für Dinkelkekse und Adressen ihrer „Lieblings-Kosmetikerinnen" weltweit. Sie schrieb, dass Pommes frites ihr Leibgericht seien, sie sich unter der Woche hauptsächlich vegan ernähre, dass sie Männer in Leinenhemden liebe (möglichst barfuß am Strand) und es süß finde, wenn britische Männer Frauen „Darling" nennen. „Es hilft, wenn er dich zum Lachen bringen kann", fügte sie hinzu. Was Geschenke betrifft, gefalle ihr „Unterwäsche immer gut", sie sei „süchtig nach Komplimenten", und man könne sie am ehesten mit „Herzlichkeit" gewinnen. Wer weiß, vielleicht hat sich Harry da ein paar Notizen gemacht … Als Nächstes brachte Meghan eine eigene Kleiderkollektion heraus. Auf The Tig stellte sie sich als „Weltbürgerin" dar, als Aktivistin und Anwältin für Menschenrechte, die sich für fast alle Bewegungen engagierte, die gerade im Trend lagen. Bei einer Frauenkonferenz der Vereinten Nationen am Internationalen Frauentag 2015 erklärte sie, dass ihr durch den Erfolg mit *Suits* klar geworden sei, dass „Menschen, vor allem junge Frauen, zuhören, wenn ich etwas zu sagen habe. Mir war bewusst, dass ich etwas Sinnvolles sagen musste. Es waren Gedanken über Selbstbestimmung, in der Hoffnung, soziales Bewusstsein zu wecken und Themen aufzuzeigen, die einen höheren Wert haben als, sagen wir mal, Selfies."

Meghan engagierte sich für One Young World, eine gemeinnützige Nichtregierungsorganisation mit Sitz in Großbritannien, die junge Führungskräfte weltweit ermutigt, Lösungen für aktuelle Probleme zu entwickeln. Außerdem setzte sie sich als Fürsprecherin von UN Woman für politische Teilhabe von Frauen, für mehr Frauen in Führungspositionen und für Gleichstellung der Geschlechter ein. Sie wurde Botschafterin von World Vision Canada und reiste in dieser Funktion für eine Trinkwasserkampagne 2016 nach Ruanda. Im Juli 2016 sprach sich Meghan vor den Präsidentschaftswahlen gegen Donald Trump aus und rief zur Unterstützung von Hillary Clinton auf, deren Kandidatur sie als „einen historischen Moment" beschrieb.

Als die siebte Staffel von *Suits* gedreht wurde, war Meghan bereits selbstbewusst genug, um weitere heiße Szenen in Unterwäsche abzulehnen. Stolz erzählte sie bei einer Veranstaltung von One Women One World 2014 in Dublin: „Jede Szene schien mit ‚Auftritt Rachel, in ein Badetuch gehüllt' zu beginnen. Ich sagte: ‚Nein, das mache ich nicht mehr mit.'" Sie gab zu, dass sie sich in dieser Hinsicht früher nicht durchsetzen konnte und es nach wie vor schwierig sei, da „viele Entscheidungsträger immer noch Männer sind, und wir mehr Männer brauchen, die sich für starke Frauen einsetzen".

Aber es gab auch Gelegenheiten, bei denen sie ihren weiblichen Charme und ihre von Yoga geformten Kurven ganz ohne Bedenken einsetzte. 2013 erschien sie beispielsweise in der *Late, Late Show with Craig Ferguson* des Senders CBS in einem rückenfreien, superkurzen schwarzen Paillettenkleid. Sie sah sehr sexy aus, und nachdem er ihr Aussehen „sensationell" genannt hatte, machte Ferguson eine anzügliche Bemerkung: „Was haben Sie nur für einen außergewöhnlich haarlosen Körper ... Sie sind nicht etwa ein Delfin? Absolut haarlos. Sind Sie Wettkampfschwimmerin?" Dann erwähnte Meghan, dass sie sich als Kind oft in Fernsehstudios aufgehalten hatte, wo ihr Vater arbeitete, und erzählte: „Ein anormaler Ort, um aufzuwachsen – für ein kleines Mädchen, das dazu noch auf eine katholische Schule ging. Das ist also quasi meine Schuluniform ...", woraufhin Ferguson natürlich Stielaugen machte.

2015 lief es für sie in vielen Bereichen so gut, dass sie schrieb: „Ich habe schon große Träume, aber ich hätte nie gedacht, dass mein Leben so spannend sein würde. Ich bin das glücklichste Mädchen der Welt, ganz ohne Frage." Sie hatte keine Ahnung, dass das erst der Anfang war und sich ihr Leben innnerhalb nur eines Jahres noch wesentlich weitreichender verändern würde.

Sie war stolz, dass sie ihre „beiden Welten", die Schauspielerei und die gemeinnützige Arbeit, miteinander vereinen konnte. „Einen Fuß in beiden zu haben, ist ein schwieriger Balanceakt. Die gemeinnützige Arbeit tut meiner Seele gut und ist etwas Sinnvolles. Dass ich in diesem Umfang beides machen und sowohl in Studios als auch außerhalb arbeiten kann, ist ein großer Vorzug meines Berufs."

Meghan ist außerdem eine exzellente Netzwerkerin und hat die beneidenswerte Gabe, mit aktuell erfolgreichen Frauen sofort Freundschaft zu schließen. Als sie Harry kennenlernte, hatte sie bereits ein eigenes weltweites Netzwerk aufgebaut. 2014, als sie noch relativ unbekannt war, hatte sie die siebenfache

Wimbledon-Siegerin Serena Williams getroffen und mit ihr bei einer Wohltätigkeitsveranstaltung Flag Football gespielt. In ihrem Blog schrieb Meghan: „Wir verstanden uns sofort, redeten über Filme, lachten und quatschten, nicht über Tennis oder Schauspielern, sondern über die guten alten Mädchenthemen. So begann unsere Freundschaft. Serena wurde schnell zu einer Vertrauten." Als Serena für das Wimbledon-Turnier 2016 nach London kam, schaute sich Meghan ihre Spiele an und saß nur ein paar Reihen von Kates Schwester Pippa Middleton entfernt. Sie betonte auch, sie sei Serena sehr dankbar, dass sie ihr geholfen habe, mit ihrer Beziehung zu Harry umzugehen, nachdem diese bekannt geworden war.

Eine weitere prominente Freundin ist die indische Filmschauspielerin Priyanka Chopra, die Meghan 2015 kennenlernte. Sie hat in über 50 Bollywoodfilmen mitgespielt, ist – wie Meghan – eine begabte Netzwerkerin und außerdem Unicef-Botschafterin.

Dann ist da noch Sophie Grégoire Trudeau, die Gattin des kanadischen Premierministers Justin Trudeau. Sie bezeichnet sich als „Gleichstellungsaktivistin" und besuchte im April 2016 zusammen mit Meghan die Verleihung des Canadian Fashion Award. Meghans Stilberaterin und verlässliche Stütze ist Jessica Mulroney, die Schwiegertochter des kanadischen Ex-Premiers Brian Mulroney. In den sozialen Medien gilt sie als Star, ihr Ehemann Ben, ein Fernsehreporter, ist gut befreundet mit Justin Trudeau. Meghan und Jessica lieben beide Yoga und Pilates. Auch mit Misha Nonoo, einer Modedesignerin, die Meghan über eine gemeinsame Freundin kennengelernt hatte, wurde sie sofort warm und verbrachte mit ihr 2016 einen Urlaub in Europa. Mishas Ex-Mann Alexander Gilkes hat in Eton studiert, ist ein Freund von Harry und war zu Williams Hochzeit eingeladen. Zwei weitere enge Freundinnen Meghans sind Prinzessin Eugenie, die jüngere Tochter von Harrys Onkel Prinz Andrew, Duke of York, sowie Millie Mackintosh, die mit der britischen TV-Serie *Made in Chelsea* berühmt wurde.

Wie sie erst später verrieten, lernten sich Harry und Meghan bei einem Blind Date kennen, arrangiert von Violet von Westenholz. Die Modeexpertin ist die Tochter des Slalomskiläufers und Olympiateilnehmers Baron Piers von Westenholz, der wiederum ein enger Freund von Prinz Charles ist. Violet kannte Harry schon seit Kindertagen und war Meghan im Rahmen eines Jobs für das Modelabel Ralph Lauren begegnet. Für Harry war Meghan eine Unbekannte, und umgekehrt war es fast genauso. „Ich wusste nicht viel über ihn", sagte Meghan im Fernsehinterview anlässlich ihrer Verlobung. „Deswegen habe ich, als Violet sagte, sie wolle uns zusammenbringen, nur gefragt: ‚Ist er nett?' Denn wenn er nicht nett gewesen wäre, hätte es keinen Zweck gehabt. Wir trafen uns also auf einen Drink, und ich glaube, ziemlich schnell überlegten wir beide: ‚Was machen wir morgen? Wir sollten uns wiedersehen.'" Harry fügte hinzu: „Bevor diese gemeinsame Freundin ‚Meghan Markle' sagte, hatte ich den Namen noch nie gehört. Ich sagte: ‚Okay, gib mir ein paar Hintergrundinformationen, was macht sie so?' Ich hatte mir nie *Suits* angeschaut, und Meghan war mir völlig unbekannt. Es war also eine wunderschöne Überraschung, als ich hereinkam und sie sah. Da saß sie, und ich dachte: ‚Okay, da wirst du dich anstrengen müssen. Setz dich hin und erzähl etwas Interessantes.'"

Kurz darauf postete Meghan auf Instagram einen versteckten Hinweis darauf, dass sie einen neuen Freund hatte: das Bild eines herzförmigen Bonbons mit der Aufschrift „kiss me". Später erklärte sie, was sie bei ihrem ersten Treffen am meisten beeindruckt hatte: „Eines der ersten Themen, über die wir uns unterhielten, waren Dinge, die wir in der Welt bewirken wollen, und wie wichtig es uns ist, etwas zu verändern. Ich glaube, dadurch war ein zweites Treffen schon vorprogrammiert. Es hat wirklich gut getan, dass ich alles, was ich über Harry erfuhr, von ihm selbst gehört habe und nicht aus den Nachrichten oder aus Klatschmagazinen. Alle Informationen über ihn und seine Familie stammten von ihm, und umgekehrt war es genauso. Es war für uns beide ein ehrlicher und natürlicher Weg, einander kennenzulernen."

Harry sah das ähnlich. „Es war sehr erfrischend, jemanden kennenzulernen, der nicht aus meinen Kreisen stammte und nicht viel über mich wusste, so wie ich kaum etwas über sie wusste. Wir konnten ganz von vorne anfangen und uns Schritt für Schritt kennenlernen. Das war fantastisch."

So begann ihre Fernbeziehung. Wie immer, wenn er eine neue Frau kennenlernte, überschüttete Harry sie mit zahllosen SMS. „Drei oder vier Wochen später konnte ich sie davon überzeugen, mich in Botswana zu besuchen. Wir kampierten zusammen unter den Sternen. Sie blieb fünf Tage, und es war einfach nur fantastisch. Wir waren ganz allein, das war mir sehr wichtig, denn nur so konnten wir einander richtig kennenlernen."

In der Anfangsphase seiner Beziehung mit Meghan hatte Harry angeblich auch eine Affäre mit Sarah Ann Macklin, die als Model für Burberry arbeitete. Sie hatten sich auf einer Privatparty kennengelernt, Handynummern ausgetauscht, und er bombardierte auch sie mit Textnachrichten. Aber zu viel mehr kam es nicht. Eine Freundin sagte: „Sie haben sich gut verstanden, waren aber total verschieden. Sie lebt sehr gesund und trinkt kaum Alkohol, in dieser Hinsicht lagen sie nicht auf derselben Wellenlänge. Harry blieb eher unverbindlich." Unklar blieb auch, ob Meghans zweijährige Beziehung mit Promikoch Cory Vitiello zu diesem Zeitpunkt bereits beendet war.

Jedenfalls war Harry sehr darum bemüht, seine beginnende Liebe zu Meghan geheim zu halten. Er wollte sie vor den neugierigen Augen der Öffentlichkeit schützen, bis ihre Beziehung auf festerem Boden stand. Die beiden trafen sich oft im Soho House in der Dean Street im Zentrum Londons, einem Privatclub mit 18 Filialen in der ganzen Welt. Sie verbrachten auch Kurzurlaube im luxuriösen Soho Farmhouse in den Cotswolds, zu dessen Stammgästen George und Amal Clooney sowie die Prinzessinnen

Beatrice und Eugenie gehören. Es war schwierig, sich regelmäßig zu sehen, da Meghan durch die Dreharbeiten für *Suits* gebunden war und Harry seinen royalen Verpflichtungen nachkommen musste. Aber das Paar schaffte es immerhin, dass nie mehr als zwei Wochen zwischen zwei Treffen lagen. „Fünf Flugstunden voneinander entfernt zu sein, ist anstrengend", sagte Harry. „Aber wir haben es geschafft und sind sehr glücklich." Schon bald zog Meghan zu Harry ins eher bescheidene Nottingham Cottage auf dem Gelände des Kensington Palace, direkt gegenüber den Apartments 8 und 9, die Harry und William mit ihrer Mutter bewohnt hatten. Als Frischvermählte hatten William und Kate das Cottage bezogen. Es ist klein, gemütlich und hat keine Zimmer für Personal, sodass Meghan und Harry ganz für sich sein konnten. Anders als bei früheren Freundinnen sorgte Harry dieses Mal dafür, dass die strengen Sicherheitsbestimmungen des Kensington Palace für Meghan nicht galten. Die Polizisten wurden angewiesen, sie ohne Sicherheitschecks kommen und gehen zu lassen. Meghans Vorgängerinnen hatten sich immer sehr diskret verhalten, wohingegen sie sich nie versteckte. Anfang November 2016 wurde sie in der nahen Kensington High Street gesehen. In Freizeitjacke, Boots und Harrys braunem Baseballcap kaufte sie Blumen und Lebensmittel ein.

Im Sommer 2016 postete Meghan auf ihrer Website einen Kommentar, der im Nachhinein gesehen wohl genau das ausdrückt, was Harry bei ihr bewirkt hat: „Ich muss zugeben: Wenn ich die Augen schließe und mir überlege, was ich mir wünsche, ist da nur eine Leere. Eine große, glückliche Leere. Mir geht es gerade so unglaublich gut, ich bin so dankbar und zufrieden, dass ich mir höchstens wünschen könnte, dass es so weitergeht." Auf Instagram veröffentlichte sie Fotos von ihren Reisen nach London, davon ist eines offensichtlich im Kensington Palace aufgenommen, ein anderes im Buckingham Palace – eigentlich sehr eindeutige Hinweise, aber damals war ja noch alles Spekulation.

Im Oktober erschien dann ein Foto von ihr mit einem auffälligen Freundschaftsbändchen mit blauen, schwarzen und weißen Perlen – das gleiche, das Harry ein paar Monate lang trug. Damit war die Sache klar, und der Medienrummel begann.

Obwohl Meghan als ziemlich belastbar gilt, gab sie zu: „Ich hatte keine Vorstellung davon, was da auf mich zukommen würde. Man sollte nicht annehmen, weil ich in der Unterhaltungsindustrie gearbeitet habe, sei ich das gewohnt. Obwohl ich sechs Jahre lang bei *Suits* dabei war und schon vorher beim Film gearbeitet habe, war ich nie Gegenstand der Klatschpresse. Ich lebte relativ ruhig, obwohl ich mich sehr für meinen Job engagierte. Deshalb war das von heute auf morgen wirklich ein riesiger Unterschied. Zu Anfang hagelte es nur so Unwahrheiten über uns, und ich beschloss, gar nichts mehr zu lesen, egal, ob es positiv oder negativ war. Es hatte gar keinen Zweck. Stattdessen konzentrierten wir uns ganz darauf, unsere Beziehung zu vertiefen."

Völlig anders als sonst machte Harry während des Fernsehinterviews anlässlich der Verlobung keinen Hehl aus seinen Gefühlen für seine Verlobte und meinte, es sei ihr Schicksal gewesen, sich kennenzulernen und ineinander zu verlieben. „Die Sterne haben es gut gemeint, es war alles perfekt. Diese wunderschöne Frau ist einfach in mein Leben gestolpert, und ich in ihres."

Verständlicherweise wollte Harry seine große Liebe schnellstmöglich William und Kate vorstellen. Doch die beiden verbrachten den Sommer in Anmer Hall, ihrer Wohnung im Landsitz Sandringham. Anfang September kehrten sie in den Kensington Palace zurück, zur Einschulung von Prinz George in der Thomas's Battersea-Schule. Es war nicht einfach, in den vollen Terminkalendern aller Beteiligten eine Lücke für ein informelles Treffen zu finden, doch irgendwann glückte es offenbar doch. Meghan berichtete, Kate sei „wundervoll" gewesen, und Harry fügte hinzu: „Fantastisch, und William auch." Auch seinen Vater sahen sie mehrmals zum Tee. „Die Familie hat sich in der ganzen Sache wunderbar verhalten."

Dr. Starkey sagte mir, das hätte ihn nicht überrascht. „Sie sind so dankbar, dass er sich für jemanden entschieden hat, der vernünftig ist und nicht nur gut aussieht. Das ist umso verständlicher, wenn man in Betracht zieht, wie er sich früher verhalten hat. Meghan ist eine gestandene Frau. Ich bin sicher, alle sagen: ‚Gut gemacht, Junge.'"

Auch seiner Großmutter musste er Meghan noch vorstellen. Es ist nicht genau bekannt, wann die beiden sich das erste Mal begegneten. Doch wieder einmal gab Meghan mit einem Foto auf Instagram Hinweise. Auf dem Bild war eine elegante, altmodische Blümchentasse mit Untertasse zu sehen, dazu eine Teekanne in Form eines Elefanten und verstreute Puzzleteile. Rückblickend könnte man spekulieren, dass die Queen bei einem Besuch ihres Enkels mit seiner Verlobten den Tee in solchem Geschirr servieren lassen würde. Die Elefantenkanne bezieht sich eindeutig auf Harry, der schon als Kleinkind von Elefanten begeistert war und sich immer für ihren Schutz engagiert hat. Im August 2016, am Anfang seiner Beziehung mit Meghan, unterstützte er als Hubschrauberpilot die Evakuierung von 500 afrikanischen Elefanten, um sie vor Wilderern zu schützen. Vielleicht hatte er ihr davon erzählt. Die Puzzleteile erinnern daran, dass die Queen sehr gern große Puzzles legt.

Als bekannt wurde, dass Meghan und Harry ein Paar sind, eilten Journalisten nach Los Angeles und Toronto, um so viele Informationen wie möglich über Meghan aufzutreiben. Harry war außer sich darüber, wie rücksichtslos die Presse das Privatleben von Meghan und ihrer Familie durchleuchtete. Am 8. November kam auf seine Veranlassung hin eine überraschende Meldung aus dem Kensington Palace, die sich wie im Affekt formuliert anhörte. Sie bestätigte, dass Harry und Meghan seit einigen Monaten ein Paar seien, und beklagte die „Wellen von Beschimpfungen und

Beleidigungen", denen Meghan durch die Presse ausgesetzt sei. Es hieß: „Prinz Harry ist besorgt um Miss Markles Sicherheit und tief erschüttert, dass er nicht imstande war, sie zu schützen. Es ist nicht angemessen, dass Miss Markle, nachdem sie erst wenige Monate mit ihm zusammen ist, solch einen Presseansturm erdulden muss."

Harry beklage überdies die „rassistischen Untertöne" in einigen Medienberichten. Ihm sei bewusst, „dass die Reporter sagen werden: ‚Das ist der Preis, den sie bezahlen muss' und ‚Das alles gehört zum Spiel.'" Aber das sei kein Spiel, sondern „ihr Leben und auch seines". Ein Mitglied des königlichen Haushalts sagte, es sei „noch nie vorgekommen, dass ein Prinz so ein ehrliches offizielles Statement abgibt und seine neue große Liebe namentlich erwähnt". Durch die Meldung kam auch zum Ausdruck, wie besorgt Harry war, er könne Meghan verlieren – so wie zuvor schon Chelsy Davy und Cressida Bonas, die beide den Presserummel nicht ertragen konnten. Womöglich dachte er auch daran, wie seine Mutter von der Presse verfolgt worden war. Jedenfalls zeigte sich, dass er unter Druck sehr impulsiv reagieren konnte. Seine unmissverständliche Aufforderung an die Presse, sich zurückzuhalten, verdrängte die sorgfältig geplante Nahostreise von Prinz Charles und der Duchess of Cornwall aus den Schlagzeilen, was vielleicht nicht sehr gern gesehen wurde. In Königshäusern herrscht eine strenge Hierarchie, und es gibt eine stillschweigende Vereinbarung unter ihren Mitgliedern, nicht gleichzeitig wichtige Missionen zu lancieren oder die Aufmerksamkeit der Öffentlichkeit durch einen öffentlichen Auftritt von einem ranghöheren Verwandten abzulenken.

In seiner Sorge um Meghan schlug Harry sogar vor, einen ehemaligen Sicherheitsbeamten von Scotland Yard zu engagieren, um sie insbesondere vor der internationalen Presse zu schützen. Die Kosten dafür wollte er selbst übernehmen, denn nur die höchsten Royals haben Anspruch auf staatlich finanzierten Begleitschutz rund um die Uhr. Dazu zählen die Queen, der Duke of Edinburgh, der Prinz von Wales, die Duchess of Cornwall, der Duke und die Duchess of Cambridge und Prinz Harry. Charles hatte auch für Camilla Leibwächter engagiert und bezahlt, bevor sie seine Ehefrau wurde, ebenso wie sich der Duke of York an den Kosten für die Sicherheitsbeamten beteiligt, die seine beiden Töchter Beatrice und Eugenie begleiten. Harry hätte mit Kosten von rund 50 000 Prund rechnen müssen – bei einem geschätzten Vermögen von 30 Millionen wäre das wohl kaum ein Problem gewesen. Aber seine Sorgen waren unbegründet. Hinter Meghans gefühlvollen dunklen Augen verbirgt sich eine intelligente, tatkräftige Frau, die Harrys großzügiges Angebot „reizend", aber überflüssig fand.

Erst durch ein Interview mit *Vanity Fair* vor der Verlobung 2017, in dem sich Meghan sehr frei und ehrlich äußerte, wurde deutlich, wie sehr sie unter der Presse gelitten hatte. „Es ist eine Provokation, und sie kommt in Wellen – an manchen Tagen kommt man schlechter damit zurecht als an anderen … Aber ich habe noch immer ein schützendes Netzwerk um mich, und mein Partner unterstützt mich natürlich ebenfalls." Sie versicherte ihren Fans, dass sie trotz der Angriffe stark bleiben würde. „Was mich betrifft, hat sich nichts geändert. Ich bin immer noch dieselbe, und ich habe mich noch nie über eine Beziehung definiert." Doch dieser Anspruch lässt sich wohl kaum aufrechterhalten, wenn der Partner ein reicher Prinz des britischen Königshauses ist, der mächtigsten Herrscherdynastie der Welt. Die Nachricht von ihrer Beziehung zu Harry löste einen wahren Ansturm auf ihre Accounts in den sozialen Medien aus, und Ende 2016 war sie die meistgegooglete Schauspielerin des Jahres.

Das Paar ließ sich selten in der Öffentlichkeit blicken und wenn, dann meist auf dem Weg ins Theater. Harry überredete einen leitenden Angestellten, ihn und Meghan nachts ins Natural History Museum einzulassen, um sich ungestört die Dinosaurier anschauen zu können.

Weihnachten 2016 verbrachten die beiden getrennt, feierten dann aber gemeinsam in London ins neue Jahr. Anschließend unternahmen sie einen romantischen Kurztrip zum Polarlicht in Norwegen. Das Paar kampierte in einem gläsernen Iglu, den winterlichen Sternenhimmel über sich. Zu diesem Zeitpunkt hatte Meghan ihre Website und auch ihre Accounts in den sozialen Medien bereits deaktiviert. Stattdessen gab sie einigen Illustrierten Interviews und drückte ihre Wertvorstellungen durch die Wahl ihres Schmucks und ihrer Kleidung aus, die alle von kleinen, ethisch korrekten Herstellern stammten.

Im Februar 2017 druckte das Magazin *Tatler* seine jährliche Liste der 100 beliebtesten Partygäste ab. Meghan, von der es hieß, sie sei „brandheiß" und „ernähre sich gesund", landete auf Platz vier. Harry, der „stets gut gelaunte Kumpel", der „ungehemmt feiert", musste sich mit Platz 22 begnügen.

Im März flog Meghan in einem Privatjet von Toronto nach Jamaika, um mit Harry zusammen an der Hochzeit seines guten Freundes Tom Inskip teilzunehmen. Harry holte sie am Flughafen ab, und das Paar verbrachte – laut Aussage eines anderen Gastes – fast die gesamte Woche in seiner Villa in einem Luxusresort am Strand, mit Privatpool und Butler. Im Mai absolvierten Harry und Meghan ihren ersten halboffiziellen gemeinsamen Termin bei einem Polospiel, sozusagen als königliches Aufnahmeritual. Einem flinken Reporter gelang es sogar, sie bei Umarmung und Küsschen auf dem Parkplatz abzulichten. Kurz darauf war Meghan Harrys Begleitung bei Pippa Middeltons Hochzeit. An der kirchlichen Trauung nahm sie zwar nicht teil, aber unmittelbar danach holte Harry sie zur Feier ab. Zu der Zeit kursierten bereits Gerüchte, die Beziehung zu Harry sei ihr so wichtig, dass sie den Abschied von *Suits* in Erwägung ziehe, um nach London zu ziehen. Der Vertrag lief noch bis Ende 2017.

Im Sommer entführte Harry sie vom Set, um mit ihr den ersten Jahrestag ihrer Beziehung sowie ihren 36. Geburtstag am

4. August zu feiern. Im Andenken an ihre Anfangszeit hatte er eine Reise nach Botswana gebucht, mit einem Abstecher nach Sambia. Es wäre die perfekte Gelegenheit für einen Heiratsantrag gewesen, doch es kam nicht dazu. Auf dem Hintergrund einer zerrütteten Ehe der Eltern fällt dieser große Schritt besonders schwer, weil die Angst vor Wiederholung im Raum steht.

Meghan konnte nicht wissen, dass Harry, so ITV-Moderator Tom Brady, von einigen Freunden gedrängt wurde, endlich den Sprung zu wagen. Nicht nur, weil sie Meghan für fähig hielten, die außerordentlichen Anforderungen an seiner Seite als Royal zu meistern, sondern auch, weil sie befürchteten, dass sie „kalte Füße bekommen" und ihn verlassen könnte. Sie hatten festgestellt, dass Meghan eine enorm beruhigende Wirkung auf Harry hatte, wenn er ungeduldig wurde.

Harry machte im Sommer zumindest einen kleinen Schritt in diese Richtung, als er, wie man aus Hofkreisen erfuhr, der Queen auf seinem iPad YouTube-Videos von *Suits* zeigte. Um einer peinlichen Situation vorzubeugen, hatte er Sequenzen gewählt, in denen Meghan nicht mitspielte. Außerdem soll er seinen Großeltern immer wieder von ihrer gemeinnützigen Arbeit vorgeschwärmt und betont haben, wie viele gemeinsame Interessen sie in dieser Hinsicht hätten.

Vielleicht hielt Meghan den Zeitpunkt für gekommen, ihm einen freundlichen Schubs zu geben. Anlässlich der 100. Folge von *Suits* gab sie *Vanity Fair* in Toronto ein weiteres Interview und betonte bei dieser Gelegenheit ihre tiefen Gefühle für Harry: „Wir sind ein Paar, wir lieben uns", sagte sie. „Die Zeit wird kommen, in der wir öffentlich dazu stehen müssen. Aber jetzt gehört die Zeit noch uns ... und das ist mit ein Grund, warum diese Beziehung so etwas Besonderes ist." Sie fügte hinzu: „Ich liebe große Liebesgeschichten" und betonte, dass die Tatsache, mit dem Enkel der Queen liiert zu sein, keine Rolle spiele. „Wissen Sie, im Endeffekt ist es ganz einfach: Wir sind zwei Menschen, die sich wirklich lieben und glücklich sind." Auf den Fotos, die mit dem Interview zusammen abgedruckt wurden, sah sie sehr sexy, glamourös und sehnsüchtig aus.

Dass die Freundin eines Mitglieds der Königsfamilie so offen redete, war bis dahin noch nie vorgekommen. Es hätte das Ende ihrer Beziehung bedeuten können. Allgemein wurde angenommen, sie hätte sich vorher mit Harry abgesprochen. Ich persönlich denke, sie glaubte fest an ihre Liebe und wollte Harry nur ein wenig anstupsen, vielleicht auch, weil sie mit 36 Jahren die biologische Uhr ticken hörte. Offiziell ließ Kensington Palace nur verlauten, dass Harry davon „Kenntnis" habe, und überging damit die Frage, ob er mit dem Interview einverstanden war oder nicht. Vielleicht hat ihn Meghan mit ihren Aussagen tatsächlich überrascht, aber das Timing war sorgfältig gewählt, und Harry war so bezaubert von ihr, dass er es einfach hinnahm. Viele fragten sich, ob Harry mit der Queen und Prinz William über seine Absichten gesprochen hatte, bevor Meghan das Interview gab. Letztlich spielt es keine große Rolle, aber es wäre ein kleiner Hinweis darauf, wer in dieser Beziehung die Hosen anhat, und würde vielleicht bestätigen, was Meghans Halbbruder Thomas und auch einige Freunde von ihr sagen: „Was Meghan will, das bekommt sie auch."

Zufällig fanden die Invictus Games 2017 in Toronto statt, wo Meghan während der Dreharbeiten zu *Suits* wohnte. Bis zuletzt war nicht bekannt, ob sie an der Eröffnungszeremonie am 23. September im Air Canada Centre teilnehmen würde. Ihr Platz war jedenfalls sorgfältig ausgewählt worden, am Ende einer Reihe direkt neben einer Treppe. Einer der Polizeibeamten, die Harry von Scotland Yard angefordert hatte, wurde in nächster Nähe postiert, sodass er sie bei Bedarf schnell über ein paar Stufen nach draußen bringen konnte. Da sie noch nicht verlobt waren, verbot das Protokoll, dass Meghan neben Harry saß. Üblicherweise setzt er sich über solche Formalitäten gern hinweg, aber in diesem Fall wollte er die öffentliche Aufmerksamkeit nicht von den teilnehmenden Athleten ablenken. Er saß zusammen mit dem kanadischen Premierminister Justin Trudeau, dem ukrainischen Präsidenten Petro Poroschenko und der First Lady der Vereinigten Staaten, Melania Trump, in der VIP-Loge, vier Reihen und 18 Sitze oberhalb von Meghan. Von dort aus hatte er sie gut im Blick, und mehrmals fingen ihn die Kameras dabei ein, wie er sehnsüchtig und manchmal auch etwas besorgt in ihre Richtung schaute. Vielleicht machte er sich Gedanken, wie sie mit der Situation klarkam. War sie wirklich hingerissen von der Zeremonie oder spielte sie das nur? Aber vielleicht konnte er auch einfach nur die Augen nicht von ihr lassen.

Meghan sah überwältigend aus in ihrem auberginefarbenen Midikleid mit plissiertem Chiffonrock von Aritzia, einer Lederjacke von Mackage über den Schultern und beigen High Heels von Jimmy Choo. Neben ihr saß ihr Freund Markus Anderson, ein Berater der Soho House Group. Eine Reihe vor ihnen saß Rose Hall, die für die Invictus Games Foundation arbeitet. Sie unterstützt Harry bei Events der Stiftung und hielt sich bereit für den Fall, dass Meghan sie brauchte. Meghan machte einen sehr entspannten Eindruck und applaudierte enthusiastisch, als das britische Team ins Stadion kam. Als Harry die Bühne betrat und seine Willkommensrede hielt, in der er den 550 Athleten aus 17 Ländern versicherte, „Ihr seid alle Sieger", sah man auf der Maxileinwand, wie sie ihn voller Bewunderung anstrahlte. Harrys Rede war sehr ergreifend und bewies einmal mehr, welch gutes Gespür er bewiesen hatte, den Teilnehmern eine Plattform zu bieten, auf der sie in der Öffentlichkeit als Leitfiguren wahrgenommen werden können. Er sprach sogar ein paar Sätze auf Französisch als Verbeugung vor den kanadischen Gastgebern. „Vor allem geht es bei Invictus darum, der Welt zu zeigen, wie wichtig der Dienst und die Pflichterfüllung der Soldatinnen und Soldaten für uns sind, ob sie nun versehrt sind oder nicht. In einer Welt, in der so viele Menschen verständlicherweise misstrauisch und teilnahmslos

geworden sind, wollte ich einen Weg finden, um diesen Veteranen Signalwirkung zu verleihen. Ich wollte zeigen, dass wir alle
eine Aufgabe haben und dass wir alle gewinnen, wenn wir unsere
Freunde, unsere Nachbarn und unsere Umgebung respektieren.
Deswegen haben wir Invictus ins Leben gerufen. Nicht nur, um
den Veteranen bei der Bewältigung ihrer körperlichen und seelischen Blessuren zu helfen, sondern auch, um die Menschen mit
ihrem Beispiel dazu zu motivieren, Werte wie Durchhaltever-
mögen, Optimismus und Pflichterfüllung in ihr eigenes Leben
aufzunehmen."

Wenn Harry Meghan in Toronto besuchte, wohnte er in der
Regel bei ihr. Doch für diesen offiziellen Anlass hatte man für
ihn eine Suite im Fairmont Royal York gebucht, einem der besten
Hotels Kanadas, und Meghan besuchte ihn dort. Am Montag darauf kamen sie zusammen zu den Invictus Games und drehten dort
händchenhaltend eine kleine Runde. Dieses Mal trug Meghan ein
weißes T-Shirt aus der Kollektion ihrer Freundin Misha Nonoo,
das unter dem Namen „The Husband" (Der Ehemann) vermark-
tet wird. Vielleicht war auch das eine kleine Anspielung. Meghan kombinierte das Shirt mit Jeans im Used-Look und flachen
Schuhen. Was die Queen von diesem Outfit für einen halboffiziellen königlichen Auftritt hielt, darüber lässt sich nur spekulieren.
Einige glaubten, diese Kleiderwahl sei ein von Harry gebilligter
Protestakt, um zu zeigen, dass Meghan sich nicht den Palast-
regeln unterwerfen würde, andere fanden sie schlichtweg unpas-
send. Jeans wären in Ordnung gewesen, aber nicht mit Löchern.
Für Dickie Arbiter, den ehemaligen Pressesprecher der Queen,
war es eine reine Stylingfrage: „Ich sehe da kein Problem. Ich bin
sicher, dass sie zu einer Gartenparty oder einem ähnlichen Anlass
keine zerrissenen Jeans tragen würde. Heutzutage zieht sich jeder
leger an. Prinz Harry trug ein Poloshirt und Jeans." Dieses Mal
saßen die beiden nebeneinander, um ein Rollstuhl-Tennismatch
anzuschauen. Harry flüsterte Meghan immer wieder etwas ins

Ohr und lachte viel, ungeachtet der Fotografen und der Blicke der Öffentlichkeit, die auf sie beide gerichtet waren.

Meghan erschien auch zur Abschlussfeier am Samstag darauf. Dieses Mal saß sie an der Rückwand der verdunkelten VIP-Loge neben der Bühne. Ihre Mutter war von Los Angeles angereist, und Harry nutzte die Gelegenheit, um sie um die Hand ihrer Tochter zu bitten, wie Harry später im Verlobungs-Interview in der BBC erzählte. Meghans Vater hatte er noch nicht kennengelernt. Als er zur Abschlussrede auf der Bühne erwartet wurde, fiel es ihm sichtlich schwer, sich von Meghan, den Küsschen und Umarmungen loszureißen.

Nun war es nur noch eine Frage der Zeit, wann die Verlobung offiziell verkündet würde. Aber die Frage des Timings war für Harry nicht einfach zu lösen, denn er hatte einen vollen Terminkalender. Auf keinen Fall wollte er die Invictus Games in den Schatten stellen. Dasselbe galt für seinen Staatsbesuch in Dänemark als Vertreter der Queen. Anfang November war es ungünstig wegen des Remembrance Sunday, dem Gedenktag für die Kriegsopfer. Auch die Zeit um den 20. November, an dem Queen Elisabeth II. und Prinz Philip ihren 70. Hochzeitstag und damit als erstes britisches Königspaar der Geschichte ihre Platin-Hochzeit feierten, kam nicht infrage.

Am 12. Oktober wurden Harry und Meghan zum Tee bei der Queen geladen. Sie war gerade von ihrer Sommerpause in Balmoral Castle in den Buckingham Palace zurückgekehrt. Tea Time ist, so heißt es, ihre liebste Tageszeit. Das junge Paar fuhr in einem Ford Galaxy mit verdunkelten Scheiben am Privateingang der Queen vor. Der Tee wurde im privaten Wohnzimmer der Queen in der ersten Etage serviert, mit Blick auf den Garten und eigenem Lift. Normalerweise nimmt sich die Queen eine halbe Stunde Zeit, um sich mit Sandwiches, Scones (mit und ohne Rosinen) sowie verschiedenen Kuchensorten zu stärken. Dazu wird ihre persönliche Teemischung aus Assam und

Darjeeling gereicht, der Queen Mary's Blend. Es freut sie immer, wenn ihre Enkel ihr dabei Gesellschaft leisten. Die Tea Time mit Meghan und Harry, so heißt es, dauerte fast eine Stunde. Später beschrieb Meghan, wie ihr zumute war: „Es ist unglaublich, die Möglichkeit zu haben, sie so zu erleben, wie sie sich Harry gegenüber gibt. Er behandelt sie nicht nur als Königin mit Demut und Respekt, sondern auch mit der Liebe, die er für seine Großmutter empfindet. Als ich sie traf, spürte ich ein tiefes Verständnis und unglaubliche Achtung. Sie ist eine wirklich bemerkenswerte Frau." Harry scherzte: „Und die Corgis haben sich sofort in dich verliebt."

Die Spannung stieg ins Unermessliche, die Frage war nun nicht mehr, „ob" die beiden sich verloben würden, sondern „wann". Am 16. November war zu lesen, die Hunde, die Meghan bei sich aufgenommen hatte, ein Beagle namens Guy und eine Labrador-Schäferhundmischung namens Bogart, seien nach London geflogen worden. Tatsächlich war es nur Guy, denn Bogart war schon zu alt für dieses Abenteuer und fand bei Freunden ein neues Heim. Umzugswagen erschienen vor Meghans Wohnung in Toronto, sie selbst flog am 25. November nach London, unmittelbar vor Thanksgiving, obwohl dies ihr Lieblingsfeiertag ist.

Die Verlobung wurde am 27. November bekanntgegeben. Am frühen Nachmittag erzählten Harry und Meghan kurz, wie sie sich kennen- und liebengelernt hatten. Sie posierten Hand in Hand in dem Abschnitt des Sunken Garden im Kensington Palace, der im Gedenken an Prinzessin Diana angelegt worden war, und Meghan rieb Harry mütterlich den Arm. Beide beteuerten immer wieder, wie „aufgeregt" und „glücklich" sie seien. Harry erzählte, er habe von Anfang an gewusst, dass sie „die Richtige" sei.

Meghan zeigte stolz ihren Verlobungsring, den Harry selbst entworfen hatte. Der Diamant in der Mitte stammt aus Botswana, die beiden seitlich davon aus der Privatsammlung seiner Mutter. Eine Nahaufnahme des Rings zeigte auch, dass Meghan – ähnlich wie die Duchess of Cambridge – ihre Fingernägel sehr kurz hält. Vielleicht hat sie aber auch nur den auf ihrer Website geposteten Neujahrsvorsatz, 2016 „nicht mehr an den Nägeln zu kauen", nicht durchgehalten.

Eine ausführlichere Version ihrer Liebesgeschichte wurde um 18 Uhr gesendet, im Rahmen eines Interviews auf BBC TV. Beide schienen trunken vor Glück, hielten Händchen, wiederholten die Worte des anderen und schauten einander verliebt an. Meghan glänzte in einem ärmellosen, dunkelgrünen Kleid des kanadischen Labels Parosh und schwindelerregenden beigefarbenen High Heels von Aquazzura, die etwas zu groß schienen, als sie zum Fototermin im Sunken Garden stolzierte. Zuschauer, die sich an eher nervöse und ängstliche königliche Bräute wie Kate Middleton und Lady Diana Spencer erinnerten, waren beeindruckt. Meghan hatte jedoch reichlich Interview-Erfahrung und redete viel mehr als Harry, der ihr sichtlich gern die Hauptrolle überließ. Er trug – vielleicht zu Ehren seiner Mutter – eine schlichte schwarze Krawatte und erzählte, dass er vor einigen Wochen um Meghans Hand angehalten hatte: „Es war in unserer Wohnung." Dass er Nottingham Cottage „unsere" und nicht „meine" Wohnung nannte, bewies, dass die beiden ein ganz normales, modernes Paar sind, das glücklich zusammenlebt und alles miteinander teilt.

Meghan, die sich früher als begeisterte Veganerin bezeichnet hatte, fügte hinzu: „Es war so ein gemütlicher Abend, wir haben einfach nur Grillhähnchen zubereitet." Sie beschrieb den Heiratsantrag als „wirklich tolle Überraschung. Er war so süß und natürlich sehr romantisch. Er kniete nieder …" Dann wandte sie sich zu Harry um, lächelte und fügte hinzu: „Ehrlich gesagt, konnte ich dich kaum ausreden lassen. Ich fragte: ‚Kann ich jetzt Ja sagen?'"

Harry gab zu, dass er an Tagen wie diesem seine Mutter ganz besonders vermisse, weil er ihr so gern die Neuigkeiten erzählt hätte. „Ich glaube, sie wäre außer sich gewesen … und hätte sich unheimlich für mich gefreut." Wie viele Männer, die eine Frau heiraten, die sie an ihre Mutter erinnert, war er davon überzeugt, dass die beiden sich „unheimlich gut verstanden hätten" und „dicke Freundinnen" geworden wären. Meghan tröstete ihn sofort: „Sie ist bei uns", sagte sie. „Ja", antwortete er und schaute ihr tief in die Augen. „Sie ist bei uns. Ich bin mir sicher, dass sie ... jetzt Freudensprünge macht."

Kapitel 14

Harrys Vision

Prinz Harry erzählte mir, er hätte drei „Ichs", und erklärte das so: „Eins gehört der Armee, eins bin ich ganz privat, und eins gehört der Familie und den ganzen royalen Angelegenheiten. Es gibt einen Schalter, und den lege ich bei Bedarf um." Als wir uns 2017 unterhielten, schaltete er mühelos zwischen diesen drei Ichs hin und her.

Besonders gern sprach er über die Armee. Das ist kaum verwunderlich, denn sie hat ihn stark geprägt. Er beschrieb seine Zeit dort als „unvergesslich" und sagte einem Veteranen, dass die Armee „wirklich dein Leben verändern kann". Nach zehn Jahren Dienst nahm er 2015 offiziell seinen Abschied, blieb ihr aber durch seine Kontakte zu Versehrten und den Athleten der Invictus Games verbunden.

Am 15. Dezember 2017 nahm Harry in Vertretung der Queen in Sandhurst die Sovereign's Parade der 162 Offiziersanwärter aus Großbritannien und deren 25 Kollegen aus 20 weiteren Ländern ab. Sie hatten den Commissioning Course, ein einjähriges Intensivtraining, absolviert. Den vier Besten unter ihnen verlieh der Prinz eine Auszeichnung. Elf Jahre zuvor, im April 2006, war er selbst einer dieser Kadetten gewesen und hatte mit seiner Großmutter, während er vor ihr strammstand, ein verschmitztes Lächeln ausgetauscht. Viele wunderten sich, dass er ausgerechnet zu dieser Veranstaltung 2017 Zivilkleidung trug, nachdem er noch im Vormonat zur Gedenkfeier am Remembrance Sunday in der Uniform des Garderegiments erschienen war. Für diesen scheinbaren Widerspruch gibt es eine Erklärung. Aus dem Verteidigungsministerium hieß es zwar: „Er ist ein Mitglied der königlichen Familie, und manche Verpflichtungen erfordern das Tragen der Uniform des Regiments, dem er angehört oder zugeordnet wird." Allerdings muss man als Uniformträger glattrasiert sein, wogegen diese Einschränkung bei Zivilkleidung nicht besteht. Harry hatte überlegt, wie er sich verhalten sollte, und schließlich beschlossen, seinen Bart zu behalten. Als er auf dem kleinen Podium seine Ansprache an die Offizierskadetten hielt, nahm er darauf Bezug: „Ich wohne dieser Parade nicht zum ersten Mal bei", begann er. „Aber es ist das erste Mal, dass ich dabei auf dieser Seite stehe – und einen Bart trage. Vor etwas mehr als elf Jahren stand ich dort, wo Sie heute stehen. Ich gebe jedoch zu, dass ich mich nicht erinnern kann, damals viel an Pflichtbewusstsein, Verantwortung und Führungsrolle gedacht zu haben. Ich hatte drängendere Sorgen im Kopf: eingeschlafene Füße, die Schnallen der Hosenträger, die sich in meine Schlüsselbeine bohrten, und meinen Arm, der vom Gewicht des Gewehrs brannte."

Am selben Tag wurde der Hochzeitstermin von Harry und Meghan bestätigt: der 19. Mai 2018 in der St George's Chapel von Windsor Castle. Das Datum stieß anfänglich auf Kritik, da es mit dem Endspiel des FA-Cups in der Wembley Arena zusammenfällt, bei dem stets Prinz William als FA-Präsident anwesend ist, um bei der Siegerehrung den Pokal zu überreichen. Schon wurde gemunkelt, William würde der Hochzeit fernbleiben. Doch kurz darauf hieß es aus dem Kensington Palace, die Trauung werde um die Mittagszeit stattfinden, sodass Prinz William genügend Zeit habe, um noch vor dem Anpfiff im Stadion zu sein.

Ein paar Tage danach wurden zwei Verlobungsfotos veröffentlicht. Meghan, die mit dem Posieren vor der Kamera weit mehr Erfahrung hat als Harry, wirkte darauf absolut entspannt. Harry dagegen weniger, was bei jemandem, der seit seiner Kindheit auf der Flucht vor Kameras war, verständlich ist. Aber immerhin lächelte er auf dem Schwarz-Weiß-Foto, die Arme um Meghan geschlungen, die einen hellen Kaschmirpulli trug. Sie hatte die Augen geschlossen und eine Hand liebevoll an Harrys Wange gelegt. Auf dem eher formellen Farbfoto, welches das elegant gekleidete Paar Hand in Hand auf den Stufen zum Frogmore House zeigt, einer Privatresidenz auf dem Gelände des Windsor Castle, fühlte sich Harry deutlich weniger wohl.

Eine Stunde später gab Kensington Palace ein weiteres Foto heraus, begleitet von folgendem Kommentar: „Das Paar ist sehr dankbar für die warmherzigen, freundlichen Botschaften, die es in dieser so glücklichen Zeit erhielt. Als ein Zeichen des Dankes haben die beiden beschlossen, dieses ungeschminkte Foto vom Tag der Porträtaufnahmen mit Ihnen allen zu teilen." Es blieb unklar, ob dieses „ungeschminkte" Foto eigentlich für private Zwecke gedacht und ganz spontan zur Veröffentlichung gelangt war. Meghans handgefertigtes Couturekleid des britischen Labels Ralph & Russo ist darauf in ganzer Pracht zu sehen: ein transparenter, mit einem eleganten Federmuster in Gold bestickter Body und ein schwarzer Rock aus Seidenorganza, besetzt mit Rüschen aus Seidentüll. Preis des Traumkleides: stolze 56 000 Pfund. Kensington Palace bestätigte, dass es „privat gekauft" worden sei. Falls der Käufer Prinz Harry hieß, hätte es nur ein kleines, aber vielleicht unnötiges Loch in sein auf 30 Millionen geschätztes Vermögen gerissen. (Meghans Vermögen beläuft sich angeblich auf rund 5 Millionen Pfund.) Alle drei Fotos stammten von Alexi Lubomirski, der sich auf Mode und Prominente spezialisiert und früher als Assistent von Mario Testino gearbeitet hat, dem Lieblingsfotografen von Prinzessin Diana. Auf Testinos Konto gingen auch die ersten offiziellen Fotos von William und Kate aus dem Jahr 2010. Die Verlobungsfotos von Meghan und Harry erinnerten an ein Mode-Shooting für ein Hochglanzmagazin, und man darf sich wundern, dass Harry einverstanden war. Als ich im

Kensington Palace mit ihm sprach, hatte er beteuert: „Wir [Kate, William und er] sind keine Stars und wollen nicht auf der Promischiene fahren."

Meghan dagegen hielt sich an das, was sie auf ihrer Website geschrieben hatte, bevor sie Harry kennenlernte: „Mein Leben wechselt zwischen Flüchtlingslagern und rotem Teppich hin und her. Ich habe mich für beide Welten entschieden, denn sie können tatsächlich nebeneinander existieren. Für mich muss das so sein." Und weiter: „Ich hatte schon immer einen Fuß in der Welt des Entertainments und einen in der Welt der gemeinnützigen Arbeit. Mein heutiges Leben ist nur eine gesteigerte Version der Realität, in der ich aufgewachsen bin. Und ehrlich gesagt ist das eine wunderbare Gabe, derer ich mir gar nicht bewusst war."

Wahrscheinlich machte niemand Prinz Harry darauf aufmerksam, dass solch ein sexy Foto einem hohen Mitglied der königlichen Familie nicht unbedingt angemessen ist. Prinz Philip, der früher die Spielregeln innerhalb der Familie vorgab, ist mit 96 Jahren im August 2017 offiziell in den Ruhestand getreten und hält sich seitdem zurück. Charles hat ein schlechtes Gewissen wegen seiner Zeit mit Diana und war einfach froh darüber, dass Harry nach seinen wilden Jahren nun anscheinend zur Ruhe kam. Auch William wollte sicherlich nichts tun, was Harrys offensichtliches Glück hätte trüben können. Vielleicht war es auch gar nicht so wichtig, denn was wirklich zählt, sind die Dinge, die Harry und Meghan als Paar bewirken wollen, und nicht die Fotos, die sie in Umlauf gebracht haben.

Allerdings hieß es, dass die bekanntlich sparsame Queen kurz nach der Veröffentlichung der Fotos auf eine voreheliche Vereinbarung gedrängt habe, um den Besitz ihres Enkels zu schützen. Sollte das zutreffen, so hat sie einen empfindlichen Nerv getroffen. In *Life & Style* war zu lesen, Meghan sei verletzt, „dass die Queen auf die Idee kommen könnte, dass sie bei der Heirat mit Harry Hintergedanken habe". Harry machte nicht den Eindruck,

Meghan zu einer solchen Vereinbarung drängen zu wollen. Es hieß: „Harry liebt Meghan und würde alles für sie tun."

Im Dezember hatte das frischverlobte Paar alle Hände voll zu tun, um Meghan schnellstmöglich in die royalen Kreise einzuführen. Harry nahm sie mit zu den Weihnachtsfeiern für das Hofpersonal im Kensington Palace und Windsor Castle. Es gelang ihm sogar, ihr eine Einladung für die Weihnachtsfeiertage mit der königlichen Familie auf Sandringham zu verschaffen. Er und Meghan sollten bei Kate und William in Amner Hall übernachten und Weihnachten zusammen mit der Queen feiern. Das war ein deutlicher Traditionsbruch, denn bis dahin waren nicht einmal die Duchess of Cornwall oder die Duchess of Cambridge vor ihrer Heirat zu dieser privaten Familienfeier gebeten worden.

Den aufmerksamen Augen der Öffentlichkeit und der Presse entging auch nicht, dass Prinzessin Michael von Kent bei dem Familientreffen eine „Mohren"-Brosche trug. Das wurde als „rassistisch und taktlos" empfunden, zumal in Anwesenheit von Meghan. Die Prinzessin entschuldigte sich umgehend und „mottete die Brosche ein".

Am Morgen des Ersten Weihnachtsfeiertages ging die königliche Familie wie immer zur Kirche. Meghan, in hellbraunem Mantel, kastanienfarbenem Hut und passenden Stiefeln und Handtasche, sah etwas verunsichert aus, als sie nach dem Gottesdienst aus der Crathie Kirk kam und Prinz William ihr gestenreich den weiteren Ablauf erklärte. Als die Queen an ihr vorbeiging, machte sie einen hastigen, ziemlich wackeligen Knicks. Dann klammerte sie sich an Harrys Arm, um mit ihm einige der Gratulanten zu begrüßen, die teilweise seit dem Morgengrauen in der Kälte gewartet hatten, um der Familie frohe Weihnachten zu wünschen. Aus unerfindlichen Gründen streckte sie ihnen plötzlich die Zunge heraus, und ein Bild davon erschien umgehend in den sozialen Medien und der nächsten Ausgabe der Tageszeitungen. Manche glaubten, sie zeige damit „ihre neckische Seite", andere fanden dieses

Benehmen für ihren ersten öffentlichen Auftritt zusammen mit der Queen äußerst unangemessen.

Meghan war es zwar gewohnt, im Rampenlicht zu stehen. Aber die jungen Royals werden weit kritischer beobachtet als andere Prominente. Hinzu kommt, dass sie vor ihrer Verlobung nur für sich selbst verantwortlich war. Jetzt wurde sie auch als Repräsentantin der wichtigsten Königsdynastie der Welt wahrgenommen und beurteilt. Noch lässt sich nicht sagen, wie sie damit in Zukunft umgehen wird. David Starkey meinte scherzhaft: „Sie wird sich womöglich das eine oder andere Diadem aufsetzen und denken: ‚Das ist super‘, plötzlich formell werden und von den Menschen erwarten, dass sie vor ihr knicksen. Vielleicht sieht sie Harry als Eingangstür in die königliche Familie, während er sie womöglich als seine Ausgangstür betrachtet."

Am 27. Dezember war Harry Gastmoderator der Radiosendung *Today* auf BBC Radio 4. Dafür wählte er klassische Harry-Themen, darunter einen Beitrag über die Führungsrolle Großbritanniens im Bereich künstliche Intelligenz. Als Highlight brachte er das erste Interview mit Barack Obama seit dem Ende seiner Präsidentschaft, das dieser anlässlich der Invictus Games 2017 in Toronto gegeben hatte. Harry nannte Obama „den ersten Medien-Präsidenten" und fragte ihn, was er am meisten vermisse. Obama antwortete: „Mein Team und die Intensität der Arbeit." Harry berichtete über Jugendgangs, über die Brandkatastrophe im Grenfell Tower, über das Militär, den Boxer Anthony Joshua und Frauenrugby. Er führte auch ein Interview mit seinem Vater, der ihn „mein lieber Junge" nannte. Harry dagegen zeigte ihm gegenüber etwas weniger Geduld als bei anderen Gästen und fiel ihm mehrmals mit einem raschen „nächstes Thema …" ins Wort.

Er bat Charles, „einen Kernpunkt auszusuchen", auf den man sich 2018 konzentrieren solle. Der Prinz von Wales antwortete „der Klimawandel" und fügte hinzu: „Das weißt du doch, damit habe ich dich doch schon zum Gähnen gelangweilt." Harry erklärte ihm, dass er als Vertreter „einer jüngeren Generation" sehr optimistisch sei, dass die Menschen „zusammenarbeiten und den Planeten erhalten können". Darauf Charles: „Es macht mich sehr stolz, dass du das einsiehst." Darauf Harry scherzhaft: „Und dass ich auf dich höre." Worauf Charles lachend zurückgab: „Das ist noch erstaunlicher." Es war sehr bewegend, als Harry – wie so viele erwachsene Kinder, die begreifen, dass ihre Eltern doch in vielem Recht haben – zugab: „Im Endeffekt übernehme ich deine Standpunkte, jetzt mehr denn je."

Am Ende der Sendung bedankte sich Harry: „Ich bin sehr dankbar für diese Plattform. Es ist ein Teil meiner Rolle und meiner Arbeit, auf Themen hinzuweisen, die mehr Beachtung verdienen, ob es nun Menschen sind oder Anliegen oder Probleme oder was auch immer. Ich werde mich bemühen, meine gesellschaftlichen Aufgaben weiterhin nach besten Kräften zu erfüllen, denn das gibt mir morgens beim Aufwachen Energie."

Etwas zugeknöpfter gab er sich, als ihm anschließend noch einige persönliche Fragen bezüglich Weihnachten gestellt wurden. Man hörte seine Zurückhaltung heraus, obwohl er antwortete, dass er es „fantastisch" finde, Meghan bei sich zu haben. „Sie genießt es wirklich, und die Familie ist glücklich, dass sie dabei ist." Er habe „eine fantastische Zeit und viel Spaß gehabt bei meinem Bruder und meiner Schwägerin und beim Herumtoben mit den Kids". Zum Schluss der Sendung betonte er, 2018 werde „ein großartiges Jahr".

Seit unserem ersten Treffen im Kensington Palace hatten sich Harrys Einstellungen grundlegend geändert. Wenn ich ihn damals gebeten hätte, seinen momentanen Gemütszustand mit einem Wort zu beschreiben, hätte er sicherlich „frustriert" gesagt. Er war frustriert, weil er keine echte Aufgabe hatte, frustriert von den endlosen Staatsbesuchen und öffentlichen Auftritten, von dem Korsett, in das ihn sein Terminkalender zwängte. Da er sich nie genug Zeit nehmen konnte, hatten seine Besuche oft nicht die nachhaltige Wirkung, die er sich gewünscht hätte. Auch sein Privatleben frustrierte ihn, und es fiel ihm immer schwerer, sein Temperament zu zügeln. Schon eine Kleinigkeit konnte ihn die Beherrschung verlieren lassen. Wenn er einmal Gefühle zeigte, was selten genug vorkam, dann war es Wut. Alles andere blieb unter Verschluss.

Aufgrund unserer Gespräche habe ich den Eindruck, dass er jahrelang hauptsächlich mit den negativen Seiten des Lebens als Royal gekämpft hat. Sein Status und seine Privilegien traten dabei in den Hintergrund. Er war voller Groll und enttäuscht, weil man ihm nicht erlaubt hatte, sich länger und sinnvoller in der Armee zu engagieren. Und so gab er den Medien und den Zwängen, die ihm durch seine Geburt auferlegt sind, die Schuld für seine innere Zerrissenheit. Er fragte sich oft, ob sein Leben anders verlaufen wäre, wenn er seine Mutter nicht so früh verloren hätte. Vielleicht hätten sie gemeinsam für die vielen Wohltätigkeitsprojekte arbeiten können, die sie unterstützt hatte. Er dachte dabei vor allem an die Initiativen für HIV-infizierte Kinder.

Immer wieder erklärte er mir, dass die Monarchie modernisiert und ins 21. Jahrhundert geführt werden müsse. „Wir wollen die positive Atmosphäre, die die Queen in über 60 Jahren aufgebaut hat, erhalten. Aber wir werden sie nicht einfach kopieren. Es kann nicht so weitergehen, wie es unter der Queen gelaufen ist. Alles entwickelt sich heute so schnell, vor allem dank der sozialen Medien, deshalb bemühen wir uns, die britische Monarchie zu modernisieren. Das tun wir nicht für uns selbst, sondern für das Wohl der Bevölkerung und des Königreichs, dessen Repräsentanten wir sind."

Harry benutzt oft das Pronomen „wir", wenn er über die Zukunft der Monarchie spricht. Vielleicht will er damit zeigen, dass William, sobald er König geworden ist, mit seiner Rückendeckung rechnen kann. „Es ist meine Aufgabe, meinen Bruder zu unterstützen", bekräftigte er. Die beiden ergänzen sich gut. William ist ernst, zurückhaltend und im Umgang mit Menschen eher gehemmt. Harry dagegen ist ein Draufgänger, der schnell Kontakte knüpft. Mit jedem Ausrutscher oder Missgeschick scheint er noch populärer zu werden.

Im Moment sprudelt er über vor Energie und Enthusiasmus. In der *Times* stand, 2017 habe er 139 öffentliche Auftritte im Inland und 70 im Ausland absolviert und liege damit vor Kate und William. Im Juli hat er erstmals einen Staatsbesuch empfangen. Er führte König Felipe VI. und Königin Letizia von Spanien durch die Westminster Abbey und bat sie anschließend zum Staatsbankett.

Seine Vision von einer verschlankten, modernen Monarchie setzt vor allem auf die sozialen Medien, weniger die Presse. Sie haben sich schon bei seinem Engagement für psychisch Erkrankte bewährt und machen es möglich, selbst zu entscheiden, wann und wie etwas veröffentlicht wird. „Wir konzentrieren uns auf die digitale Plattform. Dabei können wir unpolitisch bleiben und zeigen, dass die Monarchie mit der Zeit geht. Wir drei [er, William und Kate] haben uns für Heads Together zusammengetan. Das ist ein wichtiges Anliegen, und es hat uns sehr viel Mühe gekostet, diese zweijährige Kampagne erfolgreich durchzuführen. Wir werden demnächst mit etwas anderem weitermachen, aber nicht unbedingt gemeinsam." Er grinste: „Ich glaube, ich habe vorerst genug Zeit mit meinem Bruder verbracht."

Zu seiner Vision gehört auch das Recht junger Royals auf ein „normales Leben", in dem ihre Verpflichtungen untereinander und gegenüber ihren Kindern Vorrang haben oder zumindest den Verpflichtungen gegenüber der Nation gleichgestellt sind. Dieser Anspruch macht der Queen bekanntlich Sorgen. Insider bestätigen, dass sie Harry und William angewiesen hat, die Bedürfnisse der Nation über die eigenen zu setzen.

Harry hofft, dass auch das in der Generation seines Vaters und Großvaters noch unumstößliche Gebot, in allen Situationen stets aristokratische Würde an den Tag zu legen, bald der Vergangenheit angehören wird. Er tritt dafür ein, seine Gefühle zum

Ausdruck zu bringen, anstatt alles in sich hineinzufressen. „Es ist nicht leicht, sich einzugestehen, dass man Hilfe braucht", sagte er. „Aber es funktioniert."

Er könnte auch innerhalb der königlichen Familie mit gutem Beispiel vorangehen. Eine frühere Angestellte deutete an, Prinz Charles bedaure es, dass ihm seine eigene Erziehung eine derartige Offenheit nicht erlaube. In Hofkreisen war man leicht besorgt über Williams und Harrys Freimütigkeit in Zeitungs- und Fernsehinterviews, besonders im August 2017, als sich der Todestag ihrer Mutter zum 20. Mal jährte. Man befürchtete, nun werde es noch schwieriger, ihre Privatsphäre zu schützen. Aus einschlägiger Quelle hieß es: „Wir haben in letzter Zeit eine Menge Seelenstriptease gesehen. Irgendwann kommt der Punkt, an dem man denkt: ‚Okay, aber jetzt kehr endlich zu deinen Pflichten zurück!' Manch einer macht sich Sorgen, dass sie die Medien zu sehr ermutigen."

Der Einsatz für wohltätige Zwecke machte einen Großteil des Arbeitspensums der Queen aus. Das soll für Harry, William und Kate anders werden. Als der Duke of Edinburgh 2011 seinen 90. Geburtstag feierte, gab er viele seiner Schirmherrschaften ab. Die Queen, die 600 wohltätigen Organisationen vorstand, folgte seinem Beispiel. Auch Prinz Charles, dessen 70. Geburtstag im November 2018 ansteht, denkt darüber nach, kürzerzutreten. Er hat seinen Söhnen angeboten, einige seiner Patronate zu übernehmen, darunter die der Royal Drawing School und der Prince's School of Traditional Arts, aber die beiden zeigten sich nicht sehr begeistert. Sie denken bereits in größeren Dimensionen und setzen sich lieber für mentale Gesundheit oder die Umwelt ein.

Wenn William den Thron besteigt, wird die Zahl der königlichen Stiftungen stark abgenommen haben, aber dafür sollen die verbleibenden Organisationen in größerem Umfang unterstützt werden. Der Grund dafür sei nicht etwa, dass die Prinzen faul seien, beteuerte jemand, der Harry gut kennt. Vielmehr wollen die beiden ihre Kräfte gebündelt einsetzen, in der Hoffnung, damit mehr zu erreichen als mit einem Kurzbesuch, um irgendetwas zu taufen oder einzuweihen. „Prinz William, Prinz Harry und die Duchess of Cambridge werden sich nicht für Wohltätigkeitsorganisationen engagieren, denen es genügt, wenn sie sich einmal im Jahr zeigen. Sie wollen sich auf bestimmte Projekte konzentrieren, die sie zuvor genau prüfen, um sich dann regelmäßig darum zu kümmern. Was sie ganz bestimmt nicht wollen, ist, als Promis betrachtet zu werden."

„Wir setzen unsere Zeit gezielt ein", erklärte mir Harry. „Wir wollen nicht irgendwo auftauchen, Hände schütteln und sonst nichts zu tun haben. Dank der sozialen Medien und des Internets kann man heutzutage sehr viel mehr geben. Wir nehmen unsere gemeinnützigen Projekte unheimlich ernst und haben sie ausgesucht, weil unsere Mutter uns den Weg aufgezeigt hat. Ich liebe diese Projekte und den Kontakt mit den Menschen."

Harry glaubt an die Monarchie und ist überzeugt, dass die Öffentlichkeit hinter ihr steht. „Die Briten und die ganze Welt brauchen solche Institutionen", sagte er mir. „Wir haben vor, sie fortzuführen und einige ihrer Kuriositäten beizubehalten, wollen aber auch beweisen, dass wir uns wohl bewusst sind, was in der Welt geschieht. So können wir uns nützlich machen. Es gibt so viel Negatives, da wollen wir als Familie versuchen, etwas Positives in diese schnelllebige Welt zu bringen."

Er möchte zu „drei oder vier Generationen" Beziehungen aufbauen, vor allem aber zu jungen Leuten. „Ich habe Angst, den Kontakt zur jüngeren Generation zu verlieren. Ich möchte ihr ein Forum geben. Sie werden das Chaos erben, das die Gesellschaft hinterlassen hat. Und sie schauen keine BBC-Nachrichten."

Meghans Auftritt auf der königlichen Bühne beweist gutes Timing. Sie wird die erste Prinzessin des britischen Königshauses sein, die einen schwarzen und einen weißen Elternteil hat. Dank ihres Backgrounds ist sie eine gute Repräsentantin des modernen Großbritanniens und vor allem seiner jüngeren Bürger. Jedes zehnte Paar hat dort bereits multiethnische Wurzeln. Meghans Heirat mit einem hochrangigen Royal hilft der Monarchie, einen Schritt nach vorne zu machen und ihre Mitglieder der Bevölkerung näherzubringen. David Starkey sieht das durchaus positiv. „In den 1930er-Jahren wurde die königliche Familie den Briten als Vorbild präsentiert, als Beispiel für die Werte, die eine Familie verkörpert. Aber heute könnte keiner mehr behaupten, dass die Kinder Prinz Philips und der Queen ein Beispiel für diese Werte sind. [Prinz Charles, Prinzessin Anne und Prinz Andrew sind geschieden.] Wenn die königliche Familie noch ein Symbol ist, dann sicher nicht mehr für die Werte der Briten. Heute gehören zu einer typischen britischen Familie Personen, die mindestens zweimal verheiratet waren, und jede Menge Halbgeschwister. Deshalb ist die königliche Familie wieder zu einem extrem aussagekräftigen Bild des Durcheinanders in einer typischen britischen Familie geworden. Die Beziehung Charles-Diana-Camilla war der Bulldozer, der die Regeln verändert hat, und ich bin fast sicher, dass Harry jemanden gefunden hat, der anscheinend ganz normal ist. Gott sei Dank, dass er sich zur Heirat entschlossen hat. Wenn wir eine königliche Familie wollen, die bedeutungsvoll und relevant ist, mit der die folgenden Generationen sich identifizieren können, dann kann sie wohl kaum weiterhin total anders aussehen als der Rest der Gesellschaft."

Meghan scheint sich mit Begeisterung in die Tiefen der königlichen Realität zu stürzen und lernt schnell, mit diesem sehr besonderen Lebensstil zurechtzukommen. Für ihren zweiten öffentlichen Auftritt im Januar 2018 wählte sie den Radiosender Reprezent FM im Londoner Stadtteil Brixton, bei dem sich Jahr für Jahr Hunderte von Jugendlichen mit den Medien und den damit verbundenen Arbeitsmöglichkeiten vertraut machen. Dieses Mal verzichtete sie auf die Handtasche, die ihr vor einem

Monat in Nottingham so lästig gewesen war. Ein frisch eingestellter Mitarbeiter des königlichen Begleitteams war immer zur Stelle, um ihr die unzähligen Blumensträuße abzunehmen. Anstatt ihr Haar offen zu tragen, was in Nottingham ebenfalls ein Störfaktor gewesen war, hatte sie es zu einem lockeren Knoten gebunden. Außerdem trug sie einen schwarzen Pullover von Marks & Spencer für 45 Pfund (wenn auch unter einem 600 Pfund teuren Mantel) – vielleicht hatte sie nach dem teuren Kleid vom Verlobungsfoto Sparmaßnahmen ergriffen. Die aufgeregte Menge schrie und skandierte ihren Namen, worauf die Presse flugs den neuen Begriff „Meghan-Mania" prägte. Harry hielt sich wieder einmal als Aufpasser im Hintergrund, überließ es ihr zu strahlen und kommentierte nur scherzhaft, sie habe in ihrer Beziehung die Hosen an. Als er sich mit ein paar jungen DJs unterhielt und diese ihm eine Frage zur Gleichstellung stellen wollten, zeigte er sofort auf Meghan und meinte: „Sie beantwortet die Fragen!"

Harry wollte Meghan noch vor der Heirat verschiedene Regionen Großbritanniens zeigen, damit sie das Land besser kennenlernt, in dem sie leben wird. Wales stand ganz oben auf der Liste, und sie fuhren zu einem offiziellen Besuch nach Cardiff, wo ein walisisches Kulturfestival stattfand. Hunderte von Menschen erwarteten sie vor dem Cardiff Castle, und viele hatten fast sieben Stunden in der Kälte ausgeharrt, weil der Zug mit dem royalen Paar Verspätung hatte. Trotzdem wurden die beiden mit lauten Freudenrufen empfangen. Meghan hatte sich wieder einmal über das Protokoll hinweggesetzt und trug schwarze Skinny-Jeans, aber zumindest stammten sie von dem walisischen Hersteller Hiut Denim. Mit einer Schülerin posierte sie für ein Selfie, für einen anderen jungen Fan schrieb sie ein paar Worte. Das Paar besuchte das Gemeinde- und Freizeitzentrum Star Hub im wirtschaftlich schwachen Viertel Tremorfa. Auch dort waren Massen von Schulmädchen ganz wild darauf, Meghan zu sehen. Harry stachelte sie noch weiter an, indem er sie laut aufforderte: „Und jetzt geben wir alle Meghan eine Gruppenumarmung!" Er selbst brachte sich in Sicherheit, während die kreischenden Teenies Meghan einkreisten. Sie ließ es heldenhaft über sich ergehen, und ein paar Sekunden später gab Harry scherzhaft das Kommando: „Und loslassen! Sie gehört mir!" Es war ein typisches Beispiel für das, was Dr. Starkey als „Harrys Kumpeltour" beschrieben hat.

Eine Gruppe von Schulkindern führte einen Tanz auf. Danach entdeckte Meghan in einer Ecke ein siebenjähriges Mädchen, das während der Aufführung weinend weggeführt worden war. Sie kniete sich vor ihr auf den Boden, nahm ihre Hand und sagte: „Ich war früher auch schüchtern." Harry, der nach Meghan Ausschau gehalten hatte, kam zu ihnen herüber und schüttelte dem Mädchen die Hand. Ganz offensichtlich setzen sich die beiden – Meghan vielleicht unwissentlich, Harry wider besseres Wissen – über höfische Konventionen hinweg. Das hätte Harry mit seinem rebellischen Temperament vielleicht schon seit Jahren gern getan, bei der Bevölkerung kommt es jedenfalls enorm gut an.

David Starkey glaubt, damit sei der Damm gebrochen. „Sie ist die Neue im Königshaus, sie wird vieles auf ihre Weise machen, und ich glaube nicht, dass man intensiv versuchen wird, sie daran zu hindern. Ich denke, der Buckingham Palace verliert an Einfluss. William und Harry sind mittlerweile erwachsen und bestimmen ihr Leben selbst. Die wenigsten Menschen richten sich nach ihren Großeltern."

Der ehemalige Pressesprecher Dickie Arbiter erklärte: „Es ist ein Mythos, dass jeder von nichtköniglicher Abstammung, der in die Familie kommt, automatisch Anweisungen und Unterricht bekommt, wie er sich zu benehmen hat. Nur, wenn sie darum bitten. Meghan ist eine Schauspielerin, und Schauspielerinnen lernen Rollen. Es gibt keinen Grund, warum sie das alles nicht sehr schnell verinnerlicht haben sollte. Oft genügt schon gesunder Menschenverstand, eine gute Erziehung und Bildung. Wenn sie beispielsweise ein Staatsoberhaupt begrüßen soll, muss sie ihm Respekt erweisen und vielleicht einen Knicks machen. Und warten, bis das Wort an sie gerichtet wird, anstatt einfach ‚Hallo, wie geht's?' zu sagen. Harry wird ihr dabei helfen und hat das wahrscheinlich auch schon getan."

Für eine überzeugte Feministin ganz unerwartet hat Meghan nicht nur ihre Rolle in *Suits* aufgegeben, sondern will ganz auf ihre Schauspielkarriere verzichten. In ihrem gemeinsamen Verlobungsinterview für BBC TV erklärte sie: „Ich sehe es nicht so, dass ich etwas aufgebe. Für mich ist es einfach eine Veränderung. Die Zeit ist gekommen, um mit Harry als Team zu arbeiten." Harry war sicher erfreut, das zu hören, denn auch er ist ein überzeugter Teamworker.

Anfang März 2018 trat Meghan von der katholischen zur anglikanischen Kirche über. Sie wird die britische Staatsbürgerschaft annehmen, eine Prozedur, die in der Regel mehrere Jahre dauert. David Starkey sieht das als Beweis dafür, dass sie „die Rolle der Prinzessin annimmt. Das bedeutet, wir werden mit Kate zwei Star-Prinzessinnen haben. Das wird sehr interessant."

Meghan hat nun die Wahl, ob sie dem Weg Dianas folgen und die Prinzessin der (gebrochenen) Herzen werden will oder sich lieber an Grace Kelly orientiert, der amerikanischen Schauspielerin, die 1956 als 26-Jährige Fürst Rainier von Monaco heiratete, ihren Beruf aufgab und sich mit Hingabe ihren Kindern und gemeinnützigen Aktivitäten widmete.

Harry erklärte mir auch, dass er sich sein Privatleben erhalten will. „Die Leute würden staunen, wie normal William und ich leben", sagte er. „Ich gehe selbst einkaufen. An der Fleischtheke meines Supermarkts um die Ecke habe ich manchmal Angst, dass mich jemand mit dem Handy fotografiert. Aber ich bin fest entschlossen, ein relativ normales Leben zu führen, und wenn ich das Glück habe, Kinder zu bekommen, will ich das auch ihnen ermöglichen." Er machte eine kurze Pause. „Selbst als König würde ich meine Einkäufe selbst erledigen." Diese Bemerkung war etwas abwegig, da Harry als Thronanwärter hinter William und dessen

Kindern steht. Und Einkaufen macht auch nur einen kleinen Teil eines Alltagslebens aus. Wenn Harry irgendwo auftaucht, geht er sofort auf die Menschen zu und stellt freundschaftliche Kontakte her. Aber bei Ankunft und Abfahrt ist er ein Royal. Er ist immer noch hin- und hergerissen zwischen Privatleben und dem Leben als Repräsentant des Königshauses. Wie schon seine Mutter versucht er ständig, die Grenzen, die ihm sein Status auferlegt, zu durchbrechen. Dabei ist er sich wohl bewusst, dass seine Millionen Fans in ihm alles andere als den freundlichen Herrn von nebenan sehen wollen.

Obwohl beide Prinzen, William wie auch Harry, Mitte 30 sind und über ein eigenes Vermögen verfügen, sind sie keine ausgefuchsten Finanzexperten. Für ihre Ausgaben kommt ihr Vater mit den Einnahmen aus dem Herzogtum Cornwall auf. 2016 waren das für Harry, William und Kate zusammen rund 3 Millionen Pfund. Harry und William sind verpflichtet, Prinz Charles über ihre Ausgaben Rechenschaft abzulegen, was gelegentlich zu hitzigen Diskussionen führt. Das Außenministerium übernimmt die Reisekosten für offizielle Auslandsbesuche. Die königliche Familie kündigte an, die Kosten von Harrys und Meghans Hochzeit selbst zu tragen.

Die Zeit hat gezeigt, dass Charles und Diana trotz aller Schwierigkeiten in ihrer Ehe mit der Erziehung ihrer beiden Söhne erfolgreich waren. Die beiden Prinzen sind vernünftige Menschen, die ihr Bestes tun, um den Spagat zwischen Palastleben und Volksnähe zu meistern. Kurz nach der Trennung ihrer Eltern erklärte der Labour-Abgeordnete Frank Field, wie besorgt er darüber sei, dass die Streitigkeiten negative Auswirkungen auf die Kinder haben und zu einer Bedrohung für die königliche Familie werden könnten. Er hat über seine damaligen Befürchtungen nachgedacht und mir kürzlich gesagt: „Was ich auch damals über das mögliche künftige Benehmen der beiden Prinzen gesagt haben mag, ihre Bedeutung und ihre Rolle sehe ich mittlerweile anders. Ich sehe jetzt, wie Harry einen gemeinsamen Weg mit Meghan einschlagen will, um die Monarchie umzugestalten. Und bei dem Duke und der Duchess of Cambridge sehe ich, wie gut sie als Paar harmonieren. Zum gegebenen Zeitpunkt kann ich sie mir gut als König und Königin vorstellen, die sich bemühen, ihre Rolle auszufüllen, und das vortrefflich meistern werden.

Einerseits werden wir den auf Sicherheit bedachten älteren Sohn haben, dazu kommt das energische Talent des jüngeren. Beide haben Lebenspartner, die sich für das, was sie tun wollen, wirklich engagieren. Es ist gut, dass meine Kommentare damals alle aufgerüttelt haben. Heute glaube ich, es war eine große Erfolgsgeschichte. Beide, William und Harry, haben ihre spezifischen Talente für ihre künftigen Rollen entwickelt."

Es gibt auch Anzeichen dafür, dass sich Harrys rebellische Ader beruhigt. Ein Beweis dafür war seine Abschlussrede bei den Invictus Games 2017, als er Worte fand, die ihm zehn Jahre zuvor wohl nicht über die Lippen gekommen wären. Er erklärte, „was der Welt heute fehlt", seien „Respekt, Teamwork und Disziplin", drei Dinge, die er in der Armee gelernt habe. „Menschen, die uns dienen und das auch weiterhin tun, ob sie versehrt sind oder nicht, sind fantastische Vorbilder, zu denen meiner Meinung nach jeder aufschauen sollte, und die auch Kinder dazu bringen, zu ihren Eltern als Vorbilder aufzuschauen. Wenn ihre Eltern selbst beim Militär sind, ist es umso besser."

Im Moment erleben wir einen Generationswechsel, mit dem auch im Königshaus eine neue Ära anbricht. Das Vertrauen in die Politik nimmt ab, vor allem bei der jüngeren Generation. Sie braucht neue Vorbilder, an denen sie sich orientieren kann. Das ist die perfekte Gelegenheit für Harry, „etwas zurückzugeben" und „zu bewirken", so wie er es sich schon lange wünscht.

Dank

Ich möchte mich bei Prinz Harry für die Gespräche bedanken und bei seinem Mitarbeiterstab im Kensington Palace für die Unterstützung bei den Presseinterviews, die zu diesem Buch geführt haben.

So viele Menschen, von denen einige ungenannt bleiben möchten, haben mir faszinierende Informationen gegeben. Ich bin sicher, dass sie sich jetzt angesprochen fühlen, und hoffe, dass sie mit dem Ergebnis zufrieden sind. Insbesondere bedanke ich mich bei Dr. David Starkey, Frank Field, Dickie Arbiter, Paul Harris und Trevor Rose für die Einblicke, die sie mit mir geteilt haben.

Mein Ehemann Robert Low war mir eine zuverlässige Stütze, und ich möchte mich bei ihm und meinen Kindern für ihre unermüdliche Anteilnahme und Ermunterung bedanken.

Meinem Agenten Robert Smith bin ich zu großem Dank verpflichtet, ebenso wie meinem Verleger John Blake, meiner Lektorin Ciara Lloyd und der Pressemanagerin Francesca Pearce für ihre große Hilfe und Unterstützung.

Edel Books
Ein Verlag der Edel Germany GmbH

Copyright © Angela Levin, 2018

Titel der Originalausgabe *Harry. Conversations with the prince*, erstmals erschienen
2018 bei John Blake Publishing, ein Imprint von King Road Publishing Ltd

Copyright der deutschen Ausgabe © 2018 Edel Germany GmbH,
Neumühlen 17, 22763 Hamburg
www.edel.com
1. Auflage 2018

Übersetzung: Carolin Caliendo, Dagmar Klotz, Hanna Lemke
Projektkoordination: Nina Schnackenbeck
Lektorat: Barbara Delius
Umschlagfoto vorn: Chris Jackson, Getty Images
Umschlagfoto hinten: Ben Birchall, PA Wire/PA Images
Umschlaggestaltung: Groothuis. Gesellschaft der Ideen und Passionen mbH |
www.groothuis.de
Lithographie und Reproduktion: Frische Grafik, Hamburg
Satz und Layout: Datagrafix GmbH, Berlin | www.datagrafix.com
Druck und Bindung: optimal media GmbH, Glienholzweg 7,
17207 Röbel / Müritz

Printed in Germany

ISBN 978-3-8419-0640-3